SEREN CYMRU

𝒮ᴏ

RICHARD BURTON

SEREN CYMRU

GETHIN MATTHEWS

Argraffiad cyntaf—2002

ISBN 1 84323 060 7

Dymuna'r cyhoeddwyr gydnabod cymorth Cyngor Llyfrau Cymru.

Argraffwyd yng Nghymru gan
Wasg Gomer, Llandysul, Ceredigion

DIOLCHIADAU

Hoffwn ddiolch yn arbennig i'm gwraig, Rachel, a'm rhieni am eu cefnogaeth a'u hamynedd yn y fenter hon. Hefyd diolchaf o waelod calon i Graham a Verdun Jenkins, am adael imi chwilota i hanes eu teulu.

Profiad arbennig oedd cyfarfod a chlywed straeon person-cyntaf y diweddar Meredith Edwards a'r diweddar Brinley Jenkins.

Am rannu eu gwybodaeth, eu sylwadau a'u straeon, rwy'n dra diolchgar hefyd i Gwylfa Powell, Susan Denby, Clem Owen, Ieuan Evans, Marion Eames, Russell Lloyd, Ivor Emmanuel, Syr David Rowe-Beddoe, Brook Williams, Kenneth Griffith, Meredydd Evans, Phyllis Kinney, Osian Ellis, Siân Phillips, Cliff Morgan, Gwenyth Petty, Emyr Humphreys, yr Arglwydd Roberts o Gonwy, Roger Addison, Victor Spinetti, George Bateman a Terry James.

Dyledwr wyf i Gwilym Hughes, Keith Worthing, Dennis Pratt ac Arfon Haines Davies am gyngor a chymorth ymarferol. Gwerthfawrogais hefyd olygu craff a chefnogaeth selog Bethan Mair yng Ngwasg Gomer, a diolchaf am waith graenus y Wasg ei hun.

Mae arnaf ddyled mawr i Sally Burton am ei chaniatâd i ddyfynnu geiriau ei gwr, yn y Saesneg ac wedi'u cyfieithu.

Yn olaf, hoffwn ddiolch i Mair Jenkins, William Roger Jones, Alwyn Samuel, Norman Gregory, Richard Thomas, George Bateman ac ystâd y diweddar Roddy MacDowall am ganiatâd i ddefnyddio'u lluniau hwy, ac i Elis Owen am ei ganiatâd caredig i argraffu lluniau sy'n eiddo HTV Cymru. Diolch hefyd i Lyfrgell Genedlaethol Cymru am bob cymwynas.

DELWEDDAU

FE anwyd Richard Walter Jenkins ar y degfed o Dachwedd 1925 yn 2 Dan-y-bont, Pont-rhyd-y-fen. Gellir dadlau mai ef oedd Cymro enwoca'r ugeinfed ganrif. Mae'r byd yn ei nabod fel Richard Burton, actor mwyaf carismataidd ei genhedlaeth, er bod ei enwogrwydd bellach wedi'i seilio ar ei fywyd personol cymhleth, llawn cymaint ag ar ei dalent enfawr.

Mae darllen hanes Richard Burton yn gwneud i ddyn ryfeddu. Ymysg ei uchelgeisiau oedd ei awydd i fod yr actor gorau yn y byd, yr enwocaf a'r cyfoethocaf. Yn ddi-os, fe lwyddodd gyda'r ddau olaf; yr enwocaf: doedd neb yn hawlio tudalennau blaen y papurau a'r cylchgronau yn fwy rheolaidd nag ef a'i wraig trwy ganol y chwedegau. Y cyfoethocaf: yn yr un cyfnod, roedd sylwebwyr yn gwneud cymariaethau anaddas ond hollol gywir a ddangosai fod y Burtons yn gyfrifol am gynhyrchu mwy o arian na rhai o wledydd cyfandir Affrica. Y gorau? Wel, mae hynny o reidrwydd yn farn bersonol. Mae'r dystiolaeth o blaid yr honiad i'w gweld mewn amryw o ffilmiau o sawl cyfnod yn ei fywyd – ni wadai neb hynny. Ond mae sawl ffilm wedyn na fyddai neb call am wastraffu dwy awr o'i fywyd yn eu gwylio!

Nid yw'r gwaith llwyfan a enillodd yr enw da iddo fel actor wedi ei ddiogelu mewn unrhyw ffordd y gellir ei asesu'n wrthrychol. Dim ond gair y beirniaid, poblogrwydd y cynyrchiadau ac atgofion pŵl, sigledig sy'n awgrymu i ni sut y dechreuodd gyrfa Richard, a beth wnaeth i gymaint o sylwebwyr ddotio arno. Ni allwn ni heddiw ond dychmygu grym ei bresenoldeb ar lwyfan, a'r hyn a barodd i rai beirniaid ei gollfarnu a'i gondemio am droi ei gefn ar y theatr er mwyn elwa ar arian y ffilmiau. O ddiwedd y 1950au hyd ei farw, ni faddeuodd y papurau a'r beirniaid uchel-ael iddo am gefnu ar lwyfan y *West End*. Weithiau fe'i galwyd yn 'fab afradlon' y theatr; yn aml fe'i cymharwyd â Faust, a werthodd ei enaid am gyfoeth a grym. Ond plesio'i hunan wnaeth Richard Burton. Fe wnaeth y penderfyniadau ei

7

hun, ac fe dderbyniodd y canlyniadau. Mewn cyfweliadau tua diwedd ei oes, byddai'n pwysleisio nad oedd yn edifar am ddim. Dewisodd ei lwybr ei hun, ac roedd yn gwbl fodlon â'i ddewis.

Wrth gwrs, Saeson o ddosbarth uwch gan fwyaf fyddai'n gwneud y sylwadau ei fod wedi 'gwerthu allan'. Am y rhan fwyaf o'i yrfa roedd y wasg Gymreig yn gefnogol iawn iddo. Yn sicr, nid oedd neb yng Nghymru yn ei feio am ddewis arian ac enwogrwydd Hollywood. I'r gwrthwyneb, roedd y papurau Cymreig yn ymffrostio yn llwyddiant y Cymro mewn byd mor gystadleuol. Mae sawl enghraifft o'r *Western Mail* yn cynnig adolygiad llawer mwy ffafriol o berfformiad Richard na phapurau Llundain neu America.

Y cyfnodau lle na fyddai'r wasg Gymreig mor sicr o'i theimladau tuag at Richard oedd pan fyddai'n gweithredu mewn modd a allai dynnu amharch neu wawd ar Gymru. Er enghraifft, yn 1962 roedd carwriaeth odinebus Richard ac Elizabeth Taylor yn creu penawdau ledled y byd, ond roedd y wasg Gymreig yn dawedog iawn. Prin yw manylion yr hanes yn y *Western Mail*, a phan mae'n digwydd sôn amdano, cyfeiria at *'Mr Burton the actor'*, heb sôn am ei Gymreictod. Does dim un gair amdano yn *Y Cymro* na'r *Faner.* Gyda Saunders Lewis newydd ddarlledu'i ddarlith enwog 'Tynged yr Iaith' a phentre Capel Celyn yn cael ei wacâu cyn diflannu o dan y dŵr, dichon fod gormod o newyddion difrifol yn agosach adre i boeni amdanynt. Ac unwaith eto, pan oedd Richard yn mynd trwy gyfnod anodd yn y 1970au ac yn dweud pethau hurt mewn cyfweliadau, nid yw'r *Western Mail* yn cyfeirio ato fel *'Welsh'* ond fel *'Welsh-born'*. Roedd y neges yn glir – nid yw'n un ohonom *ni*.

Serch hynny, mae toreth o doriadau o'r wasg Gymreig sy'n dangos yn glir faint o eicon oedd Richard i'r Cymry. Ef oedd y Cymro mwyaf enwog yn y byd, ac roedd bob amser am ddangos mai Cymro ydoedd – mae'n siŵr fod yn rhaid i ddarllenwyr Americanaidd estyn am yr atlas. Gellid hawlio fod y rhan fwyaf o'r byd yn y cyfnod hwnnw yn cael yr unig wybodaeth am Gymru trwy ddarllen am Richard. Ef oedd y llysgennad mwyaf effeithiol a gafodd Cymru erioed. Roedd y Gymru yr oedd yn ei phortreadu yn wlad beirdd a chantorion, arwyr ar y cae rygbi a chewri o ddynion yn y pyllau glo: portread, felly, oedd â pherthynas fregus â gwirionedd y sefyllfa yr ochr hon i Glawdd Offa. Weithiau byddai'n mynd dros ben llestri a hawlio enwogion o fri fel Alexander Fawr, Louis XIV a Christopher Columbus yn gyd-wladwyr!

Er nodi ei gariad at ei famwlad, mae'n rhaid cydnabod nad ymgartrefodd Richard yng Nghymru fel oedolyn o gwbl. Wedi iddo gael ei gyfle cyntaf ar y llwyfan proffesiynol, ddeufis cyn ei benblwydd yn 18 oed, ni fu Richard yn sefydlog yng Nghymru am unrhyw gyfnod. Efallai byddai rhai yn sylwi fod ei Gymreictod tua diwedd ei oes yn Gymreictod yr alltud, yn seiliedig ar elfennau arwynebol ac yn cael ei arddangos mewn arwyddion dibwys. Yr oedd yn honni ei fod bob amser yn gwisgo rhyw ddilledyn coch, gwrthodai weithio ar Ddydd Gŵyl Ddewi, a bloeddiai ei gefnogaeth o dîm rygbi Cymru. Faint o wir ddyfnder oedd o dan yr haenen hon o Gymreictod?

Fe ddaw'r dystiolaeth o'i argyhoeddiad oddi wrth ei gyfeillion Cymreig. Roedd David Rowe-Beddoe yn ffrind iddo o ganol y 1950au hyd y diwedd, ac mae yntau'n sicr fod Richard yn 'Gymro gwir a balch i'w esgyrn':

A gwyddoch amdano'n gwisgo rhywbeth coch bob dydd – wel, pam lai? Mae'n amlygiad allanol o'i argyhoeddiad mewnol, ac os dyna'r ffordd y'chi am ddangos eich ochr, wel gwnewch hynny! Roedd ganddo lawer o hiraeth, ac roedd hynny'n hollol ddilys. Petasai'n cwrdd â Chymro, neu rhywun â chysylltiad Cymreig, byddai'n dangos diddordeb bob tro, yn enwedig pan oedd yn byw dramor.

Pan oeddem yn sgwrsio, yr oedd yn gallu cael ei symud i angerdd mawr, yn enwedig mewn perthynas â straeon am y diwydiant glo, ac yn arbennig straeon am drychinebau yn y pyllau. Wrth adrodd hanes y drychineb yn Senghennydd ar droad y ganrif, byddai dagrau yn rhedeg lawr ei ruddiau. Byddai'n troi yn aml at yr ochr honno o Gymru – y wlad a gynhyrchai'r aur du, y wlad a hwylusodd y Chwyldro Diwydiannol, a chyn lleied o gydnabyddiaeth a gafodd y dynion a wnaeth y cyfan yn bosibl. Felly roedd ganddo ddealltwriaeth ddofn o sefyllfa gymdeithasol-ddiwydiannol y cymoedd, yn enwedig Cwm Afan, wrth gwrs, ei ardal ei hunan.

Ac wedyn, yr oedd y diwylliant Cymreig, yr iaith Gymraeg a chwaraeon – ac wrth gwrs roedd rygbi yn hollbwysig iddo. Byddai'n ceisio'ch darbwyllo oni bai am y Rhyfel y byddai ef wedi bod yn chwaraewr rhyngwladol dros Gymru – byddai wedi dwlu cael y cyfle. Fe ofynnais iddo unwaith 'A fyddai wedi bod yn well gennyt ennill *Oscar* ynte cael cap dros Gymru?' ac fe atebodd 'Mae'n debyg . . . mae'n debyg yr ail . . .'

Trwy rygbi fe ddaeth Richard yn ffrind i Cliff Morgan, un o chwaraewyr Cymru o'r 1950au a sylwebydd craff ar y gêm. Bu'n gyfaill annwyl a oedd yn gymorth mawr mewn angen. Tystia Cliff fod gwir ddyfnder i deimladau Richard: i'r ddau ohonynt, nid rhywbeth arwynebol, byrhoedlog yw rygbi'r Cymry, ond mynegiant o'u hysbryd. Pan mae'r pymtheg yn gwisgo coch eu gwlad, maent yn olynwyr i Llywelyn a Glyndŵr, yn cadw fflam Cymreictod yn fyw. Fe synnodd Cliff at ddyfnder dealltwriaeth, gwybodaeth a nwyd Richard am rygbi.

Dyma ddatganiad a wnaeth yng nghanol pencampwriaeth y Pum Gwlad yn 1982:

> Does neb yn chwarae rygbi y ffordd ryn ni'n ei chwarae – does dim ots pwy ydyn nhw – yr *All Blacks*, y Ffrancwyr, y Saeson – does neb yn ei chwarae fel ni. Rydyn ni'n ei chwarae gyda rhyw fath o farddoniaeth fawreddog. Pan wela'i faswr neu fewnwr Cymreig yn llithro ac yn hudo, yn tin-droi ac yn twyllo, yn danfon y dynion mawr yn wyllt, fe ddaw twlpyn i'm llwnc. Does dim byd tebyg yn y byd.

Mae'r ymadrodd olaf hwn yn un cyfarwydd yng nghyfweliadau Richard. Mae'r brawddegau: '*There's nothing like it in the world*' neu '*There's no-one like him/her/them in the world*' yn ymddangos yn gyson wrth iddo sôn am ei wlad neu ei gyd-wladwyr, am farddoniaeth Shakespeare neu sŵn yr iaith Gymraeg, am ei deulu yn gyffredinol neu rai o'i berthnasau yn benodol. Hynny yw, mae'r ymadrodd hwn yn dynodi rhywbeth yr oedd ganddo deimlad diffuant amdano.

Mae mwy o dystiolaeth am ei falchder o'i Gymreictod yn y cyfweliadau lle rhoddodd Richard atebion dwys (yn hytrach na mwynhau ei hun trwy ddweud beth oedd yr holwr am ei glywed). Fe fynegodd ei genedligrwydd yn y cyfweliadau heb unrhyw fath o gymhelliad gan yr holwr.

Yn ei gyfweliad enwog â Michael Parkinson yn 1974 dywedodd yn ei ateb cyntaf ei fod wedi dod o hil arbennig – '*I am enormously proud, of course, of being Welsh*'. Mewn cyfweliad gyda David Frost yn 1970 fe honnodd fod Saesneg yn iaith estron iddo, gan mai iaith ei deulu oedd Cymraeg – '*We're rare birds, there's only two and a half million of us*'. Mewn cyfweliad â'r beirniad enwog Kenneth Tynan, fe bwysleisiodd mai mab i löwr o Gymro ydoedd, er ei fod yn fwyaf cyffyrddus yn dynwared tywysogion a brenhinoedd ar y llwyfan.

Mewn cyfweliad arall o'r 1960au, gofynnwyd i Richard pa mor bwysig oedd ei waed Cymreig iddo. Atebodd Richard:

O bwysigrwydd enfawr . . . Dydw i wir ddim yn gwybod beth i ddweud am fy hil, rwyf mor falch ohoni – ac rwy'n caru'r Cymry gydag angerdd sydd bron yn eilunaddolgar, yn enwedig Cymry'r De, y bobl rwy'n eu nabod orau, ac yn arbennig dosbarth glofaol De Cymru. Rwy'n meddwl eu bod nhw'n siarad ychydig yn well na'r rhan fwyaf o bobl rwyf wedi eu cyfarfod yn fy mywyd. Credaf eu bod nhw'n boenus o onest. Rwy'n credu eu bod nhw'n ofalus a gwyliadwrus . . . [ac] nad ydynt yn dangos eu teimladau yn rhy rhwydd nac yn rhy hawdd. Credaf fod eu dolefau mawr yn rhai tawel. . . . Petai'r gwaetha'n digwydd, a'r byd yn dod i ben a minnau mewn perygl ofnadwy, ac phe gofynnwyd imi pwy yr hoffwn i gael gyda fi – pa fath o bobl – yn wir byddai'n rhaid imi ddweud fel gwlatgarwr penboeth, 'Y Glöwr Cymreig'.

Roedd Richard yn wlatgarwr, felly, er nad oedd yn gallu treulio llawer o amser yng Nghymru oherwydd ei yrfa. Dim ond dwy ffilm a saethodd yng Nghymru, ac ni ymddangosodd ar y llwyfan yng Nghymru wedi 1950. Fodd bynnag, yr oedd yn gefnogwr brwd o'r ymgyrch i sefydlu Theatr Genedlaethol i Gymru yng Nghaerdydd, ac addawodd sawl tro i actio ynddi yn ei thymor cyntaf. Ac er i'w yrfa ryngwladol olygu nad oedd yn ymddangos mewn llawer o gynyrchiadau yng Nghymru, benthycodd ei lais i sawl menter Gymreig. Dwy enghraifft o'r 1950au yw iddo leisio rhaglen nodwedd am y gwaith dur ym Margam ac iddo berfformio yn y cynhyrchiad cyntaf o'r ddrama *Brad* ar gyfer y radio (yn y ddwy iaith). Un enghraifft o'r 1960au yw ei ddarllediad o'i waith hunan-gofiannol *A Christmas Story*; ac yn y 1980au fe roddodd ei lais ar ffilmiau i'r Bwrdd Croeso ac i Undeb Rygbi Cymru. Enghreifftiau eraill o achlysuron sy'n dangos nad oedd wedi anghofio'i wreiddiau yw ei gyfraniad i ffilm y Bwrdd Glo am ddiogelwch yn y pyllau, lle mae'n cyfeirio at gefndir glofaol ei deulu.

Mae digon o dystiolaeth, felly, am ei wlatgarwch, ond tybed a oedd yn tueddu i fod yn genedlaetholwr – fel Sean Connery, efallai, sy'n llwyddo cyfuno cefnogaeth frwd o'r SNP â bod yn alltud-rhag-treth? Mae stori gan Marion Eames amdano'n siarad mewn cyfarfod a drefnwyd gan Blaid Cymru yn Nolgellau pan oedd yn ffilmio *The Last Days of Dolwyn*. Ond mae'n debyg fod ei brofiadau anfoddhaol o wleidyddiaeth yn Ne Cymru yn ei ieuenctid wedi'i suro yn erbyn gwleidyddion Cymreig ar y cyfan. Wrth ysgrifennu darn am Gymru yn 1969 sy'n byrlymu o gariad a balchder at ei famwlad, mae'n bendant ei farn yn erbyn hunan-lywodraeth: 'Rwyf wedi gweld digon o wleidyddiaeth leol gartre i wybod ein bod ni'n llawer gwell yn rheoli'r Saeson nag yn rheoli ni ein hunain'.

Wrth reswm, yr oedd ochr ryngwladol i fywyd Richard, a oedd yn cyd-fynd â – ac weithiau'n croes-dynnu yn erbyn – ei ochr Gymreig. Ei brif gartref o 1958 hyd ei farwolaeth oedd *villa* ym mynyddoedd y Swistir – tŷ a enwodd yn *Le Pays de Galles*. Yn ystod ei oes yr oedd ganddo dai a thir mewn sawl gwlad arall (yn ogystal â llong bleser ysblennydd) ac fe dreuliodd lawer o amser yn gweithio mewn lleoliadau ledled y byd. Fe geisiodd uniaethu â'r gwledydd y trigai ynddynt drwy ddysgu'r iaith neu ddarllen am yr hanes neu drafod y sefyllfa wleidyddol. Fel dyn cyfoethog, gwelodd Richard yr ochr orau o'r gwledydd yr ymwelodd â hwy. Ond fel seren ryngwladol, yn aml fe welai ochr waethaf y bobl, wrth i *sycophants* gasglu o'i gwmpas, newyddiadurwyr grefu am sylw, a phla o *papparazzi* ei boeni.

Y cyfnod gydag Elizabeth Taylor yw'r cyfnod sy'n hoelio sylw'r gohebwyr sy'n edmygu neu'n cenfigennu wrth y cyfoeth a'r enwogrwydd a ddaeth yn eiddo i Richard yn ystod ei gyfnod afradlon. Mae'r rhan hon o'i fywyd yn dechrau gyda'r sibrydion am ei garwriaeth ag Elizabeth ym mis Ionawr 1962, ac yn dod i ben ar ôl y parti i ddathlu ei phenblwydd yn 40 oed, ychydig dros ddeng mlynedd yn ddiweddarach. Yn ariannol ac yn nhermau enwogrwydd, hwn oedd penllanw bywyd Richard, ac mae'r straeon am ormodedd gorfoleddus yn llifo . . .

1962 - Prynodd Richard yr emwaith gyntaf i Elizabeth: clip o emralltau a diamwntiau gwerth $93,000.

Rhwng 1963 a 1966, fe enillodd saith ffilm yr oeddent yn cymryd y prif rannau ynddynt dros $200 miliwn yn y sinemâu. Enillodd hyd yn oed ffilm wan fel *The Sandpiper* (1965) $14 miliwn.

1966 - Richard yn cystadlu yn erbyn Robert Kennedy, gyda'r ddau yn adrodd sonedau Shakespeare bob yn ail. Enillodd Richard yr ornest drwy adrodd ei 15fed soned tuag yn ôl, gan ddechrau gyda'r gair olaf a gweithio yn ôl.

1967 – Wedi cinio gyda Dug a Duges Windsor (ef oedd Tywysog Cymru trwy blentyndod Richard) bu'r ddau ddyn yn canu 'Hen Wlad fy Nhadau' 'mewn harmoni ofnadwy!'

1968 – Richard ac Elizabeth yn cyrraedd Llundain mewn llong bleser a oedd i fod yn gartref i'w cŵn tra'u bod hwy'n aros yng ngwesty'r *Dorchester.*

1969 - Richard yn prynu diamwnt 69.4 carat i Elizabeth am $1,100,000. Tra cwynai rhai papurau am y diffyg chwaeth, fe ymddangosodd yr emwaith yn Chicago ac Efrog Newydd, a safodd 10,000 mewn llinell i'w gweld.

1972 - Ar ei phenblwydd yn 40 oed, rhoddodd Richard ddiamwnt gwerth $50,000 i'w wraig – gem a gynlluniwyd gan y dyn a adeiladodd y *Taj Mahal.*

Ond i'r rhai hynny na ddallwyd gan ddisgleirdeb y gemwaith, y degawd y cyflawnodd Richard y gwyrthiau mwyaf oedd y 1950au. Ar ddechrau'r degawd yr oedd yn dal i ddysgu'r grefft o fod yn actor, ac yntau wedi ymddangos mewn dwy neu dair ffilm ac mewn rhannau bychain ar lwyfan y West End. Roedd yn dangos addewid mawr, ond nid oedd yn fwy amlwg na hanner dwsin o actorion ifainc eraill o Gymru. Ond o fewn ychydig flynyddoedd yr oedd wedi ymddangos ar *Broadway*, wedi sefydlu'i hun fel yr actor ifanc mwyaf cyffrous mewn perfformiadau o waith Shakespeare, ac wedi ymddangos fel seren mewn ffilmiau yn Hollywood, gan gasglu gwobrwyon ac enwebiadau ar gyfer yr Oscars. Erbyn diwedd y degawd yr oedd wedi goresgyn llwyfan y West End, ac yna wedi troi ei gefn arno; roedd wedi blasu bywyd melys afreal Hollywood, ond wedi gwrthod y caethwasiaeth a oedd yn rhan o drefniadaeth y stiwdios; ef ei hun oedd yn dewis pa ffilmiau yr oedd am ymddangos ynddynt, oherwydd mynnai fod yn feistr ar ei fywyd ei hun.

Ond roedd ganddo wendid sylfaenol a olygai nad ef oedd y gwir feistr ar ei fywyd ei hun. Roedd gan Richard flys di-lywodraeth am alcohol: am y cysur a ddeuai yn ei sgil; am y sgwrs ddilyffethair a lifai o dan ei ddylanwad; am y lloches a gynigai rhag trafferthion y byd. Roedd alcohol yn llifo'n ddigon rhydd trwy gymdeithas y dosbarth gweithiol Cymreig: roedd y *Miners Arms* a'r *Colliers Arms* yn llyncu cyfran sylweddol o gyflogau ei dad a'i gyd-weithwyr. Roedd Richard yn ymwelydd cyson â thafarndai Tai-bach cyn iddo adael yr ysgol, ac wedi iddo gael ei ryddhau i fyd y theatr cyn iddo droi'n 18 oed, fe syrthiodd yn naturiol i batrymau yfed cymdeithasol, yn rheolaidd ac yn ddigon trwm. Yn ystod ei amser byr yn y coleg a'i gyfnod estynedig yn y lluoedd arfog, roedd yn nodedig am ei gampau yfed. Pan ddychwelodd i fyd y theatr, roedd alcohol yn gysur naturiol a roddai'r hyder angenrheidiol i wynebu'r gynulleidfa, ac yn gydymaith dilys yn y cymdeithasu wedi'r perfformiad. Pan fyddai'n saethu rhyw ffilm a ystyriai yn ddi-werth, byddai alcohol yn help i ladd y diflasdod. A phan oedd yn pendroni ynglŷn â'i anffyddlondeb i'w wraig, alcohol a foddai'r teimladau o euogrwydd.

Roedd gan Richard y rhinwedd amheus o allu llyncu llawer iawn o alcohol. Y fantais a gafodd am y rhan fwyaf o'i oes oedd iddo allu yfed trwy'r nos (a phe bai'r achlysur yn galw, trwy'r bore ac efallai trwy'r prynhawn canlynol hefyd), heb erioed golli ei allu i ddiddanu ei gwmni. Yr oedd yn adrodd straeon difyr, yn taflu dyfyniadau hir o farddoniaeth i fewn i'r pair, yn canu alawon Cymreig a chynnig sylwadau dwys am unrhyw bwnc o dan yr haul. Yr oedd hefyd yn gallu cyflawni'i waith yn ddi-drafferth, wedi yfed digon i beri i rhywun cyffredin fethu â sefyll. Pan ymddangosodd yn y sioe *Camelot* ar *Broadway*, fe dderbyniodd fet y byddai'n gallu yfed potel o vodka yn ystod y *matinée* ac un arall yn ystod perfformiad y nos, heb i'w gyd-seren sylwi. Pan ofynnodd Richard iddi ar ôl i'r llen ddisgyn sut oedd ei berfformiad, dywedodd hithau, 'Ychydig yn well nag arfer' ac enillodd ef y bet.

Ond fe drôdd alcohol yn elyn iddo erbyn diwedd ei oes. Oherwydd ei fod yn gallu goddef cymaint o alcohol, pan ddaeth cyfnodau pan oedd yn *dymuno* meddwi, fe aeth ati gyda ffyrnigrwydd penderfynol, hunan-ddinistriol. Gor-symleiddio'r sefyllfa yw honni fod ei ddirywiad i fod yn alcoholig yn anochel, oherwydd roedd gan Richard y gallu trwy gydol y 1960au i reoli'i yfed, gan droi ei gefn ar y ddiod am fisoedd. Ond fe ddaeth yr amser pan nad oedd yn gallu rheoli ei yfed – neu, fel y byddai Richard yn honni, nad oedd yn *mynnu* rheoli ei yfed – ac fe waeddodd ei gorff 'Digon!'. Wedi cyfnod yn yr ysbyty yng ngwanwyn 1974, nid oedd ganddo'r un goddefgarwch tuag at alcohol, ac fe allai ychydig iawn o alcohol ei newid o Dr Jekyll i Mr Hyde.

Cred rhai fod effaith alcohol wedi dangos ei hun yn gynnar ym mywyd Richard, ac mai'r ddiod oedd yn gyfrifol am rai o'i benderfyniadau proffesiynol anffodus, ac am rai o anghysonderau ei fywyd. Ond mae hyn yn gor-symleiddio sefyllfa gymhleth. Y prif reswm i Richard dderbyn cymaint o rannau anaddas yn ystod ei yrfa oedd ei flys am arian, a oedd ei hunan yn ganlyniad i lymdra bywyd cymoedd De Cymru yn ei blentyndod. Dywedodd Richard na fu ef ei hun erioed mewn angen oherwydd haelioni ei deulu, ond fe welodd ddigon o wir dlodi ymysg y bobl yr oedd yn eu caru i'w wneud yn sosialydd emosiynol, ond hefyd yn gyfalafwr effeithiol.

Nid alcohol chwaith oedd yn gyfrifol am ei duedd i wrth-ddweud ei hun mewn cyfweliadau gwahanol. Roedd Richard yn newid ei straeon i gyd-fynd â'r hyn oedd y gwrandawyr eisiau ei glywed: roedd yn ystyried cyfweliadau â'r wasg fel rhyw fath o gêm i'w chwarae. Fel actor profiadol a oedd yn gallu dynwared nifer fawr o gymeriadau, yr oedd yn gwisgo *persona* gwahanol ar gyfer cyfweliadau nad oedd yn eu cymryd o ddifri. Yn rhannol, byddai hyn i osgoi'r blinder o ddweud yr un peth dro ar ôl tro; hefyd, yr oedd yn fodd i'w hiwmor direidus amlygu'i hun. Fodd bynnag, byddai alcohol yn hwyluso'r broses, a byddai rhai o'r atebion mwyaf dwl yn dod o dan ei ddylanwad.

Datganodd Richard sawl gwaith mai iaith oedd y peth pwysicaf mewn bywyd, ac mai barddoniaeth oedd y peth prydferthaf mewn bywyd. Yr oedd iaith yn rhywbeth i'w drysori ynddo'i hun, am ei sŵn a'i grym ac er iddo feddwl yn bennaf am iaith William Shakespeare pan ddywedai hyn, yr oedd hefyd yn canu clodydd iaith William Morgan. Ond gan ei fod yn pwysleisio gymaint ar sŵn ac effaith iaith, yr oedd yn di-brisio cywirdeb y cynnwys. Pan wnaeth un o'i gyd-actorion amau gwirionedd hanes yr oedd Richard wedi'i adrodd, fe drôd yntau arno – wrth gwrs nad oedd y stori'n wir, ond yr oedd yn stori dda, yn stori ddoniol, ac felly'n werth ei dweud.

Mae'n rhaid felly bod yn ofalus iawn ynglŷn â gwerth 'ffeithiau' yng nghyfweliadau Richard a chwilio am dystiolaeth ychwanegol i'w cefnogi. Y cyfweliadau y gallwn eu derbyn ar eu golwg yw'r rhai lle mae'n siarad â rhywun yr oedd yn ei barchu, fel Kenneth Tynan, neu'n gyfeillgar ag ef, fel David Frost neu John Morgan.

I ychwanegu at yr ansicrwydd, bu ffrindiau a chyfeillion Richard ar fai, wrth ymestyn y gwir wrth adrodd straeon amdano. Ceir cymaint o straeon hynod am Richard sy'n gwbl wir, nes bod rhai straeon amdano wedi cael eu hymestyn er mwyn cystadlu am sylw.

Felly, wrth geisio olrhain hanes Richard Jenkins o Bont-rhyd-y-fen, a cheisio darganfod y berthynas rhyngddo ef a Richard Burton, y seren rhyngwladol ddisglair, mae'n rhaid chwilota trwy haenau o ormodiaith, ffug-wybodaeth a chelwyddau noeth. Ai comedi, trasiedi, ffars, *rags-to-riches,* ynteu rhamant yw sgript y stori? Pwysleisia rhai yr anfanteision roedd yn rhaid i Richard eu goresgyn; sonia eraill am yr hyn roedd yn rhaid iddo ei aberthu er mwyn cariad; mae'n fêl ar fysedd eraill i dynnu sylw at y gwastraff talent a welwyd am gyfnod hir yn ei yrfa.

Yr angor sydd gan y gyfrol hon, yn wahanol i'r cyfrolau eraill am y gwrthrych, yw ei berthynas â Chymru. Y tu ôl i bopeth a wnaeth Richard Burton, fe welir Richard Jenkins, y crwt o Bont-rhyd-y-fen. Megis cysgod yn ei hebrwng, ble bynnag yr oedd Burton yn teithio, yr oedd Jenkins yno hefyd.

Y gwir yw mai'r perfformiad gorau a roddodd Richard Jenkins erioed oedd ei bortread o Richard Burton.

GWREIDDIAU

WRTH edrych ar unrhyw fywyd sy'n hoelio sylw, fe welir anghysonderau. Ond wrth rifo'r gwrth-ddywediadau ym mywyd Richard Burton, ymddangosant yn eang:– y sosialydd honedig a oedd yn byw yn alltud oherwydd y dreth; y credwr cryf mewn ffyddlondeb a oedd yn odinebwr heb ei ail; y Cymro gwlatgar nad oedd ond yn ymweld â'i wlad yn anaml; actor gorau ei genhedlaeth a gafodd ei enwi mewn pleidlais unwaith fel yr actor gwaethaf erioed.

Hyd yn oed yn y maes lle roedd yn ymddangos yn fwyaf cadarn ei farn, sef ei falchder o Gymru a'i wreiddiau Cymreig, fe welir anghysonderau yn yr atebion yr oedd yn eu rhoi i gwestiynau am ei gefndir. Yn ystod ei gyfnod gydag Elizabeth Taylor, dywedodd wrth ohebydd Americanaidd hygoelus ei fod yn fwy Iddewig na'i wraig oherwydd fod ei hen-dadcu yn Iddew o wlad Pwyl o'r enw Jan Ysar, a newidiodd ei enw i Jenkins. Efallai fod pobl yn Nhregolwyn, Sir Forgannwg, wedi clywed sŵn y ddaear yn symud bryd hynny, wrth i genedlaethau o Jenkiniaid droi yn eu beddau.

Mae'r gangen hon o lwyth y Jenkins wedi'i holrhain yn ôl chwe chenhedlaeth, o gyfnod Richard hyd ddechrau'r ddeunawfed ganrif. Mae'r hanes yn dechrau gyda Miles Jenkin a'i wraig Catherine ym mhlwyf Tregolwyn ym Mro Morgannwg. Roedd eu mab, Miles, yn grydd; a'i fab yntau, Miles arall, yn prydlesu ychydig o dir yn y plwyf gan weithio fel cigydd ac yn ddiweddarach fel tafarnwr. Erbyn diwedd ei oes yr oedd yn berchen ar ei dŷ ei hun, ac yn prynu a gwerthu moch a gwartheg. Unwaith eto, Miles oedd enw'i fab yntau, a phan briododd yr oedd yn llafurwr amaethyddol, ond rywbryd rhwng 1845 a 1849 symudodd i Bont-rhyd-y-fen lle gweithiodd fel melinydd. Yng nghyfrifiad 1861, cofnodir bod ei fab Thomas, 12 oed, yn löwr. Bu Miles Jenkins y melinydd, a'i wraig Mary fyw i oed rhyfeddol am y cyfnod – yntau'n marw yn 83 oed a hithau yn 97 oed. Claddwyd y ddau ym mynwent Jerusalem, Pont-rhyd-y-fen, gydag arysgrifau Beiblaidd ar y gofeb. O ail epistol Timotheus y daw adnod Miles: 'Mi a ymdrechais ymdrech deg, mi a redais yr yrfa, mi a gedwais y ffydd'.

Cyfrifid Miles y melinydd yn ŵr darbodus a wnâi i bot o de barhau am wythnos; roedd ganddo enw hefyd am fod yn ffyddlon i'r capel. Nid oedd ei fab Thomas yn ei ddilyn yn hynny o beth: dyn tafarn oedd ef, yn hytrach na dyn capel. Priododd Thomas Jenkins â Margaret Walters yn 1875, ac fe enwyd eu plentyn cyntaf ar ôl ei thad, yn Richard Walter Jenkins. Ef oedd yr unig un o'u plant i gyrraedd oed dyn, ac mae sôn ei fod wedi ei faldodi yn blentyn. Enwyd ef gan drigolion Pont-rhyd-y-fen yn Dic Bach y Saer: nid oedd ond pum troedfedd o daldra, ac roedd ei dadcu Richard Walters yn saer a gynhyrchai'r propiau ar gyfer y pyllau glo.

Fe dorrodd Thomas Jenkins ei wddf mewn damwain dan ddaear a'i barlysu; fodd bynnag, roedd yn dal i fynychu'r dafarn, mewn cadair olwyn a addaswyd yn arbennig iddo. Bu farw yn 1895 yn 46 oed.

Cymerodd Dic Bach y Saer ar ôl ei dad yn ei hoffter o dafarndai, ac adroddai straeon cellweirus wrth ei gyd-löwyr. Un o'i hoff straeon oedd hanes marwolaeth ei dad, yn feddw gaib wedi iddo ennill 26 swllt ar geffyl o'r enw *Black Sambo*, a gwario'i enillion ar ddiod yn y *Miner's Arms*. Adroddai Dic yr hanes am sut y collwyd rheolaeth ar y gadair olwyn ar y ffordd adre, a'i dad yn rhuthro i lawr y rhiw gan weiddi 'Dere 'mlân *Black Sambo*', nes i wal roi diwedd ar y daith – a'i fywyd.

Priododd Richard Walter Jenkins ag Edith Maud Thomas, merch a weithiai y tu ôl i'r bar yn y *Miner's Arms*. Roedd hi'n enedigol o Abertawe, cyn i'r teulu symud i Gwm Afan lle roedd gan ei thad swydd gyfrifol yn y gwaith copr, yn goruchwylio safon y cynnyrch. Roedd ei theulu yn amheus o'r briodas gan fod Dic Bach y Saer yn unig blentyn a fyddai'n disgwyl llawer o faldod. Hefyd yr oedd hithau'n ifanc – dim ond 17 oed yn priodi, er i'r dystysgrif ddweud ei bod yn 18. Hwy oedd y cyntaf o'u llinach i allu llofnodi'r dystysgrif briodas. Mae'r llun a dynnwyd ar ddydd eu priodas, noswyl Nadolig 1900, yn ei dangos hithau'n sefyll tra'i fod yntau'n eistedd (ffordd efallai o guddio'r ffaith ei bod hi 8 modfedd yn dalach nag ef).

Fe anwyd plant o'r undeb yn fuan, ac yn rheolaidd: Thomas Henry (Tom i bawb) yn 1901; Margaret Hannah yn 1903, merch a fu farw yn ei phlentyndod; Cecilia (Ciss) yn 1905; Ifor yn 1906; Margaret Hannah arall yn 1908, ond a fu farw yn fuan ar ôl ei genedigaeth;

William yn 1911; David yn 1914; Verdun yn 1916; Hilda yn 1918; Catherine (Cassie) yn 1921; Edith (Edie) yn 1922. Yn 1925 fe symudodd y teulu o Station Road, ar yr un lefel â'r Bont Fawr, i lawr i rhif 2, Dan-y-Bont, yn agosach at yr afon. Yno y ganwyd Richard Walter Jenkins, yr ieuaf, ar 10 Tachwedd 1925.

Er i'r amgylchiadau fod yn anodd ym Mhont-rhyd-y-fen ym mlynyddoedd cynnar y ganrif, ni fu'r teulu erioed yn dlawd. Yn ogystal â chyflog Dic Bach o'r lofa (heblaw am y gyfran o'i enillion a wariai yn y dafarn), fe gafwyd cyflogau'r bechgyn wedi iddynt gyrraedd 14 oed a dechrau gweithio yn y pwll, ac roedd gan y fam, hithau, sawl ffordd o ennill ceiniogau ychwanegol. Byddai'n gwneud y golch i deuluoedd eraill; bragu 'cwrw bach' a chynhyrchu menyn a'i werthu; a hyd yn oed troi ei llaw at addurno tai pobl. Wrth gwrs, doedd dim gwastraff: câi Verdun ddillad David, er fod y brawd hŷn dipyn yn dalach nag ef. A chawsai gweddillion torth o fara eu cymysgu â chaws a te berwedig i wneud 'cawl' o'r enw 'siencyn'.

Roedd rhai blynyddoedd yn waeth na'i gilydd – yn enwedig blynyddoedd streiciau mawr y pyllau glo yn 1921 a 1926, a'r perchnogion yn ennill y frwydr y ddeudro. Ond er i'r pentref fod yn dlawd yn ariannol, ni olygai hyn fod bywydau'r trigolion yn ddiwerth – rhywbeth y byddai sawl awdur Americanaidd yn methu â'i ddeall. Roedd cymdeithas Pont-rhyd-y-fen yn nodweddiadol o gymuned glòs y glowyr, gyda phob un yn edrych ar ôl ei gydweithiwr a phob unigolyn yn gofalu am ei gymydog. Yn absenoldeb gwladwriaeth les, roedd rhwydweithiau i sicrhau nad oedd neb mewn angen – boed y rhwydweithiau hynny yn rhai teuluol, yn perthyn i gapel, neu'n un o'r cymdeithasau 'cyfeillgar' a oedd yn gofalu am eu haelodau. Yn naturiol, Cymraeg fyddai'r iaith ar wefusau pawb, a'r amrediad o weithgareddau Cymraeg – yr eisteddfodau, y cyngherddau a'r cymanfaoedd canu – yn cyffwrdd â phawb yn y gymdeithas. Doedd dim Saesneg ar aelwyd Dan-y-Bont: mae rhai o'r adroddiadau am Edith yn dweud na fedrai hi siarad yr iaith honno.

Roedd yr amgylchiadau'n bodoli a fyddai'n sicrhau fod yr iaith yn dirywio yng nghymoedd Morgannwg. Iaith i'r aelwyd a'r capel oedd y Gymraeg: Saesneg oedd iaith llwyddo yn y byd. Mae hanes teulu'r Jenkins yn dangos fel y dirywiodd yr iaith yng nghymoedd y de: roedd holl blant teulu'r Jenkins yn siarad yr iaith, ond prin hanner o'r wyrion.

Fodd bynnag, doedd fawr o obaith gan y mwyafrif helaeth o fechgyn y cwm i wella eu sefyllfa, gan nad oedd fawr o ddewis ganddynt am eu gyrfaoedd. Aeth Verdun a oedd wyth mlynedd yn hŷn na Richard – a'r mwyaf talentog o'r plant i gyd yn ôl tystiolaeth mwy nag un o'r brodyr – i weithio yn y pwll glo ddau ddiwrnod wedi'i ben-blwydd yn 14. Mae'n adrodd y stori heb siom na chwerwder: dyna sut oedd bywyd.

Dyma'r darlun sy'n dod drosodd o deulu Jenkins Pont-rhyd-y-fen, felly: y teulu o dan anfantais ariannol, ond nid yn llwgu; yr unigolion heb lawer o reolaeth dros eu ffawd eu hunain; y gymuned o dan bwysau gan y sefyllfa economaidd, ond yr ysbryd cymdeithasol yn gadarn. O dan y fath amgylchiadau fe fagodd Richard ac Edith Jenkins eu tyaid o blant. Mae bron pob un o'r erthyglau a'r llyfrau am Richard yn unfryd wrth sôn am ei rieni. Portreadir Edith fel gwraig a mam ddelfrydol, llawn cariad, tiriondeb ac amynedd. Mae'r darlun o'r tad, Richard Walter Jenkins yr hynaf, yn un o gnaf direidus, hoffus a oedd yn byw am ddau beth: ei wraig a'i gwrw. Yn ôl yr hanes, roedd ei gariad at y ddiod weithiau'n cuddio'i gariad at ei deulu, ond gan ei bod hi'n amhosibl digio wrth 'Dadi Ni', roedd y teulu 'n maddau bob tro.

Un o'r straeon a gafodd ei gyhoeddi'n rheolaidd oedd hanes Dic Bach yn diflannu un nos Wener i loches tafarndai'r cwm, heb ddod adref am dair wythnos. A'r teulu'n dechrau poeni na welent ef fyth eto, un noson fe daflwyd y drws ar agor, ac yn sefyll yno â gwên lydan ar ei wyneb oedd 'Dadi Ni'. Roedd yn dal darn o râff oren, â milgi di-ddanedd ynghlwm wrtho. 'Paris' oedd enw'r ci, ac edrychai o leiaf 20 mlwydd oed ac mae'n debyg i un o'r brodyr honni, 'Petaech yn mynd â'r creadur am wâc, byddai'n colli ei anadl!' Gan edrych ar ei deulu anghenus, patiodd Dic Bach y milgi ar ei gefn a dweud, 'Fechgyn, mae'n trafferthion ni drosodd!'

Fel mewn sawl maes arall yn y gyfrol hon, mae gwirionedd a dychymyg yn gwrthdaro a chymysgu ac, fel arfer, y gwirionedd sy'n dioddef fwyaf. Mae elfennau o'r hanes yn wir – fe holodd Paul Ferris y chwaer hŷn, Ciss, am y digwyddiad a chlywed am ei hanes hithau ac Ifor yn gorfod mynd i'r *Colliers Arms*, Efail Fach, i gludo eu tad adref mewn cyflwr dychrynllyd. Roedd yn llusgo hen gi, ond ni adawyd ef i mewn i'r tŷ. Felly mae'r hanes, fel y'i cyflwynwyd gan Richard y mab, yn ymestyn tipyn ar y gwirionedd er mwyn gwneud y stori'n fwy doniol. Mae'r gor-ddweud hwn yn ychwanegu at *pathos* y sefyllfa trwy bwysleisio tlodi'r teulu, ond mae cymeriad 'Dadi Ni' hefyd yn dioddef gan iddo ymddangos fel un a esgeulusai ei gyfrifoldebau.

Ar y llaw arall, cynigai Richard lu o ddyfyniadau canmoliaethus am ei dad. Clodforai ef am ei huodledd, ei gariad at addysg a'i ddawn geiriau – 'Roedd ganddo wireb – "Paid a defnyddio gair byr pan fydd un hir yn gwneud y tro".' Gallai ei dad godi dyn 13 stôn ag un law; gallai ryddhau 20 tunnell o lo gydag un ergyd craff gan ei bicas; a gallai yfed unrhyw ddyn o dan y bwrdd, unrhyw bryd.

Dechreuodd Richard ychwanegu at y straeon am ei dad yn gynnar. Yn ystod ei gyfnod yn perfformio'i ran broffesiynol gyntaf, fe gwynodd Stanley Baker bod Richard yn dwyn manylion am ei dad *yntau* wrth adrodd straeon am unigolrwydd Richard Walter Jenkins yr hynaf. Ond yn y straeon a adroddai ar ôl iddo gyrraedd y pinacl, byddai elfennau cryf o'i gymeriad ef ei hun yn lliwio straeon Richard am ei dad.

Yn wir, fe fu rhyw bellter rhwng y ddau Richard o'r dechrau – rhyw awgrym nad oedd y ddau yn deall ei gilydd – gan i amgylchiadau creulon sicrhau nad Richard Walter Jenkins fyddai'r unig dad a gafodd Richard yn ei oes.

Nid oedd gan Richard ddim straeon am ei fam. Ond does neb erioed wedi ysgrifennu gair cas am Edith Maud Jenkins. Disgrifiodd David ei fam fel 'gwraig dal a phrydferth, gyda'i gofal mamol yn ymestyn i'm tad yn ogystal â'r gweddill ohonom. Hi oedd y grym a dywysodd y teulu cyfan.' Y cof sydd gan Verdun ohoni yw am un a oedd yn hen fenyw yn ifanc, wedi'i llethu gan y blynyddoedd o waith caled a magu plant.

Yn wahanol i'w gwr, roedd Edith yn ffyddlon i'r capel – Bethel, achos y Bedyddwyr ym Mhont-rhyd-y-fen. Dywed David fod gan ei fam arswyd dwfn o'r ddiod a byddai'n siarso'i phlant yn aml ac yn fanwl am beryglon yfed. Cofiodd ei chlywed yn dweud sawl tro wrth y cymdogion mai ei hunig ddymuniad mewn bywyd oedd byw yn ddigon hir i godi'i phlant. Yn 1927 roedd hi'n feichiog eto, ac mae sôn ei bod hi'n dioddef llawer o drafferthion y tro hwn. Chwe niwrnod wedi geni Graham ar 25 Hydref 1927, bu farw'r fam yn 44 oed. Cafodd haint wedi'r enedigaeth na ddylai fod wedi profi'n drafferth i feddyg cymwys – ond bryd hynny roedd y cymorth meddygol ar gyfer gwraig i löwr tlawd yn annigonol.

Mae gan Verdun atgof clir am glywed y newyddion wedi dychwelyd adre o'r ysgol dros ginio. Roedd wedi codi Richard, ac yn ei gario ar ei gefn pan glywodd gymydog yn dweud, 'Mae Edith Thomas wedi marw'. Felly fe gollodd Richard ei fam ychydig ddyddiau cyn ei ben-blwydd yn ddwy oed.

Byddai bob amser yn gofidio'n arw nad oedd ganddo'r un cof ohoni. Ar sioe deledu Americanaidd, *The Ted and Jinx Show*, 30 mlynedd yn ddiweddarach, fe ofynnwyd iddo gyfrannu at lyfr o gynghorion. Roedd ei gyfraniad yn Gymraeg: 'Cofiwch *(sic)* o hyd dy fam'.

PLENTYNDOD A LLENCYNDOD

'PRYD gollon ni Mam, fe gollon ni bopeth,' meddai Verdun. Efallai mai'r un a ddioddefodd fwyaf oedd Dadi Ni, a gollodd ei gyfeiriad mewn bywyd gyda marwolaeth ei wraig. Ond y gwir syml, anochel oedd nad oedd cyfle am hunan-dosturi ar ôl claddu'r fam: roedd saith o blant o dan 14 oed yn Dan-y-Bont, a dim modd gofalu amdanynt i gyd. Penderfynodd y teulu roi'r babi bach, Graham, yng ngofal y brawd hynaf, Tom, a'i wraig yng Nghwmafan. Cymerodd y chwaer hynaf, Ciss, ofal am Richard. Roedd hi'n briod â glowr, Elfed James, ac yn byw yn Nhai-bach, ar gyrion tre Aberafan.

Ysgrifennodd Richard flynyddoedd yn ddiweddarach am ei berthynas agos â Ciss: 'Pan fu farw fy Mam, fe ddaeth fy chwaer yn fam imi, ac yn fwy o fam i fi na allai unrhyw fam fod. Roeddwn yn hynod o falch ohoni.' Ei eiriau am Ciss oedd, '*I shone in the reflection of her green-eyed, black-haired, Gypsy beauty*'.

O'i hochr hi, roedd gan Ciss gariad diamod, dwfn tuag at ei brawd bach. Y frawddeg syml a ddywedai wrth pwy bynnag oedd yn ei holi oedd, 'Fedrwn i ddim peidio' – '*I couldn't help myself*'. Fe godwyd Richard fel plentyn i Ciss ac Elfed, ac yn fuan fe ychwanegwyd at y teulu gan enedigaeth dwy ferch – Marian yn 1928 a Rhianon yn 1931. Yn naturiol, roedd Richard a Ciss yn ymwelwyr cyson â'r aelwyd ym Mhont-rhyd-y-fen, gyda Ciss yn cymryd gofal am lawer o gyfrifoldebau o gwmpas y tŷ. Teithiai golch brwnt y pedair milltir i lawr y cwm i Tai-bach, a dillad glân yn dychwelyd i Bont-rhyd-y-fen. Trôdd Dadi Ni yn ffigwr mwy tebyg i dadcu, yn ffafrio Richard gydag anrhegion, ond heb y cyfrifoldeb o ofalu amdano bob dydd. Cofiai Verdun:

> Roedd Rich wastad yn dod lan i'r Bont ac yn dwli ar Gymreictod yr aelwyd. Pan oedd Dadi'n gofyn iddo fe, 'Shwd mae pethau'n mynd i lawr yn Tai-bach?' bydde fe'n cwyno: 'Oh Dad, gad fi ddod tua thre. Dim ond Saeson yw'r jiawled 'na lawr yn Tai-bach!' Wrth gwrs yn y cyfnod hwnnw, doedd e ddim yn siarad Saesneg. Roedd e'n ddoniol, yn gofyn am gael cilio 'tua thre' i Bont-rhyd-y-fen.

23

Y grym yn y teulu ym Mhont-rhyd-y-fen oedd Ifor. Yn 21 oed pan fu farw'i fam, a'r hynaf o'r plant a oedd yn byw adre o hyd, fe ddaeth yntau'n naturiol yn bennaeth y llwyth. Blaen-asgellwr cadarn yn nhîm rygbi buddugol Pont-rhyd-y-fen yn 1923, fe ddisgleiriodd Ifor hefyd gyda Chastell-nedd. Dywedir iddo gymryd rhan yn y ras nofio o'r Mwmbwls i Aberafan. Yr oedd yn löwr, wrth gwrs, ac mae straeon ar led ei fod yn bencampwr yn hynny hefyd. Cofiai Verdun mai ef bob amser oedd yr un a oedd wedi'i wisgo orau yn y cwm – cenfigen, efallai, gan fod Verdun bob amser yn gorfod gwisgo hen ddillad David, a rheiny bob tro yn rhy fawr iddo! Ond Ifor oedd yr un a ofalai am y gyllideb deuluol, ac roedd yn rhaid iddo reoli'r arian yn gadarn i sicrhau fod digon i dalu am y pethau anghenrheidiol. Bu'n rhaid iddo ef ei hun aberthu: gohiriwyd ei briodas â'i gariad, Gwen, am flynyddoedd, nes i'w ddyletswyddau teuluol ganiatâu.

Yn naturiol, fe ddaeth Ifor yn arwr i'w frawd ifanc Richard, a'r cartref ym Mhont-rhyd-y-fen yn lloches rhag realiti bywyd cartref yn Nhai-bach. Un gwahaniaeth, fel y nodai stori Verdun uchod, oedd iaith yr aelwyd: er i Elfed fedru digon o Gymraeg, roedd yn perthyn i'r genhedlaeth a beidiodd â siarad yr iaith. Felly, siaradai Saesneg â Ciss, ac â'r plant. Cofiai Graham glywed Richard yn cwyno amdano, 'Sais yw e, nid Cymro. Mae e wastad yn siarad Saesneg, felly Sais yw e.'

Dechreuodd Richard yn ysgol Eastern i fabanod, gan symud, maes o law, i ysgol Eastern i fechgyn. Yno fe ddaeth o dan ddylanwad Meredith Jones, ysgolfeistr a oedd yn berfformiwr yn y dosbarth, yn hyfforddwr rygbi, yn arweinydd côr, yn ysbrydoliaeth a threfnydd clwb yr ieuenctid, ac yn ddarlithydd poblogaidd ar bob pwnc o dan yr haul. Roedd hefyd yn athro â chanddo gariad mawr at lif a sŵn iaith. Roedd yn arwr felly i bawb a ddeuai o dan ei ddylanwad. Eto, yn ôl eraill, yr oedd yn fwli – dyn a gymerai ddiddordeb yn yr ychydig yr oedd ganddynt siawns i ennill ysgoloriaeth i'r Ysgol Ramadeg, tra'n anwybyddu'r mwyafrif didalent; dyn a hoffai'r gansen; dyn a oedd yn bychanu unrhyw un digon anffodus i'w dramgwyddo.

Ond roedd Richard yn un o'r ffefrynnau, ac fe feithrinwyd ei dalent gan Meredith Jones. Cafodd gefnogaeth i'w freuddwyddion am lwyddiant ar y cae rygbi, ac ysbrydoliaeth ar gyfer darllen a darganfod cyfoeth yr iaith Saesneg. Ryw ugain mlynedd ar ôl iddo adael ysgol Eastern i fechgyn, pan wahoddwyd Richard gan y *Sunday Times* i ysgrifennu am berson neu ddigwyddiad a newidodd cwrs ei fywyd, dewisodd dalu teyrnged i *'The Magic of Meredith Jones'*. Disgrifiodd ddyn â chanddo gariad at wybodaeth ac addysg, a chymhelliad i'w lledaenu. Adroddodd straeon am Meredith yn cerdded gyda grŵp o fechgyn, yn darlithio iddynt ar athroniaeth, mathemateg, celf, barddoniaeth, neu beth bynnag arall a oedd yn ei feddiannu ar y pryd. Roedd ei effaith ar ei wrandawyr yn gynyddol, yn eu hannog i ddarganfod mwy, ac yn creu diddordeb mewn amrywiol bynciau. Heb siarad am yr iaith Saesneg, fe ddysgodd Richard i garu'r iaith honno. Honnodd fod Meredith yn amddiffyn ei duedd i or-ddweud, gan honni fod hyn yn amlygu rhinweddau stori – os felly, mae'n rhaid i Meredith gymryd peth o'r bai am rai o'r straeon y byddai Richard yn eu hadrodd yn ystod ei yrfa. Ond mae ei ddisgrifiad o wirionedd yn gampwaith: '*a shadowy wing three-quarter running for ever down a ghostly touchline*'. Oni bai am Meredith Jones, meddai Richard, ni fyddai erioed wedi mynd i brifysgol na dod yn actor mawr. Yn hytrach, fe fyddai wedi troi'n ddyn chwerw a phydru mewn rhyw swydd annymunol – gwleidydd efallai!

Un llygad-dyst i blentyndod Richard yn Tai-bach yw Gwylfa Powell. Yr oedd yntau'n byw yn 40 Caradog Street, islaw cartref Ciss ac Elfed yn rhif 73, ac yr oedd yn yr un dosbarth â Richard trwy'r ysgol gynradd a'r ysgol ramadeg.

> Fel plentyn yn Tai-bach, oedd neb yn gwybod beth fyddai dyfodol Richie, felly oedd e fel un o'r bois, yn eitha naturiol, ac oedd neb yn dychmygu y bydde'n dod yn enwog. Rwy'n cofio'r athro yn yr ysgol yn dweud mai un darllengar oedd e. Ac mae cof gen i o'i weld e yn y dosbarth a'i ben mewn llyfr, yn darllen. A rwy'n cofio fe'n dweud wrtha'i – cyn iddo fe basio'r scholarship ac mae'n siŵr taw dim ond 11 oedd e – bod e wedi darllen *Martin Chuzzlewit*. Yr oedran 'na – 11! Mae'n dipyn o gamp i ddarllen *Martin Chuzzlewit* nawr, heb sôn am fod yn 11 . . .
>
> Oedd, roedd e'n ddarllenwr mawr, oherwydd dyna'r ffordd i agor i fyd newydd, byd arall, yndyfe?

A Saesneg oedd iaith cymdeithas Tai-bach bryd hynny. Mae Gwylfa Powell, yn disgrifio'r rhwyg a ddaeth gyda cholli'r iaith.

> Oedd y dylanwad Saesneg wedi boddi ardal Tai-bach. Ar y pryd oedd dim Cymraeg gyda fi o gwbl. Oeddwn i'n hollol Saesneg, ar wahân i 'Cau'r drws' a 'Nos Da' a phetha fel 'na. Oedd dim affliw o Gymraeg gyda'r plant yn Nhai-bach – gyda'r oedolion, oedd, wrth gwrs; ond oedd y plant yn chwarae yn Saesneg yn unig.

Ac oedd Ciss yn siarad Cymraeg gyda Richie ar yr aelwyd, ond doedd Elfed ddim yn medru llawer o'r Gymraeg, felly aelwyd Saesneg oedd yn Nhai-bach, ac am y ddwy ferch, wrth gwrs, doedden nhw erio'd wedi gallu siarad Cymraeg.

Felly, a siarad am ieithoedd, roedd Richie o dan anfantais – mae'n rhaid bod ei Gymraeg yn dioddef a dweud y gwir, achos oedd e wedi cael ei godi gyda'r Saesneg yn y cartref, ac yn y cylch, yndyfe?

Prin iawn oedd yr elfennau Cymraeg a ymyrrodd ar fywydau plant Tai-bach. Ond fe barhaodd dylanwad y capel – Noddfa, capel yr Annibynwyr, yn achos Gwylfa a Richard. Er gwaetha'r ffaith nad oedd Gwylfa a'i ffrindiau yn deall yr oedfaon o gwbl . . .

Wel, wrth gwrs oedd y cysylltiadau wedi'u gosod, a'r teulu wedi bod yn mynd ers blynyddau, a rhai teuluoedd ddim yn cadw draw oherwydd iaith. Ond na, doeddwn i'n deall dim beth oedd yn mynd ymlaen, dim ond ambell i air – 'Iesu Grist' ac yn y blaen – oedd e'n ddiarth i gyd.

Roedd Richard yn darllen o'r Beibl yn rheolaidd yn y capel: efallai am mai ef oedd un o'r ychydig ymhlith y bobl ifanc oedd yn gallu darllen yn y Gymraeg! (Mae Gwylfa yn cofio Richard yn darllen hanes Absalom o'r Hen Destament: adroddodd Richard y darn hwn yn Saesneg o'i gof ar raglen David Frost rhyw 30 mlynedd yn ddiweddarach).

Fe ddaeth yr arwyddion cyntaf o ddawn actio Richard wrth iddo ddynwared y pregethwyr a glywodd yn y capel ar aelwyd Pont-rhyd-y-fen. Dywed Verdun, 'Rwy'n cofio 'Nhad yn dodi cadair bren, a Rich yn sefyll ar y gadair a phregethu fel oedd y gweinidog yn Gibea'n pregethu. Ac oedd e'n gallu cofio'r gwasanaeth i gyd – oedd ei gof da yn amlwg bryd hynny.' Cofiai Graham ei frawd yn ail-adrodd pregeth ar hanes Jericho, gan godi twr o feiblau a llyfrau emynau tra'n adeiladu'r stori. Ar uchafbwynt y stori, a muriau Jericho yn syrthio, darluniodd yr hanes drwy fwrw'r twr llyfrau i lawr.

Un elfen bwysig arall o fywyd plant Tai-bach oedd y *Picturedrome*, a alwyd gan bawb 'Y Cach', fel y tystia Gwylfa,

Roedd Richard wedi cael ei ddylanwadu'n fawr gan y sinema yn Tai-bach a'r ffilmiau bob prynhawn dydd Sadwrn – beth oedden nhw'n galw'r *'tupenny crush'*. Ac rwy'n cofio fe'n dweud wrtha'i bod e'n edmygu un actor yn arbennig – Edward G. Robinson – a fi'n siŵr bod e wedi dylanwadu arno fe a shwd oedd e'n actio'n nes ymlaen. Ac wrth gwrs pan y'chi'n meddwl am y rhannau oedd Richie wedi cymryd, oedd agwedd Edward G-aidd arno fe i gyd. Dyn cadarn a feistriolai ei gwmni, dyna Rich yn actio – 'a man's man'.

Erbyn Mehefin 1937, roedd Richard wedi pasio arholiad ysgoloriaeth ar gyfer Ysgol Ramadeg Aberafan. Roedd yn ddisgybl poblogaidd, yn cymryd rhan lawn ym mywyd yr ysgol, yn enwedig y chwaraeon. Ceir sawl cyfeiriad ato yng nghylchgrawn yr ysgol, *The Wayfarer*, sy'n cefnogi'r cyfeiriad ato fel *'a most valuable member of the school'*. Cyfeiria at ei nerth ar y cae rygbi, (blaen-asgellwr, fel ei frawd Ifor), gan nodi ei fod yn haeddu cael ei ystyried ar gyfer cynrychioli'i wlad. Yr oedd yn flaenllaw mewn athletau hefyd, gan ennill cystadleuaeth y *shot-put* a'r ras 440 llath, a dod yn drydydd gyda'r waywffon a phedwerydd gyda'r ddisgen. Nodwyd hefyd ei fod wedi ennill cystadleuaeth darllen o'r Ysgrythur.

Un a gofiai amser Richard yn yr ysgol Ramadeg yw Brinley Jenkins, a fu'n cystadlu yn ei erbyn mewn gornestau ar y maes chwarae ac ar lwyfan yr ysgol:

Roedd e'n benderfynol – roedd hynny'n amlwg bryd 'ny – ac roedd digon o hunan-hyder gyda fe. Roedd e wastad eisiau ennill, beth bynnag oedd e'n gwneud, a hefyd oedd e mo'yn maeddu pobun. Rwy'n cofio chwarae tennis gyda fe ac roeddwn i ar y blaen rhywbeth fel 5 i 1, ond roedd e'n chwarae mla'n a mla'n a fe enillodd. Rwy'n cofio'r agwedd 'na yn dod mâs eto pan roeddem ni'n cystadlu mewn *speech in character* yn yr ysgol. Fe ddês i mâs ag araith Brutus o *Julius Caesar*, ac roedd P H Burton yn beirniadu'r gystadleuaeth ac fe enilles i. Wel, rwy'n cofio fe'n dweud wrtho'i '*Alright – you beat me there, but I'll beat you in . . .*' – beth oedd e nawr? – *reading at sight* neu rhywbeth – ac fe enillodd e hwnna – ond oedd e'n ynfyd bod fi wedi maeddu fe yn y gystadleuaeth arall.

Y 'P H Burton' y cyfeiria Brinley Jenkins ato yw Philip Burton, y dyn â dylanwad hollbwysig ar fywyd Richard Jenkins, er bod atgofion PH yn ei gwneud yn glir nad oedd yn ymwybodol iawn o'r crwt ifanc ar yr adeg hon yn ei hanes. Yn 1937 neu 1938, roedd Philip yn castio ar gyfer drama radio yr oedd wedi ysgrifennu am lencyndod William Shakespeare, ac roedd angen tri neu bedwar o fechgyn a oedd yn gallu ffugio acen Saesneg addas. Fe geisiodd Richard, 12 neu 13 oed, gael rhan yn y ddrama, ond roedd ei acen Gymraeg mor gryf fel y cafodd ei wrthod yn syth.

Cafodd Richard dipyn o lwyddiant gyda'i ganu, diolch i raddau i dad Brinley, Johnny Jenkins. Roedd yntau'n enwog yng nghylch Cwmafan am fod yn gerddor ac roedd teulu Jenkins Pont-rhyd-y-fen i gyd wedi canu gydag ef rywbryd neu'i gilydd:

> A dweud y gwir, roedd ein cartre'n dipyn o ganolfan canu – roedd pawb yn dod i'r tŷ i fynd dros rhyw ddarn ar gyfer Eisteddfod neu baratoi ar gyfer rhyw berfformiad yn y capel. Ond fe gafodd y ddau ifanca' o'r Jenkiniaid – Graham a Richie – wersi canu ffurfiol gan fy nhad.

Yn wir, fe gystadleuodd bron pob un o'r brodyr a'r chwiorydd yn yr eisteddfodau a chael tipyn o lwyddiant – yn ôl Verdun, yr unig un yn y teulu nad oedd â llais canu ganddo oedd David. Fe enillodd Graham enw am fod yn soprano heb ei ail yn eisteddfodau de Cymru. Fodd bynnag, roedd ganddo gydymgeisydd a oedd â'r dawn i'w faeddu. Mae'r sgwrs hon rhwng y ddau frawd yn adrodd y stori (er nad yw'r geiriau oer du-a-gwyn yn trosglwyddo hiwmor twymgalon y sgwrs):

> Verdun: Ti'n cofio cystadlu yn erbyn Rich yn yr eisteddfodau?
> Graham: Pwy oedd y cantwr gorau? Fi on'd yfe!
> Verdun: Ti oedd â'r llais gorau, ond fe oedd y cantwr gorau: fe oedd yr actor gorau. A bob tro oeddet ti'n cystadlu yn ei erbyn e, fe oedd yn ennill.
> Graham: Bob tro.
> Verdun: A ti'n llefain fel y glaw. A fe'n gorfod rhoi'r wobr i ti. Ciss yn dweud, 'Rho fe iddo fe, cer 'mlaen, rho fe'.
> Graham: Hanner coron a bathodyn bach.

Daeth Brinley Jenkins yn un o'r actorion mwyaf adnabyddus yn yr iaith Gymraeg yn ei dro. Fodd bynnag, wrth gofio'r gymdeithas fel yr oedd hi, noda nad yn y Gymraeg yr arferai ef a Richard siarad:

> Rwy'n credu ta pryd oeddwn i a Richie yn cwrdd yn y Cwm byddem ni'n siarad Cymraeg, ond rhywfodd pan oeddem ni yn Port Talbot roeddwn i'n siarad Saesneg ag e'. A'r rheswm rwy'n credu oedd dylanwad yr ysgol – yn awyrgylch yr ysgol eilradd yn Port Talbot, Saesneg oedd yn rheoli. A wedi'ny y pethau roeddem ni'n gwneud – y dramâu – wel Saesneg oedden nhw 'to. Ac felly roedd hi'n naturiol i ni siarad Saesneg. A'r ambell lythyr roeddwn ni'n cael wrtho fe, yn Saesneg oedd e'n ysgrifennu. Gallwch chi ddeall hynny achos oedd llawer ohonom ni yn ysgrifennu yn Saesneg er ein bod ni'n siarad Cymraeg, gan taw prif iaith yr ysgol oedd Saesneg.

Geilw Gwylfa Powell y ffordd roedd Cymraeg yn cael ei dysgu yn yr ysgol Ramadeg yn 'gywilyddus' ac yn 'sarhad ar yr iaith'. Cred fod yr athrawes am gael bywyd hawdd, gyda dosbarth bychan o ddisgyblion a oedd yn gallu siarad yr iaith yn barod, felly fe wnaeth hi ei gorau i gymell y gweddill i beidio â dysgu'r iaith.

Doedd dim affliw o obaith gan rywun nad oedd â'r Gymraeg fel iaith gyntaf i'w chymryd fel pwnc. Ar y llaw arall, doeddwn i ddim yn cael unrhyw drafferth gyda'r Ffrangeg – roedd hwnna'n ddealladwy i fi, ond oedd y Gymraeg yn rhywbeth arall.

Rwy'n cofio'r athrawes yn gofyn cwestiwn i bawb yn y dosbarth, ac yn dod ataf fi, ac yn gofyn rhyw gwestiwn, ac oedd dim syniad gyda fi beth oedd hi'n gofyn. A Richie yn eistedd y tu ôl i fi, ac yn sibrwd yr ateb: 'Dwy'. Daeth y cwestiwn yr ail waith nawr, a'r ateb yn dod wrth Richie yr ail waith. 'Dwy', sibrydodd e. Ac am y trydydd tro mae hi'n gofyn y cwestiwn, a fi'n rhoi yr ateb gês i wrth Richie: 'Dwy!'

A'r cwestiwn oedd 'Beth yw dy oedran di'!

Er gwaethaf ei ymddygiad direidus yn y gwersi, mae nodiadau Richard yn ei ddyddiadur o 1940 yn dangos yn amlwg ei fod yn rhoi mwy o bwys ar ei ganlyniadau yn y Gymraeg nag mewn unrhyw bwnc arall. Y tu allan i'r dosbarth, chwaraeon oedd yn cymryd y rhan fwyaf o'i egni. Yn ogystal â'i brif ddileit, rygbi, fe ddysgodd Ifor iddo sut i chwarae tennis ac yr oedd yn chwaraewr criced o safon, a chapten tîm yr ysgol. Ond ceir arwydd o ddiddordeb arall: ym mis Ionawr 1941 cymerodd Richard ran fechan yn nrama'r ysgol, *The Apple Cart* gan George Bernard Shaw. Chwaraeodd ran Americanwr o'r enw Mr Vanhatten, er bod yr acen yn perthyn mwy i'r cymoedd nag i'r Unol Daleithiau.

Roedd ysgolion uwchradd Cymru yr adeg hon yn galluogi bechgyn i ddianc rhag dyfodol diflas, oherwydd ymroddiad yr athrawon ac ystod eang y profiadau a gynigid. Ond fe ymddangosai na allai Richard fanteisio ar hyn. Roedd pethau'n anodd yng nghartref Ciss ac Elfed. Weithiau beirniadwyd Elfed James am rwystro uchelgais ei lysfab, ond mae'n ymddangos bod Richard yn nodweddiadol o grwt annibynnol yn ei arddegau, yn llond llaw o egni, yn gwrthryfela yn erbyn cydymffurfio, ac wedi codi amryw o arferion drwg. Ar y llaw arall, dywed rhai nad oedd rhaid gwneud llawer er mwyn bod yn rebel yng Nghymru yn y 1940au cynnar.

Ble bynnag y gorwedd y gwirionedd, mae'n siŵr fod Elfed James wedi cael amser anodd a beirniadaeth lem. Eto, ef a fynnodd wneud y penderfyniad a chwalodd freuddwydion a gobeithion y crwt un ar bymtheg oed ar ddiwedd 1941. Roedd y teulu yn dioddef o drafferthion ariannol, gydag Elfed ei hun allan o waith oherwydd afiechyd; felly roedd yn rhaid i Richard gefnu ar ei addysg er mwyn ennill arian i gynnal y teulu. Defnyddiodd Elfed ei gysylltiadau i sicrhau swydd iddo yn y Co-op, Tai-bach, ar gyflog o bunt ac wyth swllt yr wythnos.

Mae'r disgrifiadau o Richard yn ei gyfnod yn y Co-op yn bortread o fachgen digalon, diamcan, diflas. Roedd yn casáu ei swydd, ac yn ddiofal dros ben wrth gyflawni'r gwaith, fel y cofiai mewn erthygl ar gyfer papur Cymreig bymtheng mlynedd yn ddiweddarach:

> Roeddwn i'n edrych yn eitha pathetig gyda thâp mesur yn hongian oddi ar fy ngwddf. Doed e ddim yn waith gwrywaidd iawn i fachgen cwrs fel fi. Byddwn i wedi teimlo'n well yn gweithio lawr y pwll glo fel fy nhad a'm brodyr. Mae'n siŵr fy mod i'n teimlo cywilydd. Rwy'n gwybod fy mod i'n casáu pob munud y treulies i yn y siop. Doeddwn i ddim yn werthwr da: roeddwn i ychydig yn rhy garedig a chydymdeimladol. Byddwn i'n ceisio gostwng y prisiau os oeddwn i'n meddwl fod y cwsmer yn edrych yn dlawd.

Cofiai Susan Preece ei mam yn mynd i'r Co-op a Richard yn dweud wrthi fod sêl ar y crysau, a'u bod nhw'n hanner coron yr un: fe brynodd Mrs Preece ddau, ond wrth gwrs doedd na ddim sêl o gwbl. Byddai Mrs Preece hefyd yn gadael ei merch ifanc, Gwen, ar y cownter yng nghofal Richard tra bo hi'n siopa.

Fe aeth ei ffrind a'i gymydog, Gwylfa Powell, i'r Co-op wedi iddo dderbyn canlyniadau ei arholiadau. Gwelodd Richard a dweud wrtho beth yr oedd wedi ei gael, a chofia Gwylfa pa mor drist a thruenus yr oedd yn edrych y tu ôl i'r cownter.

Clywodd y teulu lawer o straeon am ddifaterwch Richard yn ei swydd, a bu Ciss yn poeni'n arw amdano. Gyda nwyddau yn cael eu dogni, roedd gwerthu dillad i rywun heb gwpons yn drosedd difrifol – ond byddai llinell o bobl yn aros i gael eu gwasanaethu gan Richard, gan wybod na fyddai ef yn edrych ar y *ration book*.

Roedd y rhagolygon i Richard yn edrych yn go ddu yng nghanol 1942. Roedd mewn swydd yr oedd yn ei chasáu, ond nid oedd ganddo gymwysterau ar gyfer unrhyw swydd gwerth-chweil. Efallai y deuai'r alwad i'r lluoedd arfog fel rhyddhad iddo. Ond allan o'r tywyllwch llethol fe ddaeth llygedyn o obaith, gydag ymgyrch sawl unigolyn ar ei ran i'w ganiatáu i ddychwelyd i'r ysgol – rhywbeth oedd yn groes i'r rheolau ac yn erbyn dymuniad sawl un yn yr ysgol. Er mwyn sicrhau'r caniatâd, fe wnaed cyfraniad hollbwysig gan sawl un, ond efallai mai'r pwysicaf oll oedd ymyrraeth un o'r dylanwadau cynnar. Fel yr adroddai Richard y stori, roedd Meredith Jones mor siomedig i weld un o'i fechgyn *ef* yn gwastraffu'i amser mewn swydd ddiflas nes iddo ddechrau cynllunio i sicrhau fod Richard yn cael ail gyfle yn yr ysgol.

Roedd Richard wedi ail-gysylltu â'i hen athro trwy'r ganolfan ieuenctid yr oedd hwnnw'n rhedeg yn Tai-bach. Fel y byddai un yn disgwyl gan Meredith Jones, roedd amcan y clwb yn llawer mwy eang na chadw ieuenctid oddi ar y strydoedd. Yr oedd ef yn awyddus i drefnu canolfan a fyddai'n ehangu meddyliau'r aelodau ac ennill enw da ledled y sir. Ac yno i redeg cylch drama'r clwb roedd Leo Lloyd, a ddaeth yn ddylanwad pwysig ar Richard. Er i Leo ennill ei fywoliaeth yn y gwaith dur, roedd yn byw am y theatr, ac fe drosglwyddodd ei nwyd i'w ddisgyblion. Cofiai Richard ei fod wedi'i argyhoeddi fod actio'n waith diddorol: 'Ef ddysgodd imi sylfeini'r grefft: sut i sefyll a symud a siarad ar y llwyfan gyda hyder. Roedd yn athro llym ac fe ddysges i'n gyflym. Ef ddysgodd ddisgyblaeth imi ac fe synhwyres i oddi wrth ei ymroddiad i'r grefft y gallai 'realiti' fod yn gryfach *ar* y llwyfan nac oddi arno. Ef ddysgodd imi rym yr iaith lafar ac egwyddorion sut i'w defnyddio. Ef ail-gyfeiriodd fy anfodlonrwydd a gwneud imi ddymuno bod yn actor'.

Prif nod y cylch drama yng ngwanwyn 1942, oedd paratoi rhywbeth bach ar gyfer eisteddfod i ieuenctid Morgannwg a oedd i'w chynnal ym Mhontypridd ym mis Mehefin. Roedd *The Bishop's Candlesticks* yn ddrama ddi-eiriau a fenthycodd ei stori oddi wrth *Les Miserables*. Cafodd Richard ran swmpus; enillodd y ddrama'r brif wobr yn yr Eisteddfod. (Yn ogystal, fe gafodd Richard yr ail wobr am ganu unawd ac am ddarlleniad yn Saesneg, a'r drydedd wobr am adrodd yn Saesneg o'i gof).

Felly roedd gan Meredith Jones dystiolaeth i brofi gallu'r crwt wrth fynd o gwmpas y pwyllgorau, yr athrawon a'r perthnasau i geisio sicrhau fod yr Ysgol Ramadeg yn derbyn Richard yn ôl. Dywedir iddo ennill cytundeb sawl athro dylanwadol, gan gynnwys Christopher 'Pop' Reynolds, y prifathro, a P H Burton, yr athro Saesneg. O ochr y teulu ym Mhont-rhyd-y-fen, oedd yn gwybod yn iawn pa mor anhapus oedd Richard gyda'i waith, roedd pawb yn cytuno y dylai ddychwelyd i'r dosbarth. Fe gafodd Ifor sgwrs gydag Elfed a drôdd yn ddadl – wedi'r cwbl, roedd Richard wedi gadael yr ysgol yn y lle cyntaf er mwyn ennill arian, ac nid oedd yr angen am hynny wedi lleihau. Ond wedi i Elfed gytuno y dylai Richard gael ail gyfle, ni chymerodd yr un geiniog gan y teulu, ac yntau'n ddyn â chanddo hunan-falchder.

Yn y diwedd, yr ymyrraeth dyngedfennol oedd un Llewelyn Heycock, cynghorydd sir, llywydd y Ganolfan Ieuenctid a llywodraethwr yn yr ysgol.

Droeon daeth Meredith Jones lan i'm tŷ i ofyn imi helpu gyda rhai o'r trafferthion yr oedd yn eu hwynebu gyda'r clwb ieuenctid. Ond un nos Wener, fel rwy'n cofio, fe ddaeth e â Richie Jenkins – fel roeddwn i'n ei nabod ar y pryd. Y broblem roedd y ddau yn ei chyflwyno i fi oedd sut i gael Richie nôl i'r Ysgol Ramadeg. Roedd e'n teimlo ar y pryd ei fod e eisiau bod yn athro, gyda'r uchelgais o fynychu'r Coleg yng Nghaerfyrddin ac fe'm argyhoeddwyd ar y pryd o'i ddiffuantrwydd. Roeddwn i wedi sylwi wrth edrych arno dros gyfnod o amser y bydde fe'n debygol o fynd yn bell yn y cyfeiriad hwnnw. Nawr pan mae bachgen neu ferch eisiau mynd nôl i'r ysgol ar ôl gadael – ac mae'n digwydd yn rheolaidd – mae 'na drafferthion, ac mae'n rhywbeth 'dyn ni ddim yn arfer caniatáu.

Felly fe es i i gyfarfod y llywodraethwyr ar y Llun, a chlywed gwrthwynebiad y prifathro a chadeirydd y llywodraethwyr, a oedd yn naturiol yn cwyno y byddem ni'n agor y drws i sawl un a oedd eisiau dychwelyd petaem ni'n gadael i Richard ddod nôl i'r ysgol. Ond fe roddes i sicrwydd iddyn nhw yn yr ystafell fod Richard eisiau bod yn athro, ac eisiau cymryd ei dystysgrif. Fe warantes i y noson honno y bydde Richard yn pasio'i dystysgrif o fewn 12 mis, ac rwy'n falch i ddweud ei fod wedi cyflawni hynny, a chyda chlod hefyd.

Pan adawes i gyfarfod y llywodraethwyr roedd e'n aros y tu fâs. Gofynnodd e: 'Beth ddigwyddodd Mr Heycock?' Atebais, 'Rwyt ti nôl yn yr ysgol ddydd Llun.'

Y PRENTIS ADDAWOL

WEDI iddo gael yr ail gyfle, fe gymerodd Richard afael cadarn ar ei ddyfodol a'i dynged ef ei hun. Dyma ddechrau rhywbeth sy'n edrych fel lwc anhygoel, ond a oedd mewn gwirionedd yn wireddu cynllun dyn ifanc penderfynol a chanddo dalent na all neb ei wadu. Wrth edrych yn ôl, byddai Richard yn tueddu i fychanu ei awydd i fod yn actor fel y cyfryw, gan weld actio fel modd i ddianc o'r diffyg cyfleodd yn ne Cymru, ac achub ei ddyfodol trwy addysg. Mewn un cyfweliad pan soniodd yn gall am ei benderfyniad i fod yn actor, addysg yw'r pwnc sy'n cymryd y prif sylw: 'er nad yw un yn meddwl am actio fel addysg yn ystyr gyffredin y gair, eto i gyd roedd hi'n bosibl i fynd i RADA ar ysgoloriaeth a chael gwybodaeth o'r byd ehangach a hefyd treulio dwy flynedd yn Llundain. Efallai bod hynny'n un ochr o'm huchelgais – yr ochr arall oedd fy mod i'n credu efallai y gallwn i actio'n ddigon da i ennill bywoliaeth allan ohono.'

Ond beth a wnaeth i'r crwt gwydn o dref ddiwydiannol, mab i deulu o löwyr, gredu mai trwy actio y byddai'n derbyn addysg a chodi yn y byd? Wrth gwrs, y cymeriad allweddol a'i gwnaeth yn bosibl i Richard Jenkins y glaslanc droi'n Richard Burton yr actor oedd Philip Burton, athro Saesneg yr Ysgol Ramadeg, ac un a chanddo awydd rhwystredig ei hun i weithio yn ei brif ddileit, byd y theatr.

Ganwyd P H Burton yn Aberpennar yn 1904 i rieni o Loegr. Bu farw ei dad mewn damwain yn y pwll glo pan oedd ond yn 14 oed. Fe ddangosodd Philip ei ddycnwch wrth lwyddo i ennill gradd anrhydedd mewn hanes a mathemateg. Er gwaethaf ei gariad at y theatr, gyrfa fel athro oedd ei ddewis, gyda'r sicrwydd yr oedd hynny'n cynnig iddo. Fodd bynnag, roedd ei gymhelliad i weithio ym myd y theatr yn mynnu dod i'r brig: yn gyntaf drwy gynhyrchu dramâu yn yr ysgol a hyfforddi'r sawl oedd â thalent actio ganddo; ac yn ail trwy gyfrannu at gynnyrch drama y BBC. Fe gafodd sawl un o'i ddisgyblion oedd yn disgleirio ar lwyfan yr ysgol gyfle i actio ar y radio. Cymerodd dau aelod o gast *The Apple Cart* brif rannau yng nghynhyrchiad P H Burton o *How Green was my Valley* – tra segurai Richard yn y Co-op.

Yn fwyaf oll, fe wyddai pawb fod gan Philip Burton y gallu i hyfforddi Cymro Cymraeg i fod yn actor a allai ragori ar y Saeson yn eu hiaith eu hunain. Ei ddisgybl mwyaf blaenllaw hyd yma oedd Thomas Owen-Jones, o'r Bryn, a enillodd ysgoloriaeth agored i RADA. Pan oedd Laurence Olivier yn chwarae rhan Hamlet ar lwyfan yr Old Vic yn 1937, Thomas oedd wrth ei ochr yn rhan Laertes.

Yn 1939, pan oedd ei *protégé* yn llwyddiannus ar lwyfan y *West End*, enillodd P H Burton ysgoloriaeth chwe mis i deithio o gwmpas yr Unol Daleithiau. Fe'i hudwyd gan America ar y daith, a daeth i'r casgliad y byddai'n rhoi'r gorau i ddysgu er mwyn ceisio gyrfa fel actor ac ysgrifennwr ar gyfer y theatr a'r BBC. Ond roedd yn rhaid gohirio unrhyw freuddwydion o'r fath ar ddechrau'r Rhyfel, a dychwelodd i'r Ysgol Ramadeg.

Trwy'r Rhyfel, fe barhaodd P H Burton i lwyfannu dramâu yn yr ysgol a hyfforddi'r bechgyn i actio, ac fe barhaodd i weithio'n gyson i'r BBC. Roedd y ddwy elfen hyn yn ei wneud yn ddyn o bwys yn Aberafan, ac yn sicrhau fod y disgyblion yn uchel eu parch tuag ato. Cofiai Richard mewn blynyddoedd i ddod ei fod yn edrych i fyny at P H fel rhyw fath o dduw – a dyna'r union air mae un arall o'i ddisgyblion, Brinley Jenkins, yn ei ddefnyddio. Meddai:

> Fel cynhyrchydd roedd e'n dipyn o *martinet*. Ond dyna un peth roedd e'n rhoi i chi oedd hyder – roedd e'n dysgu popeth i chi. Roedd e'n dysgu sut i gerdded, sut i sefyll a sut i droi ar y llwyfan; ffordd roeddem ni i ddal ein dwylo, ffordd roeddem ni i fynd o'r llwyfan . . .
>
> Ac yn yr un modd ag yr oedden ni'n cael dril sut i gerdded, roedden ni hefyd yn cael dril sut i siarad. Rwy'n cofio fe'n pregethu – "*not* gêt, *gate, not* gô, *go*" a fel na roedd hi. Roedden ni'n mynd trwy bopeth, linell wrth linell, nes ein bod ni'n llyfn yn y diwedd – ac roedd Richard yn cael yr un driniaeth â ni i gyd.

Yn ogystal, roedd Philip Burton yn arweinydd – yn *Flight Lieutenant* yn yr *Air Training Corps*, y corff oedd yn rhoi hyfforddiant i ddarpar-aelodau'r RAF. Ymunodd Richard â'r ATC, ac ymddangosodd yn *Venture Adventure*, rhaglen radio a gynhyrchwyd gan Philip Burton am weithgareddau'r mudiad. Gan i'r rhaglen gael ei darlledu yn Ionawr 1942 – pan nad oedd Richard yn yr ysgol – mae'n amlwg bod yr athro yn gwybod amdano, ac efallai'n un a hwylusodd ei ddychweliad i'r ysgol. Wedi iddo ddychwelyd i'r ysgol fe sicrhaodd Richard ei fod yn gwarchod yr ysgol rhag tân ar yr un nosweithiau â'r athro Saesneg.

Yn y cyfnod hwn bu farw Thomas Owen-Jones o gancr tra'n gwasanaethu yn yr RAF ac yntau ond yn 28 oed. Mae Brinley Jenkins yn cofio P H Burton yn siarad amdano pan oedd y tri ohonynt – Brinley, P H a Richard – yn gwarchod yr ysgol. Disgrifiai P H sut y syrthiodd parasiwt oddi ar silff uchel ar gefn Owen-Jones a'i daro'n lletchwith. Awgrymodd y doctor iddo fynd ar gefn beic mor aml ag y gallai i geisio lleddfu'r poen, ond dioddefai o *sarcoma*, ffurf anghyffredin o gancr. Dywed Brinley ei fod yn amlwg pa mor falch oedd Philip Burton o Owen-Jones, a chymaint oedd llwyddiant y disgybl yn ei olygu i'r athro. Ysgrifennodd Philip yn ei atgofion mai'r cyfnodau yn gwarchod yr ysgol oedd yn gyfrifol fod Richard wedi dod o dan ei adain. Mae'n amlwg fod yr athro yn gweld rhywbeth yn y crwt i wneud iddo gredu y gallai gymryd lle Owen-Jones yn ei fywyd.

Mae clywed llais Philip Burton yn siarad pan oedd ar binacl ei yrfa – sef 1960 ag yntau'n gwneud ei enw fel cyfarwyddwr dramâu yn Efrog Newydd – yn brofiad ynddo'i hun. Y peth cyntaf sy'n eich taro yw cyflymdra ei lif o eiriau – 175 gair y munud – ond mae pob gair wedi'i grefftio, wedi'i ddewis o eirfa gyfoethog, ac wedi ei ynganu'n lân. Mae'n amlwg fod cyflwyno ei neges yn glir ac yn gywir yn bwysig iawn i'r dyn hwn.

Wrth ddwyn atgofion o'i sgyrsiau cyntaf â Richard rhybuddia nad yw ei gof yn gwbwl sicr gan na wyddai ar y pryd faint fyddai effaith y sgyrsiau ar eu bywydau. 'Petaen ni'n cael gwybod y canlyniadau enfawr sydd i ddigwyddiadau bychain, bydden ni'n cael ein parlysu wrth ystyried y goblygiadau,' meddai. Ond fe gofiai Philip ei fod wedi chwerthin wrth glywed uchelgais y crwt ifanc, ac iddo wneud hynny er mwyn ceisio'i rwystro rhag dewis y llwybr caled, ansicr.

> Mae'r theatr yn fyd mor anfaddeuol a rhwystredig nes imi gredu y dylai pobl ddod o hyd i'w ffordd i mewn iddo trwy eu dyfalbarhad ystyfnig eu hunain, yn hytrach na thrwy gynghorion. Trwy ymladd yn erbyn gwrthwynebiad, byddant yn magu sicrwydd am eu huchelgais, ac yn dod o hyd i'r cryfder mewnol a fydd yn anghenrheidiol iddynt.

Ond er iddo chwerthin wrth glywed uchelgais Richard, dywedodd fod hynny yn cuddio teimladau byrlymus o gyffro, wedi blynyddoedd aflwyddiannus o geisio creu diddordeb actio ym mechgyn bywiog yr ysgol. Hyd hynny roedd bechgyn fel Richard wedi dewis dangos eu doniau ar y cae rygbi yn hytrach nag ar y llwyfan: efallai eu bod yn gweld rhywbeth merchetaidd mewn actio.

Wrth asesu potensial y crwt ifanc ar gyfer actio, yr unig beth roedd P H Burton yn gallu bod yn sicr ohono oedd fod y llanc 16 oed yn olygus a chanddo bersonoliaeth gref. Roedd llais Richard yn un cryf, ond sylweddolodd Philip fod angen llawer o ymarfer ar ei ieithwedd a'i gyflwyniad, yn ogystal â gwaith ar y grefft o lwyfannu. Ac yn bwysicach ac anoddach na dim, roedd yn rhaid iddo golli'i acen gref a mabwysiadu Saesneg fel yr oedd Saeson dysgedig yn ei siarad hi. Disgrifiodd Richard ei gyfnod o dan adain P H Burton fel yr amser mwyaf llym a garw yn ei fywyd. Wrth edrych yn ôl yn 1960, roedd P H hefyd yn cofio'r deunaw mis o waith caled, a sut yr oedd wedi talu ei ffordd:

> Fe gefais fy synnu a'm gwefreiddio gan yr amlygiad o dalent rhyfeddol o anghyffredin. Mwy nodedig oedd ei deimlad am farddoniaeth a iaith. Er enghraifft, darganfu ef Dylan Thomas o'm blaen i. Roedd ei werthfawrogiad o ysgrifennu da, a'i barch tuag at ysgrifau mawr gymaint nes imi feddwl am gyfnod y byddai ei uchelgais yn newid – mai fel awdur, nid actor, y byddai eisiau cael ei gydnabod. Ac nid oedd Richard wedi dewis y llwybr hawdd. Yn y blynyddoedd cynnar hynny, roedd techneg actio yn broses anodd a llafurus iddo, ond fe ddysgodd gyda thrylwyredd ryfeddol a barodd iddo dyfu a thyfu i fod y perfformiwr byd-enwog ydyw heddiw.

Roedd techneg yr athro i ddysgu Richard sut i lefaru yn un syml. Aeth y ddau i fyny i Fynydd Margam lle adroddai Richard Shakespeare yn nannedd y gwynt a throsglwyddo'r gerdd heb weiddi. Roedd hefyd waith i'w wneud ar feddwl Richard, i ehangu ei wybodaeth o'r byd a'r hyn roedd yn ei ddarllen.

Wedi'r gwaith caled, fe ddaeth Philip i gredu fod gan Richard y gallu i lwyddo fel actor clasurol. Ym mis Tachwedd 1942 cafodd Richard ran fechan yn nrama'r ysgol, 'Gallows Glorious' – chwaraewyd y brif ran gan Brinley Jenkins. Ond erbyn yr haf canlynol roedd Philip yn barod i roi'r brif ran i'w ddisgybl yn *Pygmalion*, drama'r ysgol y flwyddyn honno. Cymerodd Richard ran Professor Higgins, athro Saesneg sy'n dysgu i ferch-gwerthu-blodau o Lundain sut i siarad yr iaith yn gywir.

Ac wrth gwrs, law-yn-llaw â'r addysg a'r sylw arbennig yr oedd Richard yn ei gael, cryfhai'r rhwymyn a fodolai rhwng y ddau. Dywedodd Philip Burton droeon mewn amryw o gyfweliadau am ei *protegé* nad ef a fabwysiadodd Richard, ond mai Richard a'i mabwysiadodd ef. Mae Philip yn awgrymu fod Richard wedi gwneud ymgais benderfynol a dyfal i ennill ei barch a'i gydymdeimlad, a thrwy hynny ei gymorth i ddianc rhag ei sefyllfa. Fe liwiodd Richard ei sefyllfa gartref yn ddu – ac roedd y tensiwn rhwng Richard ac Elfed yn parhau. Felly pan soniodd Philip fod ystafell yn mynd yn wag yn y tŷ lle roedd yn lletya, gofynnodd Richard yn blwmp ac yn blaen pryd gallai ef symud i mewn. Fe geisiodd Philip dynnu'n ôl, gan gynnig rhesymau pam y dylai aros gydag Elfed a Ciss, ond fe fynnodd Richard ei fod o leiaf yn *gofyn* iddynt.

Felly fe aeth P H Burton i weld Mr a Mrs Elfed James un prynhawn Sul ar ddechrau 1943. Dyma'i atgofion o'r achlysur:

O'r diwedd fe erfynnodd Richard arnaf i fynd i weld Elfed a Ciss – doeddwn i erioed wedi'u cyfarfod – a gofyn iddynt a fyddent yn fodlon iddo ddod i'm tŷ i fyw. Felly, teimlais fod yn rhaid imi fynd. Ac fe roddais ger eu bron bob dadl a ddaeth i'm meddwl dros imi gadw Richard – na fyddai byth yn faich arnynt, y byddwn i'n sicrhau y byddai'n mynd i'r coleg ac y byddai'n gadael yn fuan i fynd i'r RAF, ac yn y blaen. A beth bynnag ddywedwn i, daeth Elfed yn ôl gyda'r un geiriau bob tro: '*You take him, Mr Burton – you take him*'. Dyna i gyd glywais i: ni ddywedodd Ciss yr un gair. Dim un gair! Roedd hi'n eistedd yn y gornel, yn ddistaw. Ac o'r diwedd, er mwyn siarad â Ciss ar ei phen ei hun, gofynnais i Elfed alw Richard, oedd yn aros y tu allan. Ac fe siaradais i'n syth â Ciss gan ddweud: 'Mae'r crwt yma yn fwy na mab i chi – beth y'chi eisiau?' A'i geiriau i fi – anghofia'i byth mohonyn' nhw – 'Byddai'n ateb i'm gweddïau pe gymrech chi ef, Mr Burton.' Felly, beth arall allwn i ei wneud? A dyna sut daeth Richard i aros gyda fi.

Ar Ddydd Gŵyl Ddewi 1943, fe symudodd Richard i fyw i gartref 'Ma Smith' yn 6 Connaught Street. Mewn blynyddoedd i ddod, byddai Richard yn aml yn danfon telegram at Philip ar Fawrth y cyntaf i gofio am y diwrnod.

Y straeon sy'n cael eu hadrodd gan amlaf am ail gyfnod Richard yn yr ysgol yw'r rhai hynny sy'n ei glodfori a'i ddarlunio fel cymeriad unigryw. Richie yn taflu'i esgid drwy ffenestr ar ei ddiwrnod cyntaf yn ôl; Richie'n taro athro oedd yn bwrw un o'i ffrindiau; Richie'n cael ei ddanfon adref wedi meddwi; Richie'n dadlau'n agored gyda'r prifathro; Richie'n piso allan o drên, ac yn gwlychu llond platfform o bobl; Richie'n cau'r athro ymarfer corff mewn cist. Efallai bod pob stori am unrhyw ddrygioni yn Aberafan yn y cyfnod yn cael ei briodoli iddo. Does dim dwywaith ei fod yn sefyll allan, gan ei fod flwyddyn yn hŷn na gweddill ei ddosbarth, ac eisoes wedi cael blas ar gwrw a sigaréts. Roedd yn llwyddiannus mewn chwaraeon, yn cymryd rhannau blaenllaw yn nramâu'r ysgol ac yn amlwg yng ngweithgareddau'r clwb ieuenctid. Ond mae 'na hefyd ochr arall i'r geiniog, sydd yn llai amlwg erbyn hyn.

Cofiai Gwylfa Powell am sgwrs gyda'i ffrind yn fuan wedi i Richard ddychwelyd i'r ysgol.

Rwy'n cofio fe'n dweud wrtha'i dros ddishgled o goffi yn y caffe lawr yn Margam fod ganddo fe *inferiority complex*, ac roeddwn i'n rhyfeddu wrth glywed hynny achos roedd e'n rhoi'r argraff arall – ei fod e'n well na phawb. Ond rwy'n gallu deall erbyn hyn bod yn rhaid iddo ddangos yr hunan-hyder enfawr yma er mwyn symud ymlaen. Dwy ddim yn credu ei fod e'n fodlon ar ei amgylchiadau, ac oedd pethau'n brin yn y 1930au, dim arian, ac oedd 'na gymaint o anfanteision gyda fe. Er mwyn iddo ddod yn flaenllaw roedd yn rhaid iddo orchfygu ei amgylchiadau.

Rwy'n credu oddi ar i Richie golli'i fam yn ddwy flwydd oed, roedd e'n byw rhwng dau fyd a dweud y gwir, Pont-rhyd-y-fen a Tai-bach. Doedd e ddim yn perthyn yn gyfangwbl i Tai-bach, ac er ei fod wedi dod o Bont-rhyd-y-fen, doedd e ddim yn byw fanna bellach. Ac yn ieithyddol wrth gwrs, roedd hi'n Saesneg i gyd lawr yn Nhai-bach, a Chymraeg ym Mhont-rhyd-y-fen, ac roedd Richie rhwng y ddau fyd yna, ac mae'n siŵr ei fod yn teimlo'n anesmwyth o'r herwydd.

Tybed ai'r teimladau hyn o anesmwythyd ac ansicrwydd sydd wrth wraidd yr angen oedd ganddo i gael sylw? Roedd e mo'yn bod yn amlwg ac roedd e'n gallu difyrru a diddanu y cwmni oedd 'da fe. Roedd e'n sbort, chi'n gwybod, ac yn ddireidus yn ei ffordd, ac roedd e mo'yn sylw ac yn mo'yn enwogrwydd. Ac fe lwyddodd e yn y diwedd i gael yr holl enwogrwydd yna, ond am hapusrwydd, mae hwnna'n rhywbeth arall, on'd yw e?

Mae llawer wedi'i ysgrifennu a'i awgrymu am benderfyniad Richard Walter Jenkins, yr ieuaf, i droi'i gefn ar ei gyfenw Cymraeg a dod yn Richard Burton. Roedd gweddill y teulu'n anesmwyth am y peth – roedd 'Jenkins' yn ddigon da iddyn nhw. Ond roedd cynlluniau uchelgeisiol gan Philip Burton i ddanfon Richard i Rydychen, ac felly roedd rhesymau pendant dros wneud y berthynas rhwng y ddau yn fwy ffurfiol. Byddai Richard Burton, mab i ysgolfeistr, â siawns lawer gwell o gael ei dderbyn i'r hen brifysgol na Richard Jenkins, mab i löwr – oherwydd er gwaetha'r cyd-dynnu oedd yn digwydd yn ystod y Rhyfel, roedd Prydain yn dal yn llawn rhwygiadau dosbarth. Am sawl blwyddyn i ddod byddai Richard yn tueddu i bwysleisio ei fod yn dilyn llwybr ei ail dad. Tra oedd yn Rhydychen dywedodd mai ei dad oedd y cyfarwyddwr theatr gorau ym Mhrydain; yn y *South Wales Evening Post* yn 1947 y mae ef yn fab i Burton y cynhyrchydd radio; yn *Y Cymro* yn 1948 y mae'n 'hannu o linach a wreiddiwyd yn y grefft'. Dim ond ar ôl iddo sefydlu ei hunan fel actor y mae'n dechrau sôn am ei gefndir dosbarth-gweithiol, a'i falchder ei fod yn fab i löwr.

Nid oedd Philip yn gallu mabwysiadu Richard yn ffurfiol, gan y byddai'n rhaid cael 21 mlynedd rhwng dyddiadau geni'r ddau, ac roedd hynny'n syrthio 20 diwrnod yn brin. Felly fe luniwyd dogfen oedd yn gwneud Philip yn warcheidwad i Richard – dogfen oedd yn galw am lofnod y tad. Fe gafodd y cytundeb ei lofnodi ar 17 Rhagfyr 1943, ond mae amheuaeth fawr ynglŷn â llofnod pwy sydd ar y papur. Dywed Philip Burton mai David Jenkins, y plismon, a sicrhaodd lofnod y tad, ond gwadodd Richard Jenkins, y tad, bob amser iddo lofnodi unrhyw ddogfen yn cyflwyno'i fab i ofal P H Burton. Yn ei gofnod ei hun am y digwyddiad, dywed David Jenkins ei fod wedi llofnodi'r cytundeb, er na chrybwylla iddo roi enw'i dad i lawr.

Ond i raddau, dibwys yw'r cecru ynglŷn â phwy lofnododd beth, oherwydd erbyn i'r darn hwn o bapur gael ei gynllunio, roedd Richard eisoes wedi bod yn defnyddio'r enw 'Burton' yn y theatr ers sawl wythnos. Ac ar y ffordd i'r llwyfan proffesiynol, fe gasglodd *father-figure* arall a fyddai â dylanwad pell-gyrhaeddol ar ei fywyd. Mae rôl Emlyn Williams yn allweddol i hanes Richard, nid yn unig oherwydd ei gefnogaeth a'i gymorth ar ddechrau ei yrfa, ond yn ogystal oherwydd ei esiampl yn dangos ei bod yn bosibl i fab i löwr o deulu Cymraeg lwyddo ar y llwyfan Seisnig. Ganwyd George Emlyn Williams yn 1905 ym Mhen-y-ffordd, Sir y Fflint – cymuned lofaol Gymraeg ei hiaith. Fe achubwyd Emlyn rhag dilyn yr un llwybr â'i dad gan athrawes weithgar a sylwodd ar ei allu rhyfeddol gyda ieithoedd, ac a drefnodd iddo gystadlu am ysgoloriaeth i Rydychen. Yno denwyd Emlyn i fywyd y theatr, gan ysgrifennu dramâu a lwyfannwyd yn y *West End,* yn ogystal ag actio ynddynt. Roedd yn seren ramantus, amlddoniog ar y sgrîn fawr hefyd, er bod atyniad y llwyfan bob amser yn gryfach iddo.

Mae'n debyg i Richard ddod i glywed geiriau Emlyn am y tro cyntaf yn wyth oed yn nosbarth Tom Howell yn yr ysgol gynradd, a'r athro yn darllen yn goeth allan o'r ddrama *Night Must Fall*. (Diddorol fyddai gwybod pryd y daeth Richard yn ymwybodol o stori hunangofiannol Emlyn, *The Corn is Green*, sy'n adrodd sut yr achubodd ei athrawes ef rhag bywyd diflas, a'i gyfeirio tuag at Rydychen).

Roedd Richard bob amser yn cydnabod ei ddyled i Emlyn, gan honni mai esiampl Emlyn oedd yn gyfrifol am ysgogi'r llu o actorion Cymreig oedd i ddilyn yn y ddau ddegawd ar ôl ei ymddangosiad ar y llwyfan. Fe ddywedodd Richard mewn cyfweliad yn 1964 tra'n perfformio Hamlet ar Broadway . . .

> Mae gen i ddamcaniaeth, petawn i wedi cael fy ngeni ddeugain mlynedd yn gynt – finnau neu Hugh Griffith neu Emlyn Williams neu Stanley Baker – y byddem ni i gyd wedi dod yn bregethwyr. Fe'm trawodd taw'r rheswm nad oeddem ni [y Cymry] erioed wedi cynhyrchu unrhyw actorion mawr oedd oherwydd i'r actorion i gyd fynd i'r pulpud – y llwyfan gorau yn y byd. O'r capel roeddech chi'n dominyddu'r pentre. Roeddech chi'n sefyll, yn hofran fel aderyn ysglyfaethus dros bobl y pentre – *[ar y pwynt yma mae Richard yn hanner cau'i lygaid, ac yn rhoi dur yn ei lais mwyn]* – 'Byddaf yn dweud wrthyt beth sy'n bod arnat ti. Gad imi edrych i fewn i dy enaid'.
>
> Ond wedyn fe ddiflannodd y math yna o grefydd, a doedd pregethwyr mawr fy mhlentyndod ddim yn sêr mwyach. A'r dyn cynta' yng Nghymru i gamu o fod yn bregethwr i fod yn actor oedd Emlyn Williams – a'r fath bregethwr fyddai Emlyn wedi bod! Ac yn sydyn fe sylweddolom ni os oedd Emlyn yn gallu cyflawni hyn, roeddem ni i gyd yn gallu ei wneud.

Mae'r cyfeiriad at y pulpud yn cael ei ailadrodd mewn sawl cyfweliad arall, ac mae'n wir i ddweud nad oedd llawer o yrfaoedd eraill ar gael i fechgyn galluog y dosbarth gweithiol yng Nghymru yn y cyfnod hyd at ddechrau'r ugeinfed ganrif. Yr yrfa amlwg arall oedd yn agored i Richard oedd dysgu – ac wrth gwrs o dan ddylanwad Meredith Jones yr oedd wedi dangos diddordeb yn y posibilrwydd er mwyn ennill ail-fynediad i'r ysgol. Ac roedd meddwl Richard yn ddigon miniog iddo allu ystyried gyrfa academaidd hefyd. Mewn blynyddoedd i ddod, byddai Richard weithiau yn breuddwydio am hanner-ymddeol i Brifysgol Rhydychen lle gallai rannu'i wybodaeth â myfyrwyr brwdfrydig a hefyd ysgrifennu ychydig – darlun nad yw'n gydnaws â'r syniad arferol ohono fel *hell-raiser*.

Y gweithle arall oedd yn fyw yn nychymyg Richard oedd y pwll glo. Gyda'i dad, nifer o'i frodyr a'i frawd-yng-nghyfraith yn gweithio – neu wedi gweithio – o dan amgylchiadau anodd, peryglus maes glo de Cymru, roedd ganddo edmygedd gonest a balchder enfawr o weithgareddau ei gyd-wladwyr. Roedd yn siarad gymaint am sefyllfa glöwyr Cymru nes i sawl newyddiadurwr ysgrifennu ei fod wedi gweithio dan ddaear ei hunan. Roedd yn ddewis oedd yn agored iddo pan fyddai'n casáu ei waith yn y Co-op, ond ymddengys i'r brodyr a fu'n gweithio yn y pyllau ddarbwyllo Richard. Roeddent yn sylweddoli cymaint y gwastraff petai Richard yn ymuno â hwy yn hytrach na defnyddio'i ddoniau.

Un posibilrwydd arall oedd dilyn llwybr ei berthynas, William Jenkins, cefnder i Dic Bach, a gododd o fod yn asiant y glöwyr i fod yn aelod seneddol dros Gastell-nedd ac a urddwyd yn Syr William Jenkins. Soniodd Richard sawl gwaith am sut y gallai ffawd fod wedi'i droi yntau'n wleidydd.

Ond roedd Philip Burton yn benderfynol mai actor fyddai Richard. Roedd i gael y cyfle i gael yr yrfa yr oedd Philip yn ysu amdani, ond wedi methu â'i chael ei hun; yr yrfa yr oedd Owen-Jones wedi dechrau arni mor addawol, dim ond i ffawd ddinistrio'r cynlluniau.

Fe ddaeth ffawd i roi cymorth i obeithion Philip gydag eitem yn y *Western Mail* ar 21 Awst 1943 yn dweud fod Emlyn Williams yn chwilio am actorion o Gymru. Felly ysgrifennodd Philip at Emlyn i'w hysbysu am y dalent arbennig yr oedd wedi ei meithrin.

Roedd y ddrama yn un roedd Emlyn wedi'i hysgrifennu ei hun, *The Druid's Rest*. Yr oedd yn chwilio am sawl person ar gyfer rhannau bychain, ac ar ddiwrnod y clyweliadau yng Nghaerdydd, fe amgylchynwyd Emlyn gan dwr o rieni â meibion oedd yn ysu bod ar y llwyfan. Fe gafodd yr ymgeiswyr anobeithiol eu gwrthod gan Daphne Rye, cyfarwyddwraig castio'r cwmni theatrig enwog, H M Tennent. Dyma atgofion Emlyn amdano'n cyfarfod â'r rhai llwyddiannus:

> Roedd Daphne wedi tanlinellu enwau dau ymgeisydd. Yn gyntaf, roedd 'na ferch bert a thalentog nad oedd yn addas ar gyfer y rhan ond a oedd yn byrlymu â chymaint o bersonoliaeth fel y cafodd hi'r rhan a gwneud llwyddiant ohoni, ac aeth ymlaen at fwy o lwyddiant fel Jessie Evans.

41

Ac wedyn yr oedd y bachgen 'ma, a gerddodd i fewn y tu ôl i'r ysgolfeistr. Ges i fy nharo'n gyntaf gan bersonoliaeth y dyn, a'i agwedd tuag at ei *protegé*. Doedd 'na ddim arwydd o'r tad maeth yn dotio nes iddo greu embaras, na chwaith yr athro mawreddog llawn o'i hunan. Dim ond *mentor* cyfrifol a phroffesiynnol ei agwedd. Gwelodd yntau ddigrifwch y sefyllfa, pan drafodon ni bwysigrwydd i actorion o Gymru ddod o hyd i seiniad da yn y Saesneg. 'Oh, mae'r bachgen hwn yn gwybod pwysigrwydd hynny', meddai Mr Burton, 'Mae e newydd chwarae rhan Professor Higgins imi'.

Fe gafodd y tri ohonynt ginio yng ngwesty'r Sandringham. Cofiai Richard ei fod 'yn llawn o barchedig ofn, wrth gwrs, ac roedd Emlyn yn edrych mor urddasol â'i wallt wedi britho'n gynnar a'i fri fel dramodydd ond fe ddangosodd garedigrwydd mawr imi ac fe ddarganfuom fod llawer gennym yn gyffredin'. O'i ochr ef, fe gafodd Emlyn ei ddarbwyllo'n syth gan botensial Richard:

Y bachgen – wel, roedd e'n 17 a chyda'r rhodd brin o lonyddwch, a rhinwedd arall sydd hyd yn oed yn fwy anghyffredin – rhywbeth gwrthgyferbyniol y mae un yn ysu ei ddarganfod mewn actorion – hunan-hyder diymhongar. Ei olwg trawiadol, llygaid gwyrdd nad oedd yn nabod ofn wedi'u gosod yn llydan mewn wyneb rhyfeddol, llawn drama – wyneb bocsiwr-fardd: wyneb â'i unig ddiffyg oedd ôl profiad. Tudalen glân, ar ei brifiant, yn aros i fywyd ysgrifennu arno.

Darllenodd y rhan gyda'r acen Gymreig gywir wrth gwrs, ond roedd yn acen mor bur, a gallai rhywun ddweud bryd hynny mai dim ond ychydig o feddalu fyddai angen a byddai'r llais yn llithro i mewn i Shakespeare fel aderyn i mewn i goeden. Wel, doedd 'na ddim llawer o 'ddarganfod' iddi, a dweud y gwir.

Ar ddiwedd y cinio dywedodd Emlyn Williams ei fod eisiau i Richard gymryd rhan bachgen o'r enw Glan yn *The Druid's Rest*. Roedd y ddrama yn gomedi wedi'i lleoli mewn tafarn Gymreig o'r un enw. Seiliwyd y plot ar res o gamddealltwriaethau oedd yn deillio o ddychymyg crwt ifanc, Tomos; roedd Glan yn frawd hŷn iddo, ac yn rhan gymharol fechan.

Dewiswyd bachgen o'r Rhondda fel dirprwy ar gyfer y rhan, Stanley Baker, ryw dair blynedd yn iau na Richard. Roedd yntau yn dod o gefndir tebyg: yn fab i löwr o Ferndale, cafodd ei dalent actio ei sylwi a'i feithrin gan ysgolfeistr o'r enw Glyn Morse. I raddau, roedd Stanley o flaen Richard o ran ei yrfa, gan ei fod eisoes wedi ymddangos mewn rhan fechan mewn ffilm o'r enw *Undercover*. Nid yw'n syndod bod y ddau grwt wedi dod yn ffrindiau agos, ac wedi eu rhyddhau o ofal yr oedolion, fe aethant ati i ddarganfod rhai o bleserau bywyd y byd mawr. Arferai'r ddau yfed mewn tafarndai, er bod Stanley ond yn 14 oed, ac fe ddatblygodd Richard y dacteg o adrodd straeon hirwyntog i bobl a brynai ddiod iddo – gyda'r stori yn parhau tra bod ei wydr yn cael ei ail-lenwi. Doedd gan dad Stanley ond un goes, wedi damwain yn y pwll glo, ond sawl tro byddai Stanley yn clywed Richard yn 'benthyg' y manylyn hwn wrth adrodd straeon am ei dad ef.

Felly fe ymddangosodd Richard gyntaf ar y llwyfan proffesiynol yn theatr y *Royal Court*, Lerpwl ar 22 Tachwedd 1943, 12 diwrnod ar ôl ei ben-blwydd yn 18 oed. Yn ôl Richard, cafodd ei *debut* mewn maes arall hefyd tra oedd yn Lerpwl, wrth iddo hebrwng *usherette* o'r enw Lil yn ôl i'w thŷ, gyda geiriau calonogol Stanley yn atseinio yn ei glustiau: '*Go on, boyo, it's wonderful*'. Adroddai Richard y stori yn hunan-fychanol, gan sôn am y daith ddiderfyn ar y tram yn ôl i'w chartref, lle'r oedd ei rhieni'n cysgu lan lofft tra bod Lil a Richard yn ymafael â'i gilydd o flaen y tân lawr llawr. 'Roedd yn brofiad poenus, ac fe'm llanwyd gan ofid a chan arswyd. Syrthiais i gysgu a breuddwydio fy mod yn uffern. Roeddwn i'n euog, ac yn dioddef poenedigaethau'r colledig yn uffern, ac fe'm llosgwyd. Dihunais gan ddarganfod fy mod i ar dân go iawn. Roedd fy nhroed yn llosgi gan ei fod yn y lle tân. Does dim rhaid dweud fy mod yn dal i wisgo fy nillad.'

Ar y llwyfan, doedd dim nerfau noson gyntaf gan Richard. Cofiodd Emlyn yr argraff a greodd Richard yn yr wythnos gyntaf: 'Roedd yn amlwg y deuai yn actor mawr oherwydd roedd ganddo'r golygon, yr hyder, yr ystum a dawn naturiol. Ond ni ellid darogan ei ddyfodol yn glir oherwydd doedd ganddo ond un olygfa ddoniol, a chwaraeodd honno gyda sicrwydd rhyfeddol, fel petasai wedi bod ar y llwyfan ers blynyddoedd'. Yn wir, ar sail yr olygfa honno, credai Emlyn y byddai Richard yn gwneud ei enw fel actor mewn comedïau.

Fe aeth *The Druid's Rest* ar daith am sawl wythnos, gan alw yng Nghaerdydd ac Abertawe. Fe aeth dirprwyaeth o Bont-rhyd-y-fen i Theatr Tywysog Cymru yn y brifddinas, ac mae Graham yn cofio fod aelodau'r teulu yn canolbwyntio gymaint ar eu brawd yn ei ran fechan nes iddynt golli gafael yn gyfangwbl ar stori'r ddrama. Fe aeth Dadi Ni a'r llwyth o Jenkiniaid i weld y ddrama yn Abertawe, a chytuno'n unfryd â beirniad y *South Wales Evening Post* a alwodd Richard yn '*accomplished performer*'.

Ac felly ymlaen i Lundain a theatr *St Martin's*, lle cafwyd perfformiad cyntaf Richard ar lwyfan y *West End* ar 26 Ionawr 1944. Roedd Richard yn hoff iawn o adrodd sut y bu'n chwilio am adolygiadau o'r ddrama:

> Ni chymrodd neb unrhyw sylw ohono'i o gwbl heblaw un dyn – James Redfern yn ysgrifennu rwy'n credu yn y *New Statesman* – nad oedd yn meddwl bod y ddrama'n arbennig o dda. Ond dywedodd yn llinell ola'i adolygiad, '*However, in a wretched part, Master Richard Burton . . .*' – *Master!* allwch chi ddychmygu cymaint roeddwn i'n casáu cael fy ngalw'n '*Master*' bryd hynny – '*Master Richard Burton showed exceptional ability*'. A dyna fe. Newidodd James Redfern fy mywyd.

Er mai dyna sut adroddai Richard y stori, y mae'n cymysgu ei adolygiadau. Yn wir, ysgrifennodd James Redfern ganmoliaeth ohono, ond beirniad *The Times* a roddodd glod i *Master* Richard Burton. Fodd bynnag, roedd yntau wedi cam-ddarllen rhestr y cast, oherwydd roedd ei eiriau wedi'u hanelu at Brynmor Thomas, a gymerodd ran y bachgen 14 oed, Tomos.

Cofiai Stanley Baker nad oedd ganddo ef na'i gyfaill awydd mawr i fod yn actorion ar y pryd. Yr hyn roeddent yn falch iawn ohono oedd y cyfle roedd eu dawn actio wedi ei roi iddynt i fwynhau bywyd braf y brifddinas ddrwg. Roedd Richard yn derbyn £10 yr wythnos a Stanley £5, pan fyddai llanc 18 oed yn ennill £3 10s yr wythnos yn y pwll glo. Ac roedd blasu atyniadau Llundain yn cymryd cymaint o'u hamser a'u hegni nes bod dim amser iddynt gymryd yr actio o ddifri.

Gydag arian yn ei boced a'r Rhyfel yn cael ei ennill, y *West End* yn dechrau deffro wedi blynyddoedd caled, a'r tafarndai yn llawn nyrsus a merched-llinell-corws, does dim syndod y byddai Richard yn edrych yn ôl ar y cyfnod hwn fel un delfrydol. Ond roedd gwell i ddod.

CYSYLLTIADAU A DAWN

ROEDD Philip Burton yn parhau i gynhyrchu dramâu radio ar gyfer y BBC – ac yn rhoi blaenoriaeth i'w *protégé*. Yn yr adran nodwedd yr oedd wedi datblygu arbenigrwydd mewn ysgrifennu rhaglenni oedd yn dramateiddio digwyddiadau hanesyddol ar gyfer y gwrandawyr. Cymerodd Richard y brif ran mewn cyflwyniad o hanes Dic Penderyn, gan chwarae'r rhan ag atal dweud. Dywedodd un o ffrindiau Marian (merch Ciss) wrthi ei bod wedi clywed ei hwncwl ar y radio: roedd yn arbennig o dda, meddai, ond gydag atal dweud fel hynny, doedd dim llawer o ddyfodol iddo yn y theatr!

Gyda chymorth ei ail dad, roedd Richard wedi sicrhau lle ar gwrs gan yr RAF, oedd yn cynnig ysgoloriaeth chwe mis i Rydychen cyn dechrau ar gyfnod o wasanaeth yn y lluoedd arfog. Nid oedd ef a'i gyfeillion yn fyfyrwyr go iawn, er y byddent yn mynychu darlithoedd y brifysgol pan nad oeddent yn cael eu hyfforddiant milwrol. Yn hytrach, roedd hwn yn gynllun i roi blas i'r llanciau ar fywyd coleg. Ond mewn blynyddoedd i ddod, pan gafodd newyddiadurwyr yr argraff ei fod wedi graddio o Rydychen, ni fyddai Richard yn eu cywiro. Dechreuodd yng Ngholeg Exeter yn Ebrill 1944, yn swyddogol i astudio Eidaleg a llenyddiaeth Saesneg. Yn answyddogol, roedd yno i fwynhau, i yfed ac actio a chwrso merched, ond yn fwyaf oll, i greu argraff.

Mae'r straeon am ei weithgareddau tra oedd yn Rhydychen yn llu, a bu iddynt ymestyn dros y blynyddoedd o ail-adrodd. Roedd yn brolio llawer yn ddiweddarach am ei gampau gyda'r *sconce*, sef yfed dau beint o gwrw mewn llai na hanner munud fel dirwy wedi rhyw drosedd yn y coleg. Honnodd ei fod yn gallu arllwys y cwrw i lawr ei wddf heb lyncu, ac felly cipiodd y record drwy gyflawni'r gamp mewn deg eiliad. Bu wrthi'n hel merched hefyd; ar y dechrau, ei duedd oedd dewis merched plaen, tawel, ond fe sylwodd ei fod yn denu merched pertach wrth iddo ddod yn fwy llwyddiannus. Ond heb os, ar y llwyfan y bu'r llwyddiant pwysicaf iddo yn ei chwe mis yn Rhydychen.

Y cymeriad allweddol yng nghylch drama'r brifysgol oedd yr Athro Nevill Coghill, ac fe aeth Richard ati i greu argraff dda arno. Mynnodd gael clyweliad ar gyfer cynhyrchiad nesaf Coghill, *Measure for Measure*, er bod y rhannau i gyd wedi'u cymryd. Adroddodd Richard araith Hamlet, '*To be, or not to be . . .*', yn ei ystafell. Cofiai Coghill hwn fel y perfformiad gorau o'r araith a glywodd erioed heblaw am fersiwn Gielgud – a chytunodd y gallai Richard fod yn ddirprwy ar gyfer y prif ran, Angelo.

Fe aeth Richard i'r ymarferion yn fwy cydwybodol na'r rhan fwyaf o'r prif actorion, ac fe wobrwywyd ei ymroddiad pan fu rhaid i'r dewis cyntaf ddychwelyd i wasanaethu gyda'r RAF. Fe alwodd Richard am gymorth Philip Burton, a ysgrifennodd sawl llythyr ato ynglŷn â sut i chwarae cymeriad Angelo, cyn rhuthro i fyny i weld yr ymarfer olaf. Treuliodd hanner y nos gyda Richard yn trafod y rhan a gweithio ar fân newidiadau, ac arhosodd i fwynhau buddugoliaeth y noson gyntaf, a gweld ei gynlluniau am Richard yn bwrw'u ffrwyth. Fe gytunodd yntau â Coghill fod perfformiad Richard yn gampus, er i fyfyriwr a adolygai'r ddrama ysgrifennu: '*Burton is pretty, with a good voice and nothing else*'!

Fe dynnodd y perfformiad hwn sylw rhai o fawrion y llwyfan yn y *West End*. Fe ddaeth John Gielgud a Terence Rattigan, a hefyd yr *impresario* mwyaf pwysig ym myd y theatr ar y pryd, Hugh 'Binkie' Beaumont, i weld y ddrama. Yn enedigol o Gaerdydd, yr oedd yntau'n rheolwr cwmni H M Tennent, ac wedi'r perfformiad fe roddodd wahoddiad i Richard ymweld ag ef ar ôl y Rhyfel i drafod cytundeb.

Cofiai Verdun i Richard ddychwelyd adre ar y trên heb brynu tocyn, gan neidio oddi ar y trên yn Aberafan a rhedeg trwy'r cilffyrdd i osgoi dicter y casglwyr. Teulu llai a roddodd groeso iddo yn ôl yn y cwm, gyda'r rhan fwyaf o'r brodyr yn cynorthwyo'r ymdrech ryfel. Tra gweithiai Tom o hyd yn y pwll glo, defnyddiodd Verdun ei ddawn gyda mecanwaith i oruchwylio cynhyrchu arfau – swydd a'i cymerai oddi cartref. Roedd Wil wedi ymuno â'r fyddin yn 16 oed: roedd yn rhan o'r encilio o Dunkirk, a thra'n ymladd fel *commando* yn Norwy, fe'i trawyd gan fwled yn ei ben ac effeithiodd ar un llygad am weddill ei oes; ymunodd Graham â'r llynges yn 17 oed a gwasanaethu yn y Cefnfor Tawel; cafodd Ifor ei anafu ychydig ddiwrnodau wedi *D-Day*, a llond cefn o *shrapnel* yn golygu na weithiai fel glöwr byth eto. I gymharu â'u haberth hwy, heb sôn am y miliynau a laddwyd yn y Rhyfel, dihangodd Richard yn ysgafn.

Yn yr Hydref, dechreuodd Richard ei gyfnod gyda'r RAF yn Torquay. Methodd y prawf llygaid i gael ei dderbyn fel peilot, ac felly fe'i penodwyd fel *navigator* dan hyfforddiant. Erbyn hyn roedd y rhyfel yn Ewrop yn agosáu at y diwedd, ac felly roedd yn annhebygol y byddai'r recriwtiaid newydd yn wynebu'r gelyn. Wedi chwe mis o gael eu danfon o un ganolfan i'r llall, aeth Richard draw i Ganada i gwblhau ei hyfforddiant. Cyrhaeddodd draw yno mewn pryd i ddathlu diwedd y Rhyfel yn Ewrop.

Adroddir straeon rhyfedd am Richard a chyfaill iddo o'r enw Dai 'Dinger' Evans gyda mis i ffwrdd a dwy ddoler rhyngddynt yn penderfynu ffawdheglu o'u canolfan yn Winnipeg i Efrog Newydd – pellter o dros 1,600 o filltiroedd. Unwaith iddynt gyrraedd, roedd gan Richard enwau cysylltiadau P H Burton yn y ddinas – ond roeddent hwy wedi mynd i Vermont. Ond gan fod y ddau yn eu gwisg RAF, a chyda swyn Richard a Dai, fe ddaeth anghenion bywyd i'w rhan am ddim. Arosodd y ddau yn lletv Prifysgol Columbia gan ganu mewn tafarndai am fwyd a diod. Mae'n debyg i un hen wraig yn Greenwich Village gael ei hudo gymaint gan eu canu nes iddi roi 14 doler iddynt, ac felly fe ddychwelsant i Winnipeg yn gyfoethocach na phan adawsant y lle.

Yn yr Hydref fe ddychwelodd Richard i Brydain, a bu'n cico'i sodlau am gyfnod mewn gorsaf fechan yn Norfolk. Gyda'r rhyfel wedi dod i ben, roedd bywyd yn RAF Docking yn dawel iawn, ond roedd Richard a'i gyfeillion yn gwneud eu gorau glas i gynhyrfu'r rhan anghysbell hon o Loegr.

A dim byd i'r dynion ifainc ei wneud ond disgwyl eu tro am *demob*, roedd yfed yn un ffordd amlwg o oresgyn y segurdod diflas. Roedd yr awdurdodau'n fodlon gadael iddynt gymryd mantais i raddau, ond roedd terfyn ar eu hamynedd! Ar ei ben-blwydd yn 20 oed fe aeth Richard a chriw o bedwar Gwyddel o gwmpas y barics gan arbrofi i weld a oedd hi'n bosibl dyrnu ffenestri gwydr heb dorri'r croen. Ar ôl chwalu 179 o ffenestri, dedfrydwyd Richard i saith niwrnod o dan glo.

Roedd Richard hefyd yn gallu chwarae rygbi y dda: yn wir honnai iddo chwarae mewn un tîm gyda deg chwaraewr rhyngwladol!

Hawdd oedd i'r dynion ifainc bywiog hyn ddod o hyd i ferched. Roedd gan Richard res o gariadon ac enillodd enw iddo'i hunan fel un am y merched. Dywedir iddo ganlyn cogyddes y plasty cyfagos am gyfnod, a symud i mewn ati. Fodd bynnag, yn y cyfnod hwn roedd ganddo un cariad o ddifri, sef actores o'r enw Eleanor Summerfield. Roedd hi'n actio mewn drama oedd ar daith, ac felly roedd yn rhaid i Richard dreulio hanner ei benwythnosau rhydd yn teithio mewn trenau, er mwyn rhannu ychydig oriau gyda hi cyn dychwelyd i'w orsaf. Yn y diwedd roedd eu cyfnodau ar wahân yn ormod, ac fe chwalodd y garwriaeth.

Yn ogystal ag ymarfer ei brif ddiddordebau, parhai ei gariad am lenyddiaeth a'r theatr. Dywed iddo ddarllen holl weithiau Shakespeare o glawr i glawr bob chwe mis. Ar yr un pryd, roedd Philip Burton yn sicrhau ei fod yn cael rhannau mewn cynyrchiadau radio i'r BBC. Cymerodd Richard y brif ran yng ngwaith hunangofiannol Emlyn Williams, *The Corn is Green,* mewn cynhyrchiad radio ar ddechrau 1945. Philip Burton oedd y cynhyrchydd, ac wedi diwedd y rhyfel, derbyniodd yntau swydd lawn-amser gydag adran ddrama'r BBC. Cafodd Richard y cyfle i ail-greu'r rhan mewn cynhyrchiad ar gyfer y teledu ym mis Medi 1946. Roedd hyn yn gynnar iawn yn hanes teledu, ac roedd y ddrama'n cael ei hactio'n fyw o flaen camerâu llonydd. Ond er i'r gwaith gael ei berfformio ddwy waith, ni chyfarfu Graham Jenkins erioed â neb a welodd yr un o'r darllediadau!

A Richard wedi symud o orsaf anghysbell yn Norfolk i un yn Swydd Gaerloyw, fe gafodd y cyfle i dreulio wythnos yn Stratford-upon-Avon gyda Philip Burton yn mwynhau gwahanol gynyrchiadau gan gynnwys *Dr Faustus*, gyda Hugh Griffith yn chwarae Mephistopheles. Fe swynwyd Richard gan y ddrama, a bu Philip ac yntau'n ymarfer yr areithiau yng ngardd gefn eu gwesty. Cafodd Richard ran fechan mewn drama a lwyfannwyd yn Rhydychen, a'i gyd-Gymro Donald Houston yn cymryd rhan fwy.

Mewn drama gofiadwy ar y radio, chwaraeodd Richard ran fechan mewn cynhyrchiad o *In Parenthesis* gan David Jones. Yn y cast hefyd roedd Philip Burton a Dylan Thomas, ac fe ymfalchïai Richard fod y bardd o Abertawe a oedd yn arwr iddo wedi dod yn gyfaill hefyd. Roedd Richard yn dwlu ar ysgrifau Dylan ac wedi cyflwyno ei farddoniaeth i sawl un, gan gynnwys ei ddau *mentor*, Philip Burton ac Emlyn Williams. Fe sylwodd Richard hefyd ar ddawn Dylan fel actor, a disgrifiodd sawl gwaith yr arswyd ddaeth drosto wrth i Dylan ddynwared milwr â chlwyf marwol ganddo yn sgrechian â'i anadl olaf. Yr hyn a grëodd yr argraff fwyaf oedd i Dylan gyflawni'r gampwaith iasol â sigaret yn ei geg.

Ysgrifennodd Philip ddrama o'r enw *The Rescuers*, oedd yn

seiliedig ar hanes glofa Tynewydd yn y Rhondda yn 1877, pan gaethiw-wyd grwp o löwyr gan gwymp to o dan ddaear. Dywedodd Philip fod yr hanes yn arbennig o agos at ei galon 'oherwydd fe laddwyd fy nhad fy hun mewn trychineb pwll glo. Roedd yn wir yn ddrama deimladwy, gyda'r achubwyr yn gorfod cloddio trwy'r rwbel i gyrraedd eu cyfeillion. Roedd Richard yn y ddrama, ac wrth gwrs roedd ganddo gysylltiad agos â'r pyllau glo, gyda'i dad a'i frodyr yn gweithio ynddynt.' Yn wahanol i ddamwain ei dad, rhoddodd P H Burton ddiweddglo hapus i'r stori, ac fe gafodd y darllediad dipyn o argraff. Cofiai Meredydd Evans wrando arno a chael ei daro gan 'y llais cwbl arbennig' a feddai Richard.

Roedd y darnau yma o waith yn talu'n dda: er enghraifft, am ei ran fechan yn *In Parenthesis* enillodd £5 5s, a oedd bron cymaint ag y byddai un o'i frodyr yn ennill am wythnos o waith o dan ddaear. Felly roedd digon o resymau da i Richard benderfynu bod yn actor. Roedd yr arian yn dda, roedd y cwmni'n dda, ac roedd cyngor Philip yn ei gyfeirio at y llwyfan. Wrth edrych yn ôl dros hanner can mlynedd yn ddiweddarach, ymddengys fod y penderfyniad yn anochel. Roedd Richard yn gwybod fod ganddo ddawn arbennig i actio, a'r gallu i ddatblygu ac ecsbloitio'i ddawn. Onid oedd yn amlwg y byddai clod, enwogrwydd a chyfoeth yn dilyn?

Ond i'r gwrthwyneb, ceir digon o dystiolaeth fod yn rhaid i P H Burton ymdrechu'n galed i sicrhau fod ei ddisgybl yn canolbwyntio ar y ddawn hon yn hytrach na datblygu ei sgiliau ysgrifennu. Yn wir, byddai awydd Richard i ysgrifennu yn ymddangos ar sawl achlysur trwy gydol ei yrfa, ac yn ddiweddarach byddai'n dibrisio gwaith yr actor tra'n clodfori dawn yr awdur.

Yn y diwedd dichon ei bod yn haws iddo droi'n actor na cheisio ennill bywoliaeth fel awdur. Ag yntau'n dal yn yr RAF, fe ddanfonodd ddarnau o'i waith ysgrifenedig at y BBC, ond heb lwyddiant. Ar y llaw arall, roedd ganddo fynediad i fyd y theatr trwy Binkie Beaumont. Fe gadwodd yntau at ei air wedi'r cyfarfyddiad yn Rhydychen, ac fe gynigiodd cwmni HM Tennent flwyddyn o waith a thâl o £500 i Richard. Yn ôl Richard, fe gwblhawyd y cytundeb y diwrnod y rhyddhawyd ef o'r RAF, yn yr amser a oedd ganddo yn Llundain wrth newid trenau ar ei ffordd adre.

Dylid pwysleisio mai'r rheswm y llithrodd i mewn i'r byd theatr proffesiynnol mor esmwyth oedd cyfuniad o'i gysylltiadau rhagorol a'i ddawn amlwg – ond y peth pennaf oedd ei ddawn. Yr oedd Philip

Burton, Emlyn Williams a Binkie Beaumont yn agor drysau iddo oherwydd eu bod yn adnabod y ddawn.

Ond ni allai Richard ei hun fyth egluro ei ddawn actio. Tua diwedd ei oes, pan ofynnwyd a oedd ei syniadau am actio wedi newid dros y blynyddoedd, atebodd:

> Nid wyf yn gwybod beth yw hi i fod yn actor, boed yn actor llwyddiannus neu'n brif actor neu beth bynnag yr hoffech chi fy ngalw. Dydw i ddim yn hollol sicr beth yw actio. Petasai ugain o bobl yn cerdded ar y llwyfan hwn, byddech chi'n edrych ar un ohonynt. Byddech yn anghofio'r 19 arall ac yn hoelio'ch sylw ar un o'r dynion neu un o'r merched. Nawr, beth sy'n denu'r dychymyg ac yn denu'ch llygad? Beth bynnag ydyw, ni chawn wybod byth. Beth sydd yno yw'r peth rhyfedd hwnnw – carisma – gair sy'n cael ei or-ddefnyddio. Mae rhywbeth am y person, pa un ai yw yn fyr, yn dal, yn dew, yn denau, yn hen, yn ifanc, yn egwan, yn bitw, yn wirion, beth bynnag – byddech chi'n syllu ar yr un person hwnnw. Ni ŵyr neb pam.

Nid oedd llawer o gyfle, fodd bynnag, i Richard wneud ei farc gyda'i ddramâu cyntaf i HM Tennent. Cymerodd ran Mr Hicks yn *Castle Anna* ym mis Chwefror 1948; yn Ebrill roedd ar daith o gwmpas Prydain, yn chwarae yn *Dark Summer* ac hefyd *Captain Brassbound's Conversion* gan Shaw. Ond erbyn hyn, roedd pennod newydd yn ei fywyd ar fin agor, ac unwaith eto, Emlyn Williams oedd yr un a agorodd y drws.

BODDI DOLWYN

Yn ôl Emlyn Williams, fe gafodd yr ysbrydoliaeth ar gyfer *The Last Days of Dolwyn* wrth iddo deithio trwy ogledd Cymru ar fws. Wrth fynd heibio i gronfa ddŵr gydag adfeilion hen eglwys yn dangos uwchben wyneb y dŵr, dywedodd y gyrrwr, 'Roedd 'na bentre fan yna, ond symudon nhw'r bobl allan er mwyn creu'r gronfa'. Sbardunodd y sylw hwn Emlyn i ddychmygu'r helynt a fyddai'n cyd-fynd â dinistrio'r pentre a dechreuodd ar y gwaith o ysgrifennu'r stori yn syth.

Ni wyddys a oedd unrhyw gronfa yn y gogledd yn 1947 gydag adfeilion yn y golwg a ffordd bws yn rhedeg gerllaw; awgrymodd Emlyn yn gryf mai hanes pentre Llanwddyn oedd yr ysbrydoliaeth, ond nid oes dim i'w weld o'r hen bentre o dan Lyn Efyrnwy. Ond ble bynnag y cafodd Emlyn yr ysbrydoliaeth, yr oedd y sgript yn barod erbyn dechrau 1948 ac ar ddesg Alexander Korda, un o gynhyrchwyr pwysicaf a phrysuraf Prydain. Yr oedd y stori yn canolbwyntio ar ymdrechion dyn i ddial ar y pentre oedd wedi'i gywilyddio pan oedd yn llanc ifanc. Enw'r pentre oedd Dolwyn, ac roedd manylion y fan wedi'u lliwio gan atgofion melys Emlyn o'i blentyndod yng Nglanrafon, Sir y Fflint. Roedd hwn yn bortread o fywyd gwledig, syml, cwbl Gymraeg ei hiaith: pentre lle roedd bugail yn canu caneuon serch i'w ddefaid a'r plismon yn bartner yn y potsio. Yn naturiol, roedd Cymraeg y trigolion yn amlwg drwy'r stori ac fe ofynnodd Korda beth oedd y brawddegau annealladwy yn gwneud yn ei sgript. Atebodd Emlyn mai Cymraeg fyddai iaith y pentre, ond dywedodd Korda nad oedd lle yn y ffilm i sgyrsiau na fyddai'r gynulleidfa'n eu deall: *'It's got to go'*. Er gwaetha'r ffaith mai hon oedd ei ffilm gyntaf a bod llawer yn y fantol i Emlyn, fe safodd ei dir. *'If the Welsh goes, I go'* meddai, ac enillodd y frwydr.

Er mwyn dod o hyd i'r lleoliad perffaith i Ddolwyn, fe deithiodd Emlyn ledled Cymru gan ymweld â 60 o bentrefi cyn iddo ddod o hyd i Ryd-y-main, rhwng Dolgellau a'r Bala. Mae'n hawdd gweld hyd heddiw pam roedd y pentre mor ddeniadol, gyda'i res o dai clòs

51

gerllaw nant fywiog. Yr unig adeilad nad oedd yn plesio oedd y capel – clamp o addoldy a adeiladwyd yn 1869. Ar gyfer capel Dolwyn, felly, fe ail-greodd Emlyn gapel Bethel, Llanfachreth yn y stiwdio yn Llundain. Rhoddodd y pentre hwn hefyd y syniad am bileri y tu allan i bob tŷ, ac mae'n siŵr bod adfeilion yr eglwys uwchben Dolwyn wedi'u hysbrydoli gan eglwys hynafol Llanfachreth.

Teimlai Emlyn dipyn o ansicrwydd wrth iddo ofyn caniatâd y pentrefwyr i ffilmio yn eu cynefin. Yn ogystal â chuddio'r capel, byddai rhaid smalio bod tafarn yn y pentre, ac nid oedd modd gwybod sut fyddai'r trigolion yn croesawu'r ymyrraeth. Ond wedi i Emlyn annerch cyfarfod yn y capel, estynnodd y pentrefwyr groeso twymgalon i'r criw ffilmio – a hanner canrif yn ddiweddarach, dim ond atgofion caredig oedd gan y naill ochr a'r llall am y profiad.

Adrodd a wna'r ffilm, hanes Rob Davies, a daflwyd allan o Ddolwyn ar ôl dwyn arian o'r capel pan oedd yn grwt, a'i gynllwyn, flynyddoedd wedyn, i dalu'r pwyth yn ôl trwy foddi'r cwm a chreu cronfa ddŵr. Yn ei ffordd saif Merri, gofalwraig y capel, gyda chymorth ei llysfab, Gareth. Ysgrifennodd Emlyn ran y drwgweithredwr ar ei gyfer ef ei hun, a rhan yr hen wraig ar gyfer Dame Edith Evans, un o'r actoresau mwyaf blaenllaw ar y llwyfan yn Llundain. Yn 60 oed, hon oedd ei ffilm gyntaf ers 33 mlynedd, er iddi ymddangos yn ddiweddarach mewn sawl clasur, fel *The Importance of Being Earnest* a *Tom Jones*.

Roedd rhan Gareth yn ddelfrydol ar gyfer Richard, *protegé* ifanc Emlyn: yn wir fe honnai'r awdur yn ddiweddarach:

> Fe ysgrifennes i'r rhan iddo, ac wrth gwrs cefais amser digon anodd yn ei gael i fewn i'r ffilm oherwydd fod Korda yn naturiol yn awyddus i gyflogi sêr. Byddai cael seren i chwarae llanc 22 oed yn anodd beth bynnag, ac hefyd roedd yn rhaid iddo fod yn Gymro, oherwydd roedd yn rhaid iddo siarad Cymraeg yn y ffilm. Gan fy mod i wedi ysgrifennu'r rhan iddo, dywedais 'Rwy'n mynnu rhoi prawf sgrîn iddo!' Ac meddai yntau, 'O'r gorau, ond yr un ryn ni eisiau yw . . .' – rhywun neu'i gilydd, un o sêr ifainc Rank. Ac fe drefnes i'r prawf yn wir er mwyn tynnu sylw at y dyn golygus hwn a'i Gymreictod, ac wrth gwrs fe ddaeth hynny'n amlwg yn syth.

Sicrhaodd Emlyn fod Richard yn cael y cyfle gorau posibl wrth drefnu'r *screen test* arbennig, a chofiodd Richard y caredigrwydd yma yn ddiolchgar ddeuddeg mlynedd yn ddiweddarach.

Fe es i i'r stwdio yn Shepperton ar gyfer y prawf ac wrth gwrs hwn oedd y *screen-test* mwya ffodus erioed. Fel arfer, gwneir yr arbrofion gan ddefnyddio dynion camera eilradd a rhywun sy'n dysgu bod yn gyfarwyddwr. Wel, yn fy achos i roedd gen i un o'r dynion camera gorau yn y byd i gymryd fy llun, sef Otto Heller ac un o'r cyfarwyddwyr-awduron gorau yn y byd, Emlyn Williams ei hun, i'm cyfarwyddo. Felly roeddwn yn lwcus iawn.

Wrth gwrs, nid lwc ydoedd, fel y cyfryw, ond cynllunio gofalus Emlyn.

Wrth ddanfon telegram ato i gadarnhau'r rhan, fe ysgrifennodd Emlyn linell o'i ddrama hunanfywgraffiadol, '*The Corn is Green*': '*You have won the scholarship*'. Mae'n dangos pa mor anhrefnus oedd Richard gan nad atebodd y neges. Pan gyrhaeddodd set y ffilm ar y diwrnod cynta, meddai Emlyn yn eironig, 'O, ti sy' 'na. Roeddwn i ar fin ffeindio rhywun i gymryd dy le achos roeddwn yn meddwl nad oeddet wedi derbyn y rhan'.

Ymysg y cast roedd sawl actor oedd â'u henwau a'u lleisiau'n gyfarwydd oherwydd eu gwaith gyda'r BBC yng Nghymru – Prysor Williams, Dafydd Havard a Roddy Hughes (a fu'n ogystal yn aelod o gast '*The Druid's Rest*'). Roedd Hugh Griffith, yn ei ail ffilm, yn cymryd rhan llawer mwy parchus na'r cnafon y byddai'n eu portreadu er mwyn sicrhau enwogrwydd. Ef oedd y ficer lleol yn Nolwyn.

Cyrhaeddodd y criw ffilmio y gogledd ym mis Awst 1948. Arhosodd y sêr yng ngwesty Bontddu, ac un o'r rhai a fu'n eu gyrru o gwmpas oedd Clem Owen. Cofiai Emlyn Williams fel 'dyn dymunol iawn, llawn hiwmor naturiol ac yn dda iawn yn trafod pobl'. Ond yr un sy'n sefyll allan wedi hanner canrif yw Richard Burton. 'Roedd 'na rywbeth o'i gwmpas e, rhywbeth yn ei lais, rhyw dinc: pan oedd e'n canu ac yn arbennig pan oedd e'n siarad. Roeddet ti'n gwybod bod y bachgen yma am fynd yn bell'.

Cafodd llawer o drigolion lleol y cyfle i fod yn *extras* a sawl un yn defnyddio'r profiad fel '*claim to fame*' am flynyddoedd lawer. Er i Ieuan Evans, fferm Hengwrt, golli'r cyfle i ymddangos ar y sgrîn fawr ei hun, benthyciwyd ei ddefaid a'i gi, Mot. Ymwelodd llawer o bobl â phentre Rhyd-y-main yn ystod yr wythnosau cyffrous hynny. Daeth Elen Roger Jones, chwaer Hugh Griffith, a chael ei gwefreiddio gan y cynnwrf yn y pentre bach hardd. Daeth newyddiadurwr o bapur newydd *Y Cymro*, a gwneud y camgymeriad rhyfedd o alw'r actor addawol ifanc yn *Michael* Burton.

Ymwelydd arall oedd Meredydd Evans, yr arbenigwr a ymhyfrydai mewn caneuon gwerin Cymru.

> Roeddwn i wedi cael neges oddi wrth Hugh Griffith i ddweud ei fod yn mynd i Ryd-y-main ar ryw ddiwrnod arbennig ac mi es i draw yna ar y diwrnod hwnnw a chwrdd ag Emlyn Williams a Dafydd Havard a'r actorion eraill, a dyna'r tro cynta i mi gyfarfod â Richard Burton. Ar y pryd doeddwn i ddim yn gwybod llawer amdano fo, ond roeddwn i wedi'i glywed o unwaith ar y radio – ar ôl yr Ail Rhyfel Byd yn *The Rescuers*. Roeddwn i wedi clywed y perfformiad ac wedi cael fy nharo'n eithriadol ar y pryd gan y llais cwbl arbennig, ac fe gofiais yr enw. Felly fe wnês i 'i gyfarfod o yn Rhyd-y-main, a sgwrsio efo fo, a dywedodd Hugh wrtho fo bod gen i ddiddordeb arbennig mewn canu gwerin ac yn y blaen ac roedd o eisiau canu i mi. Fe ganodd 'Ar Lan y Môr' ac wedyn gofynnodd beth oeddwn i'n meddwl am ei ganu! Doedd o ddim yn llawer o ganwr a dweud y gwir, ond roedd yn hoff iawn, iawn o ganu.

Cafodd Richard fwy o gyfle i ymarfer ei lais pan aeth rhai o'r cast i ymweld â Thelynores Maldwyn, Nansi Richards. Yr un a gafodd y swydd o gludo'r gwesteion yno oedd Clem Owen:

> Y criw gen i yn y car oedd Emlyn Williams, Richard Burton, Andrea Lea a Hugh Griffith. Roedden nhw'n canu nerth eu pennau ac roedd Richard Burton yn canu, a rwy'n cofio un yn dda iawn rwan – 'Aderyn Pur' – llais da gyda fe – llais da iawn. A fel roedden ni'n mynd roedd rhai mannau yn serth ac roedd y niwl yn mynd yn dewach a dibyn ar yr ochr dde wrth gwrs, a Richard efallai'n teimlo 'mach o ofn a ddwedodd, 'Clem,' medde fo, 'Ti'n well canwr nag wyt ti o ddreifwr'. A rwy'n siŵr fod hwnna'n meddwl bod ganddo ofn braidd achos oedd e'n gweld y dibyn oedd ar y naill ochr a'r llall.

Yn wir mae Richard yn canu 'Aderyn Pur' yn y ffilm gyda llais cryf. Mae hefyd yn siarad rhywfaint o Gymraeg: sgwrs gyfan gyda merch fechan; ychydig frawddegau gyda 'Mam' (sy'n ateb mewn Cymraeg gloyw, diolch i H R Jones, Dolgellau) a hefyd yn darllen Salm 23 – 'Yr Arglwydd yw fy mugail . . .'

Ag yntau yn ôl yng Nghymru, dengys yr adroddiadau fod Richard yn ei elfen, a'i Gymreictod yn byrlymu. Cafwyd enghraifft o hyn mewn cyfarfod arbennig o Blaid Cymru a drefnwyd gan Marion Eames, trefnydd y Blaid yn y Gogledd:

Roeddwn i'n gwybod fod *The Last Days of Dolwyn* yn mynd i gael ei gwneud yn Rhyd-y-main, a chlywed fod Hugh Griffith i fod yno. 'Wel, mi dria'i gael cyfarfod arbennig yn Nolgellau, i'r Blaid,' meddyliais, a gofyn i Hugh Griffith siarad oherwydd roeddwn i'n gwybod ei fod yn dipyn o bleidiwr. 'Reit,' medde fo, a minnau'n trefnu'r cyfarfod yma yn y Llyfrgell Rydd yn Nolgellau am 8 o'r gloch. Ac medde fo, 'Gewch chi ddwad i gael cinio efo fi yn y Llew Aur, cyn hynny'. A dyna ni yno, a phwy oedd yn digwydd eistedd gyferbyn â mi ar y bwrdd ond Richard Burton – bachgen ifanc, golygus iawn, doedd e ddim yn adnabyddus bryd hynny. Ac roedd o'n hynod o gyfeillgar. Ac roeddwn i'n ddigon hyderus wedyn i ofyn, 'Wel, ddowch chi i'r cyfarfod efo Hugh Griffith?' 'Oh, mi ddo'i,' medde fo. Dyma Hugh yn cael amser da iawn iawn yn siarad – yn siarad yn wych – ac yn y diwedd dyma fo'n dweud: 'Mae Richard Burton lawr fanna – mae'n actor ifanc efo ni ac fe glywch chi dipyn o sôn amdano fe rywbryd rwy'n credu. Richard,' medde fo, 'Dewch i ddweud gair bach'. 'Reit,' medde fo, 'mi wna' 'i.' A dyma fo'n dechrau siarad a mi siaradodd am ryw ychydig yn Gymraeg, ond wedyn dyna'r peth yn mynd tipyn bach yn ffliwt ganddo fo a mi droiodd i'r Saesneg. Ond y peth mawr oedd fod ei gariad at Gymru yn dod allan yn y pethau roedd o'n ddweud. Roedd e'n wirioneddol *efo* ni. Roeddwn i'n teimlo hynny. O, wna'i byth anghofio'r noson honno.

Pan orffennodd y cynhyrchiad yn y gogledd a dychwelyd i'r stiwdio yn Llundain, fe adawyd ychydig olion o'u presenoldeb. Gellir gweld hyd heddiw ychydig o'r gwaith cerrig yr oeddent wedi ei ychwanegu at y waliau, er mwyn gwneud iddynt weddu'n well at gyfnod y ffilm. Nid anghofiodd Emlyn Williams am y caredigrwydd a gafodd gan y trigolion, a danfonwyd sawl hamper llawn moethau fel anrhegion i Ryd-y-main y Nadolig hwnnw. A phan roddodd Clem Owen reid i Richard Burton i orsaf Dolgellau er mwyn dal ei drên i Lundain:

> Oedd Richard yn neidio allan, a finnau'n cario'r ychydig fagiau oedd gyda fo. Oedd e ar y platfform, a dyna fe'n mynd i'w boced – rwy'n ei weld e rwan – 'Na ti, Clem', medde fo, 'dyna i ti bunt i gael peint.' Anghofia'i byth mohono – dwi'n gweld y peth yn blaen. Taswn i wedi gwybod yr adeg honno, baswn i wedi cadw'r bunt, ac yntau wedi'i seinio hi, byddai'n werth pres heddiw. Ond roedd punt yr adeg honno yn meddwl rhywbeth, a fel oedd cyflogau'r adeg honno, roedd y bunt yn help mawr iawn, mawr iawn, imi.

Ar gyfer y golygfeydd yn y stiwdio yn Llundain, roedd sgript Emlyn yn galw am bum merch a siaradai Gymraeg ar gyfer rhannau bychain.

Ymysg y sawl a ymgeisiodd roedd Sybil Williams, merch 18 oed oedd yn fyfyrwraig yn y *London Academy of Music and Drama*. Roedd hi ar y rhestr fer, ond pan benderfynodd Emlyn ar y grŵp terfynol, fe ollyngodd Sybil oherwydd nad oedd hi'n rhugl yn y Gymraeg. Cafodd Sybil siom enfawr ac fe ffoniodd ei hathro cerdd Emlyn i ofyn a oedd unrhyw fodd i'w defnyddio hi. Dywed Emlyn iddo feddwl wrtho'i hun: 'Dim ond £8 yr wythnos sydd yn y fantol, ac mae Korda yn gallu fforddio hynny'n hawdd!'. Felly, fe ddefnyddiodd Emlyn chwe merch yn hytrach na phump.

Mae'r stori am sut y dechreuodd y garwriaeth rhwng Richard a Sybil yn cael ei hadrodd mewn amryw o lyfrau, a'r ffynhonnell wreiddiol iddynt yw Emlyn Williams. Un prynhawn braf yn y stiwdio, tra'n aros i'r goleuo fod yn barod, dechreuodd Emlyn sgwrsio â Richard, gan ofyn beth fu'n gwneud y noson gynt. Atebodd Richard nad oedd wedi gwneud dim byd arbennig, dim ond cymryd rhyw ferch i glwb nos. Gofynnodd Emlyn iddo: 'On'd yw hi'n amser i ti setlo lawr am ychydig, a mynd allan â rhyw ferch gall, neis, am unwaith. Un o'r rhai yn y ffilm? Edrycha – yr un draw fanna, er enghraifft, yn eistedd ger y goeden. Mae hi'n ferch hyfryd – ei henw hi yw Williams hefyd – Sybil Williams'. Ac felly fe aeth Richard draw a chyflwyno'i hun iddi.

Cafodd Richard ei swyno gan ei hiwmor a'i brwdfrydedd; cafodd Sybil ei hudo gan ei garisma a theimlai'n falch ei fod yn dychwelyd i dreulio'i amser gyda hi rhwng ei olygfeydd.

Ceir hanes arall am ddechrau'r garwriaeth a ddaw o atgofion Sybil. Roedd hithau'n gorfod bod yn absennol am ddiwrnod ar gyfer rhyw arholiad yn yr Academi, ac fe fynnodd Richard gael ei rhif ffôn, er mwyn cael gwybod sut roedd y prawf wedi mynd. Arhosodd Sybil gerllaw'r ffôn tan wedi hanner nos, am yr alwad na ddaeth. Penderfynodd nad oedd Richard ond yn gellweirwr hunanol, a'r bore trannoeth roedd hi'n benderfynol o'i anwybyddu. Ond yr eiliad y cyfarfu'r ddau ar y set, gofynnodd Richard, 'Be' ddiawl sy'n bod ar dy ffôn di?' 'Fe drïes i droeon i dy ffonio, ond methais bob tro'. Er fod Sybil yn ddigon ymwybodol o ystrywiau dynion i beidio â chredu'r stori, fe dderbyniodd ei wahoddiad i'r theatr. Wedi hynny, roedd y ddau yn anwahanadwy ar y set.

Roedd llawer yng nghymeriad a magwrfa Sybil i ddenu Richard, heblaw ei phrydferthwch. Yn wreiddiol o Tylerstown yn y Rhondda, roedd ei thad yn is-reolwr y pwll a hoffai Richard nodi ei fod wedi dewis un yn uwch nag ef yn y drefn gymdeithasol. Roedd hithau hefyd wedi colli'i mam yn ifanc a chael ei chodi gan chwaer hŷn. Roedd ganddi bersonoliaeth garedig, hyfryd, yn ymhyfrydu ym myd y theatr, yn dwlu ar ei chyfle i fod yn rhan o ffilm ac wedi'i gwefreiddio mai hi oedd dewis gŵr mwyaf deniadol y cynhyrchiad. Eu henw am ei gilydd oedd '*Boot*', yn fyr am '*beautiful*'. Gwnaethant ddeuawd hyfryd wrth ganu alawon Cymraeg gyda'i gilydd.

Cyfarfu Sybil â theulu'r Jenkins am y tro cyntaf ym mharti penblwydd Graham yn 21 oed, ac yn fuan fe ddaeth hi'n ffefryn annwyl gan weddill y llwyth. Roedd Ciss yn arbennig o falch ohoni gan nodi fod gan Sybil y rhinweddau o oddefgarwch ac amynedd a oedd yn angenrheidiol ar gyfer trafod Richard.

> O'r dechrau, doedd dim gwrthwynebiad gyda hi i beth fyddai Richard yn ei wneud, neu eisiau ei wneud – byddai bob tro yn dweud 'Iawn'. Byddai Rich yn mynd i rywle yn y bore a dweud y byddai adre am ginio. Efallai na fyddai'n dod nôl tan yn hwyr y nos – ond ni fyddai Sybil yn ei ddwrdio yn y ffordd y byddai bron pob gwraig arall wedi'i wneud. Roedd hi'n ei ddeall i'r dim o'r dechrau. Roedd hi'n ei garu. Alle fe byth fod wedi dewis merch well iddo fe'i hun.

Sylwodd sawl un fod rhywbeth yn ei phersonoliaeth oedd yn eu hatgoffa o Ciss. Dywedodd Richard ei hun, 'Mae gan Sybil garedigrwydd Cissie. A'i daioni. A'i swyn'. Ac hefyd ei dealltwriaeth a'i hamynedd di-derfyn.

Fe aeth y ffilmio ar y set yn Llundain yn hwylus iawn. Cofiai Brook Williams, mab y cyfarwyddwr a ddaeth yn ddiweddarach yn gyfaill agos iawn i Richard, iddo dreulio diwrnod ar y set, wedi'i wisgo fel bachgen ysgol o oes Fictoria rhag ofn iddo ddigwydd crwydro i olwg y camera.

Ar ddiwedd y ffilmio dichon y disgwyliai Richard i'w garwriaeth â Sybil oeri a chwalu, fel sawl un o'r blaen, ond ni leihaodd ei deimladau gydag amser. I'r gwrthwyneb, dechreuodd drafod cariad a phriodas gyda'i ffrindiau. Ac yn lled fuan, roedd y ddau wedi penodi diwrnod y briodas – 5 Chwefror 1949, yn swyddfa'r cofrestrydd yn Kensington. Dim ond ychydig ffrindiau a theulu oedd yn bresennol, ac wedi'r seremoni fe roddodd Daphne Rye, cyfarwyddwraig castio HM Tennent, dderbynwest i'r ddau yn ei thŷ ei hun. Ond gan fod Sybil yn gweithio fel *understudy* a rheolwr llwyfan cynorthwyol mewn drama yn y *West End*, a chan fod *matinée* yn y prynhawn ar ddydd Sadwrn, roedd yn rhaid i'r briodferch ddiflannu'n gynnar er mwyn mynd i'w gwaith. A phan ddychwelodd hithau i'w pharti priodas, roedd y rhan fwyaf o'r gwesteion wedi gadael, a'i gŵr newydd mewn hwyliau drwg. Roedd Cymru'n chwarae rygbi ym Murrayfield y diwrnod hwnnw, ac er gwaethaf ymdrechion Bleddyn Williams, Haydn Tanner a'r lleill, yr Albanwyr a orfu.

FFYNNU

ENILLODD Richard ran swmpus yn *Adventure Story*, drama gan Terence Rattigan am *Alexander the Great*. Roedd Richard i chwarae cyfaill agosaf Alexander, un o'r rhannau mwyaf allweddol yn y ddrama. Cynigiodd y cyfarwyddwr, Peter Glenville, y rhan iddo yn syth ar ôl ei glyweliad; roedd Richard wrth ei fodd, gan mai hwn oedd ei gyfle gorau hyd hynny. Fe lwyddodd hyd yn oed i sicrhau rhan fechan i'w gyfaill Stanley Baker. Roedd rhan Alexander i'w chwarae gan Paul Scofield, un o'r actorion mwyaf addawol ar y llwyfan yn Llundain – ac, mae'n wir dweud, yn actor tal iawn hefyd. Yn syth wedi i'r ymarferion ddechrau, fe sylwodd Glenville fod rhywbeth o'i le. Yn ddiweddarach byddai'n egluro mai siâp Richard oedd yn anghywir, gan fod angen rhywun talach i gyd-fynd â maint Scofield, ond doedd yr eglurhad hwn ddim yn gysur i Richard pan gollodd ei ran yn y ddrama.

Mae'n debyg ei fod yn dal dan effaith y sioc pan drefnodd Daphne Rye glyweliad ar gyfer drama newydd gan Christopher Fry, *The Lady's not for Burning*. Cynhaliwyd y clyweliad ar ddiwedd y prynhawn: roedd Richard wedi cael ychydig i yfed ac roedd ei berfformiad yn sigledig. Ond fe roddodd y cyfarwyddwr, John Gielgud, ail gyfle iddo, ac ar y diwrnod canlynol fe wnaeth Richard ddigon i ddarbwyllo Christopher Fry. Dichon mai oherwydd argyhoeddiad Fry a phoerswâd Daphne Rye a Binkie Beaumont y cytunodd Gielgud i'w gymryd.

Unwaith y dechreuodd yr ymarferion, gwyddai Gielgud ei fod wedi gwneud y dewis cywir.

> Fe ges i fy nharo'n syth gan deimlad greddfol Richard ar gyfer y theatr. Roedd yn edrych yn berffaith ar gyfer y rhan, ac fe'i llefarodd yn brydferth. Fe ges i fy nghythruddo oherwydd yr oedd yn eitha trachwantus y dyddiau hynny, a phan y byddem ni'n nesáu at amser cinio, byddai'n dechrau dylyfu gên a pheidio â chymryd gormod o sylw o beth oedd yn digwydd, a byddai'n eitha sarrug pe bawn i'n ei gadw rhag ei ginio am fwy na chwarter awr. Felly fe ddechreuais i

wneud hynny yn fwriadol, oherwydd roeddwn i'n meddwl ei fod yn eitha haerllug. Ar y llaw arall, rhaid dweud ei fod yn gyfareddol wrth ei waith yn y ddrama ei hunan.

Ar ôl taith fer o gwmpas y wlad, fe agorodd y ddrama yn theatr y Globe ym mis Mai 1949. Prynodd Richard 40 o seddi ar gyfer y teulu a ffrindiau o Gymru, gan gynnwys aelodau côr meibion, yr *Afan Glee*. Ar ôl y perfformiad ymgasglodd y criw yn y dafarn agosaf ac wedi prynu'r cwrw i bawb, gofynnodd Richard beth oedd eu barn am y ddrama. 'Grêt', meddai un o'r côr, 'Roeddet ti'n arbennig o dda. Ond dweda' wrtha'i, fachgen, be' ddiawl oedd y *play* amdano?'

Roedd rhai o'r ymwelwyr o Gymru yn gwerthfawrogi'r ddrama yn well, gan gynnwys Meredydd Evans a'i wraig Phyllis Kinney. Dywed yntau:

> Roedd o'n dod â rhyw elfen gyffrous yn y perfformiad hwnnw nad oeddwn i wedi gweld ei debyg. Roedd fel petai rhyw fagnet o'i gwmpas o pan oedd o'n dwad ar y llwyfan a phan oedd o'n dechrau siarad. Roedd o'n tynnu sylw yn syth ato'i hun, ac roeddech chi'n canolbwyntio arno fo. Roedd o'n berfformiad gloyw iawn dwi'n cofio, ac roedd hi'n ddrama dda iawn ar y cyfan.

Yn y ddrama roedd un olygfa oedd yn rhoi'r enghraifft orau o sut roedd Richard yn gallu rheoli'r llwyfan hyd yn oed pan nad oedd yn ganolbwynt i'r gweithredoedd. Roedd John Gielgud a'r brif actores yn cael sgwrs oedd yn dyngedfennol i'r holl ddrama, tra bod Richard yn sgrwbio'r llawr y tu ôl iddynt, gan ollwng ambell i air i mewn i'r sgwrs. Dywed Gielgud:

> Y tro cyntaf inni ymarfer yr olygfa, fe ddarganfu e ar ei liwt ei hunan yn syth lle y dylai ef ddod yn amlwg, a lle dylai encilio. Ac ni newidiwyd hynny o gwbl, ac nid oedd yn rhaid imi ymyrryd oherwydd ei fod wedi dod o hyd i'r balans iawn rhyngddo ef a'r ddau ohonom ni. Yr oedd yn rhyfedd gweld yr ymdeimlad hwn yn un mor ifanc. Sylwodd sawl actor ar berfformiad Richard yn yr olygfa hon, gan gynnwys Alec Guinness.

Un arall a gofiai'r olygfa hon yw un arall o fechgyn Pont-rhyd-y-fen, Ivor Emmanuel:

> Fe es i i Lundain oherwydd roeddwn i'n mynnu cael clyweliad gyda chwmni opera *D'Oyly Carte*, ac medden nhw, 'Wel, fe hoffen ni i ti ddod nôl y flwyddyn nesa.' Fe es i wedyn i weld Richard yn *The Lady's not for Burning*, ac rwy'n cofio ei berfformiad yn dda. Yn

ogystal â'r ffaith ei fod yn ddyn deallus iawn, does ddim dwywaith fod ganddo bersonoliaeth fagnetig pan ddaeth e ar y llwyfan. Roedd ganddo wyneb hyfryd, a phresenoldeb enfawr. Fe gofia'i byth un olygfa pan oedd yn sychu'r llawr, ac er nad oedd dŵr ganddo, fe fyddai'n gwasgu'r clwtyn yn y bwced cyn parhau i olchi'r llawr. Roedd e'n berffaith – allech chi ddim cymryd eich llygaid i ffwrdd.

Wedi'r perfformiad, roedd yntau wrth ei fodd yn fy ngweld oherwydd ein bod ni'n dau o'r un pentre. Arhoses i'r noson gyda fe, a'r bore trannoeth wedes i, 'Richard, mae'n rhaid imi fynd ar y llwyfan: os wyt ti'n clywed am unrhywbeth – y corws; sgubo'r llwyfan; beth bynnag – dweda' wrtha'i!'. Ar y pryd fy uchelgais oedd canu yn y corws yn *Covent Garden*: fe allwn i fod wedi aros yno am byth. Wel fe ddychweles adre i Gymru ac i'm swydd yn y gwaith dur, ac wedi rhyw ddwy neu dair wythnos derbyniais delegram gan Richard yn dweud: 'Bydd yn Drury Lane yfory ar gyfer clyweliad i *Oklahoma*'. Roedd y corws cyfan wedi dod draw gyda'r cynhyrchiad o America, a gan eu bod nawr yn mynd adre roedd angen pobl i gymryd eu lle. Felly, ges i'r neges 'ma ar ôl gorffen shifft prynhawn yn y gwaith dur, ac fe gymres i fws drwy'r nos o Gastell-nedd i Lundain, a chwarae teg, pan gyrhaeddes i'r theatr, roedd Richard yno.

Wel fe es i am y clyweliad, a phan alwyd fy enw fe ganes i '*Some Enchanted Evening*', a hanner ffordd trwy'r gân, fe alwodd rhywun '*OK, you're in*'. A dyna ddechrau fy ngyrfa, ac roedd Richard wrth ei fodd. Fe arhoses i gyda fe a Sybil am ryw ddwy neu dair wythnos, yn rhannu eu hatig fechan.

Fe gafodd *The Last Days of Dolwyn* ei rhyddhau i'r sinemâu ym mis Ebrill, a sawl adolygiad yn canu clodydd Richard. I'r sawl oedd yn hoffi'r ffilm, roedd cyfle ym mis Gorffennaf i glywed Richard yn ail-adrodd ei rôl fel Gareth mewn addasiad o *Dolwyn* ar gyfer y radio.

Am gyfnod fe gyfunodd Richard ei yrfa ar y llwyfan gyda rhannau bychain mewn sawl ffilm Brydeinig. Wedi iddo chwarae rhan Cymro yn ei ffilm gyntaf, cafodd ddigon o amrywiaeth yn ei ffilmiau nesaf. Yn 1949 fe gymerodd ran *saboteur* Gwyddelig yn y carchar yn *Now Barabbas was a Robber*, a gweithwr dociau yn Lerpwl y flwyddyn ganlynol, yn *Waterfront*. Yn 1951 roedd yn beilot o Norwy yn y llu awyr yn *The Woman with No Name*, ac yn smyglwr o Gaint mewn comedi wan, *Green Grow the Rushes*.

Ond yn anffodus, er gwaetha'i ddechrau da yn y ffilmiau, nid oedd unrhyw hyfforddiant pellach ar gael iddo. Doedd dim lle ym Mhrydain i actor ifanc ddysgu'r grefft cyn iddo gael ei daflu o flaen y camerâu. Yn wir, y teimlad ymysg actorion Llundain ar y pryd oedd bod ffilmiau yn llai pwysig na'r theatr. Roeddent yn falch o'r arian, wrth gwrs, ond ar y llwyfan byddai actor yn ennill enw iddo'i hun. Yn ogystal â'r rhagfarn hon, roedd yna ddiffyg diwylliant ffilm a diffygion yn y diwydiant ffilm ym Mhrydain. Heblaw am y llwyddiant mewn rhai meysydd arbenigol, er enghraifft comediau llewyrchus Ealing, ni fedrai diwydiant ffilm Lloegr gystadlu â chynnyrch stiwdios mawr Hollywood. Roedd y nifer o ffilmiau a gynhyrchwyd ym Mhrydain yn gymharol iach yn y blynyddoedd hyn cyn i deledu amharu ar dorfeydd y sinemâu: rhyddhawyd dros 50 o ffilmiau Prydeinig yn 1950 a dros 40 yn 1951. Fodd bynnag, tueddu i leihau a chael ei gywasgu ymhellach fyddai hanes y diwydiant yn y blynyddoedd canlynol.

Yn y cyfnod hwn fe ddaeth Richard i gysylltiad â'r actor tanllyd o Ddinbych-y-pysgod, Kenneth Griffith. Roedd eu perthynas i fod yn un hir, er nid yn un agos iawn nac yn un esmwyth bob tro. Mae atgofion gonest Kenneth o'i gyd-weithiwr yn ddiddorol yn enwedig gan ei fod yn ei ystyried ei hun yn gyfartal â Richard.

> Fe gwrddais i â Richard Burton am y tro cyntaf tra'n bod ni'n dau yn gwneud y ffilm *Waterfront*. Lleolwyd hi yn Lerpwl ac fel ffilm ar gyfer y sinema, yr oedd yn un eitha difrifol. Stori ydoedd am wraig i forwr oedd wedi bod yn absennol ers rhyw ugain mlynedd, a'i dwy ferch – un ferch dda ac un ddrygionus. Roedd Richard yn canlyn y ferch neis ac roeddwn i'n canlyn y ferch ddrwg. Ac wedyn fe ddychwelodd y tad, a chwaraewyd gan actor arbennig, Robert Newton. Roedd hi'n stori ddiddorol, gywrain, allan-o'r-cyffredin.
>
> Fe ges i a Richard *billing* cyfartal ar y ffilm, ac ar y dechrau roeddwn i'n teimlo'n eitha' agos ato. Roeddwn i ychydig o flynyddoedd yn hŷn nag ef – rhywbeth oedd efallai'n bwysig bryd hynny, a'r ddau ohonon ni yn ein hugeiniau – ac fe welais i Richard fel Cymro ifanc uchelgeisiol. Meddyliais mai ef oedd y dyn mwya golygus yr oeddwn i erioed wedi'i weld. Ond ni threuliais i lawer o amser yn ei gwmni heblaw ar y set; fe ges i'r teimlad nad oedd e'n rhy awyddus i fod yn gyfeillgar gyda fi, ac felly cedwais yn glir ohono. Yn wir roedd e'n un ar wahân, ac fe barodd yr elfen yna o'i gymeriad hyd y diwedd, er y bu newid diddorol yn ein perthynas â'n gilydd.

Heddiw mae'r ffilm yn ymddangos yn hynod o hen-ffasiwn, gydag actorion o dde Lloegr yn ceisio siarad ag acenion dosbarth-gweithiol y gogledd – a'r mwyafrif yn methu'n lân â gwneud. Mae perfformiad

Richard yn un o'r goreuon yn y ffilm, er mai rhan cymeriad anhapus a chwaraeai am ran fwya'r stori: mae'r rhan orau, a'r perfformiad gorau, yn perthyn i Kenneth Griffith. Er gwaetha asesiad Kenneth Griffith o werth y ffilm, roedd y stori yn rhy dywyll ar gyfer y beirniaid, a oedd yn unfryd yn condemnio'r ffilm am ei bod yn ddiflas ac yn ddi-liw.

O'r ffilmiau eraill yn yr un cyfnod, enillodd Richard adolygiadau ffafriol iawn am ei Wyddel yn *Now Barabbas was a Robber* – gan gynnwys sylwadau ffafriol gan y *New York Times*. Enillodd glod uniongyrchol gan un o brif feirniaid y sinema, C A Lejeune o'r *Observer*, a sylwodd fod gan Richard y rhinweddau a oedd yn angenrheidiol ar gyfer *leading man*, gan gynnwys ei allu i sicrhau'r effaith fwyaf gyda'r ymdrech leiaf. Roedd geiriau caredig hefyd am ei gymeriad o Norwy yn *The Woman with No Name*. Chafodd neb lawer o sylw am *Green Grow the Rushes* gan i'r ffilm fethu ag ennill cytundeb i'w dangos: galwodd un o'r ychydig adolygiadau y ffilm yn *'artless British comedy'*.

Ond, er i Richard dderbyn digon o ganmoliaeth am ei berfformiadau, nid yw'r un o'r ffilmiau hyn wedi aros yn y cof. Ni roesant ond ychydig o hwb i'w yrfa: ei waith ar y llwyfan oedd yn denu'r sylw mwyaf.

John Gielgud a Christopher Fry oedd y tu ôl i lwyddiant nesaf Richard ar y llwyfan, a'r cyntaf iddo fel prif-actor. Gyda'r sylw i gyd ar y dramodydd Fry yn dilyn ei lwyddiant gyda *The Lady's not for Burning* a *Venus Observed*, fe benderfynodd Gielgud fanteisio ar y cyfle i gyfarwyddo drama gyntaf Fry, yn Theatr y Lyric, Hammersmith. Roedd *The Boy with a Cart* yn adrodd hanes dyn ifanc sy'n cludo ei fam o gwmpas Lloegr mewn cart yn chwilio am y lle delfrydol i godi eglwys. Roedd yn sialens i Richard wneud y ddrama-un-act yn gredadwy ac yn ddeniadol, gan mai yntau a'i 'fam' oedd yr unig ddau ar y llwyfan am y rhan fwya'r amser. Fe lwyddodd yntau'n ysgubol, gan ennill clod a sylw gan bob beirniad. Cofiai Gielgud ei berfformiad fel un na ellid gwella arno: roedd yn syml, yn ddiffuant ac yn hollol effeithiol. Mae un olygfa yn aros yng nghof pawb a ysgrifennodd am y ddrama, honno pan oedd rhaid i Richard feimio codi eglwys gadeiriol ar y llwyfan. Nododd Richard ei hun fod yr olygfa hon yn gwneud i flew ei war godi a dywedodd mai dyma'r tro cyntaf iddo deimlo'r dylanwad oedd ganddo dros y gynulleidfa.

Un dyn pwysig a sylwodd ar y grym hwn oedd Anthony Quayle, oedd wedi'i ddewis i gyfarwyddo tymor o ddramâu Shakespeare yn

Stratford-upon-Avon ar gyfer Gŵyl Prydain 1951. Yr oedd yn chwilio am actor i gymryd rhan Prince Hal, ac ar ôl ei ymweliad â'r Lyric, fe wyddai ei fod wedi dod o hyd i'r un iawn.

Er y sylw ffafriol, nid oedd i'r ddrama ei hun apêl digon eang i'w chynnal, ac fe ymgeisiodd Richard nesaf ar ddrama arall gan Christopher Fry, *A Phoenix too Frequent*. Roedd y cynhyrchiad yn un anffurfiol mewn theatr yn Brighton, gyda'r awdur ei hun yn cyfarwyddo, ac fe barhaodd am bythefnos yn unig.

Yn y cyfnod hwn, roedd bywyd yn braf i Richard. Yn ystod y dydd byddai'n ymarfer ar gyfer ei ddrama nesaf neu'n ffilmio yn un o stiwdios Llundain; yn achlysurol byddai'n recordio darn radio i'r BBC. Roedd y noswaith ar gyfer y theatr, ac roedd y nos wedyn ar gyfer yfed gyda'i ffrindiau. Yn ei gylch yr oedd llawer o actorion o Gymru, gan gynnwys Donald Houston a Stanley Baker: ymunodd Sybil â'r criw ar gyfer digwyddiadau arbennig, ond ei harfer hi oedd aros gartref. Fe brynodd y pâr ifanc dŷ yn Hampstead, gan fyw yn hanner y tŷ, a rhentu'r gweddill. (Rhwng yr holl waith a wnâi, enillai Richard arian da o'i gymharu â glöwr o Gymro, ond roedd y dyddiau pan fyddai'n afradlon gyda'i arian flynyddoedd i ffwrdd).

Ar ddiwedd haf 1950 fe welwyd yr hyn fyddai perfformiad olaf Richard ar y llwyfan yng Nghymru. Roedd Clifford Evans newydd gael ei benodi'n gyfarwyddwr cynyrchiadau yn Theatr y Grand, Abertawe, ac yn awyddus i sefydlu'r lle fel canolfan y theatr yng Nghymru. Derbyniodd Richard yr her o bortreadu Constantine yn nrama Chekov, *The Seagull*. Ysgrifennodd yr *Evening Post* bortread ffafriol o'r actor – yn broffesiynol ac yn bersonol. Sylwodd yr adolygydd ar ei boblog-rwydd gyda'i gyd-actorion yn ogystal â'i gynulleidfa, ei hiwmor a'i wyleidd-dra. Mae'r erthygl yn brolio y byddai'r Cymro hwn yn goresgyn y llwyfan yn Stratford y tymor nesaf.

Mae'r adolygiadau o'r cynhyrchiad yn llawn clod i Clifford Evans a'i gast – a oedd yn cynnwys Kenneth Williams a Wilfred Bramble, dau a aeth ymlaen i sefydlu gyrfaoedd llwyddiannus fel comedïwyr. Sylwodd yr *Evening Post* yn arbennig ar berfformiad Richard gan nodi ei fod wedi cyfiawnhau popeth a ysgrifennwyd amdano. 'Roedd yna feddwl ac awdurdod o gwmpas popeth a wnaeth. Ni chollodd ei afael ar y cymeriad, ond fe'i gyrrodd gyda disgyblaeth aruthrol tuag at ei derfyn. Roedd yn berfformiad godidog'.

Yr adeg hon cofiai Gwylfa Powell weld Richard yn y capel, a chyfarfu â Sybil am y tro cyntaf. Fe fuont yn trafod y ddrama, er bod adolygiad Gwylfa Powell o berfformiad Richard yn fwy beirniadol na'r *Evening Post:*

> Beth rwy'n ei gofio oedd ei fod e'n cymryd rhan rhywun barddonol ei ffordd, sensitif, ac yn y blaen, ond i fi doedd e ddim yn chwarae'r rhan yn ddigon teimladwy – roedd yr elfen *macho* yn gryf ym mhersonoliaeth Richie, ac i fi, roedd yr ochr honno'n dod mâs yn ei berfformiad. Ond dyna'i duedd e mae'n siŵr; roedd pob part oedd e'n cymryd yn eitha *macho*.

Cofiai Brinley Jenkins gyfarfod â Richard ar fws *Western Welsh* yn mynd i lawr i Abertawe ar ei ffordd i'r theatr:

> Roedd e'n siarad am ei holl athroniaeth ar gyfer y llwyfan – beth oedd e'n meddwl am actio. Mae'r peth yn amlwg erbyn hyn, ond bryd hynny roedd e'n newydd i mi. Roedd e'n sôn bod yn rhaid torri i lawr ar eich symudiadau, torri i lawr nes bod y gynulleidfa yn ymateb i'ch symudiadau lleiaf. Rwy'n credu bod hynny'n agwedd o'i actio – y ffaith ei fod yn cael yr effaith fwyaf am yr ymdrech leiaf – dyna sydd wrth wraidd y llonyddwch 'ma oedd 'da fe ar y llwyfan.

Un ffaith ryfedd i'w nodi yw mai eilydd Richard ar gyfer y rhan oedd Kenneth Williams. Yn ôl ei atgofion, nid oedd wedi trafferthu dysgu'r llinellau oherwydd roedd Richard yn ymddangos cyn gryfed â cheffyl, ac felly cafodd sioc un prynhawn pan aeth i'r theatr ar gyfer y *matinée* a chael Richard yn welw, yn dioddef o ryw wenwyn bwyd. Mewn panic llwyr, eglurodd Kenneth nad oedd yn gwybod yr un llinell o'r rhan, ac erfyniodd ar Richard i fentro ymlaen. Cytunodd Richard er gwaethaf ei gyflwr, ar yr amod fod Kenneth yn nôl peint o gwrw cryf o'r dafarn drws nesaf, a chyda'r moddion hwn fe aeth Richard ar y llwyfan a chynnig perfformiad rhagorol.

Fe ddilynwyd perfformiad olaf Richard ar lwyfan Cymreig gan ei berfformiad cyntaf ar y llwyfan yn Broadway. Ym mis Tachwedd 1950 teithiodd *The Lady's not for Burning* i theatr y Royale, Efrog Newydd, gan greu tipyn o argraff. Cyflog Richard am ei ran oedd $1,000 yr wythnos – pum gwaith yn fwy nag a dderbyniodd ar y llwyfan yn Llundain. Eto, rhan fechan oedd gan Richard yn y perfformiad: pan gyhoeddodd y cylchrawn *Time* lun o'r ddrama, fe ddarllenodd y pennawd '*Pamela Brown, John Gielgud (right) and friend*'. Y 'cyfaill' oedd Richard Burton: roedd ei amser fel brenin Broadway yn dal i fod rai blynyddoedd i ffwrdd.

MEISTR Y LLWYFAN

DROS haf 1951 fe gyflawnodd Richard gampau ar lwyfan Theatr Goffa Shakespeare, Stratford-upon-Avon, a fyddai'n ei sefydlu fel actor mwyaf cyffrous ei genhedlaeth. Er hynny, pan oedd yn cofio'r cyfnod yn ddiweddarach, roedd Richard yn pwysleisio nad oedd y llwyddiant yn anochel nac wedi dod yn hawdd.

> Rwy'n cofio imi bron cael fy nhaflu allan o *Henry IV Rhan Un* oherwydd yn yr ymarferion doedden nhw ddim yn meddwl y byddwn i'n arbennig o dda fel Prince Hal. Trïes i egluro i'r gwahanol bobl berthnasol taw yr hyn roeddwn i'n ceisio'i wneud *oedd* bod yn gymeriad unig, ar wahân – cymeriad oer ac nid y Prince Hal arferol oedd yn taro'i goes ac yn stampio'i draed a bloeddio chwerthin. Ond dydw i ddim yn sicr bod llawer o bobl wedi deall hyn, tan y noson agoriadol. Meddyliais i fy hun efallai y cawn i'r sac ar ôl y noson gynta, ond fe ddatblygodd y rhan yn llwyddiant mawr imi.

Yn wir, fel y tywysog ifanc yn y ddwy ran o *Henry IV*, derbyniodd glod uchel oddi wrth y beirniaid, gan ennill edmygedd di-ben-draw un beirniad y byddai cenedlaethau diweddarach yn ei barchu. Ysgrifennodd Kenneth Tynan bod mawredd Richard yn disgleirio, a bod ei berfformiad yn troi myfyrdod yn arswyd unwaith y siaradai. Mae ei eiriau yn cael eu dyfynnu gan bob un sy'n ceisio dod o hyd i'r hyn oedd yn gwneud perfformiadau Richard yn arbennig: *'Burton is a still, brimming pool, running disturbingly deep; at twenty-five he commands repose and can make silence garrulous'*. Dywed Verdun yr un peth mewn geiriau gwahanol: 'Rwy'n cofio mynd i Stratford i weld Rich yn *Henry IV*. A gweld e'n sefyll fanna ar y llwyfan yn llonydd â'i lygaid glas yn sheino. Ac er bod e ddim yn symud o gwbl, roedd pawb yn edrych arno fe'.

Roedd 'na flas Cymreig arbennig i'r tymor saith mis yn Stratford y flwyddyn honno. Hugh Griffith oedd pennaeth y llwyth Cymreig: y safle priodol i un oedd yn chwarae rhan Owain Glyndŵr. Fe rannodd e'i dŷ yn Oxhill gyda Richard a Sybil a llu o gorgwn. Yn ddiweddarach, fe ymunodd pâr ifanc o'r Gogledd â nhw, sef y telynor Osian Ellis a'i wraig. Cofia yntau:

> Deuthum i Theatr Stratford-on-Avon yn ystod Gŵyl Prydain yn 1951 i ganu'r delyn yn y gerddorfa o dan arweiniad Leslie Bridgewater. Daeth y gwahoddiad yn arbennig gan fod angen cyfeilio gyda'r delyn i gân Gymreig, Y Gwŷdd, a genid gan ferch Owain Glyn Dŵr, Lady Mortimer, yn nrama Shakespeare, *Henry IV, Rhan Un*: yr actores oedd Sybil Burton. Hugh Griffith a gyfansoddodd y geiriau Cymraeg ar gyfer y golygfeydd lle ceir nodyn gan Shakespeare: '*Glendower speaks to Lady Mortimer in Welsh, and she answers to him in the same*'. Ac ychydig linellau wedyn: '*A Welsh song sung by Lady Mortimer*'.
>
> Wrth gyfeilio i Sybil byddwn yn symud fy nhelyn yn nes ati, i gongl y llwyfan – ond allan o'r golwg – tra byddai Owain Glyn Dŵr yn tarannu megis dewin:
>
>> *And those musicians that shall play to you*
>> *Hang in the air a thousand leagues from hence*
>> *And straight they shall be here*
>
> a byddai sain y delyn yn sisial fel preliwd i lais Sybil. Sylwais fel y byddai'r actor adnabyddus, Michael Redgrave – Hotspur yn y ddrama – yn nesáu i wrando arnaf bob tro ac meddwn, yn ddiniwed, wrth Hugh a Richard: 'Mae'n rhaid ei fod yn gwerthfawrogi'r gerddoriaeth – dyn dymunol iawn'; ond chwerthin oedd eu hymateb hwy.
>
> Cefais wahoddiad gan Hugh Griffith i aros yn yr 'Old House', Oxhill – pentref gwledig tua wyth milltir i'r deau o Stratford. Roedd ef a'i wraig, Gwnda, a Richard Burton a'i wraig, Sybil, wedi rhentu'r tŷ dros gyfnod yr Ŵyl, a daeth fy ngwraig innau, Rene, i aros gyda mi. Roedd Gwnda yn magu corgwn ac yn eu harddangos mewn eisteddfodau cŵn. Rhoddodd Hugh enwau Cymreigaidd iawn iddynt: cofiaf am Branwen, Bendigeidfran, Matholwch, ac yn y blaen. Yn ffodus roedd ystablau ger y tŷ lle cedwid y cŵn rhag eu bod dan draed!
>
> Roeddem ein tri yn rhannu rhent yr 'Hen Dŷ', ac yn rhannu'r biliau bwyd rhwng tri, ond, yn rhyfedd iawn, dim ond Richard a Hugh oedd yn talu am y diodydd. Ysgwn i paham? Mae'n rhaid nad oeddwn yn gwerthfawrogi gwin bryd hynny!

Roedd y corgwn hefyd yn aros yng nghof Meredith Edwards, pan gofiai ei ymweliad â'r criw.

> Dwi'n cofio mynd i Stratford ar fy ngwyliau, wedi imi orffen rhyw ffilm. Fe es i i'r theatr a gofyn i rywun, '*Please can you tell me where*

Hugh Griffith & Richard Burton have got the house'. 'Oh yes,' medde
fo, *'you go down the road here and then you'll suddenly be greeted by
hundreds of corgis – that's the house'.* A fe es i yno ac ie, roedden
nhw'n brido'r corgwn yno – a dyna lle roedden nhw i gyd yn byw
gyda'i gilydd. Roedd hi'n hyfryd bod yn eu cwmni nhw – roedd yn fyd
Cymreig hollol a Chymraeg.

A dyna beth sy'n dod i'm meddwl i rwan yw fy mab i, Peter – roedd
e'n hogyn bach, a Richard yn ei gario fe ar ei ysgwyddau, a doedd
Richard ddim yn becso o gwbl be oeddem ni'r oedolion yn ddweud –
dileit Richard oedd bod efo plant a chwarae gyda'r plant. Doedd e
ddim yn ymuno yn y sgwrs o gwbl – roedd e'n chwarae efo'r plant.

Er bod Hugh ac Osian a Rene ei wraig yn siarad Cymraeg gyda'i gilydd
(a chyda'r corgwn!), Saesneg oedd yr iaith rhwng Richard ac Osian a
hefyd, mae'n ymddangos, rhwng Richard a Hugh. Treuliodd y ddau
oriau yn trin a thrafod y dramau a'u dulliau o chwarae ac ymarfer.

Gyda'r cynnwrf a grëwyd gan y perfformiadau a'r adolygiadau, fe
ddaeth nifer o enwogion y sgrîn a'r llwyfan i brofi'r cyffro drostynt eu
hunain, ac i fwynhau cwmni afieithus y coloni Cymreig. Ymhlith y
sawl a ddenwyd gan dalent a swyn Richard oedd Humphrey Bogart
a'i wraig Lauren Bacall, a byddai cyfeillgarwch Richard a 'Bogie' yn
talu'n ôl ar ei ganfed yn y dyfodol. Medd Osian Ellis:

> Byddai Richard a Hugh yn gwahodd actorion i swper ar nos Sul –
> dyna'r unig amser rhydd oedd gennym, a deuai actorion megis Robert
> Hardy acw (ef oedd yn chwarae Fluellen yn *Henry V*) a Rachel Roberts
> – actores wych, ond braidd yn wyllt, mi dybiwn, ac fe ddaeth Charles
> Laughton atom i dreulio ychydig oriau. Ar ôl swper rhaid oedd i mi roi
> cychwyn i Noson Lawen gyda fy nhelyn, a chlywsom Richard a Hugh
> yn adrodd barddoniaeth, a chawsom ddatganiad gwefreiddiol gan
> Charles Laughton.

Cymry eraill a brofodd haelioni Richard yn Stratford oedd Brinley
Jenkins a'i wraig. Ond er ei fod yn hael nid oedd Richard yn afradlon
â'i arian bryd hynny:

> Buom ni lan pan oedd e'n dechrau yn Stratford a chawsom ni
> ddiwrnod hyfryd a dweud y gwir gyda fe a Sybil. Aethom ni i gael
> bwyd gyda fe yn y theatr – criw mawr ohonom ni. Ac rwy'n cofio er ei
> fod yn hael iawn gyda'i arian, roedd 'na agwedd o'i gymeriad a oedd
> yn ddyn busnes. Ar ddiwedd y pryd fe ddwedodd e: *'I'll pay for him,*

him & her – everybody else can pay for themselves'. Wrth gwrs, fe dalodd e amdanom ni, gan iddo ofyn i ni ddod lan.

Fe gymerodd Sybil rannau bychan yn y dramâu ac fe ddaeth yn ffrindiau arbennig â Rachel Roberts, actores o Lanelli. Datganodd Sybil yn ddiweddarach ei bod yn dwlu ar fywyd y theatr – y clyweliadau, yr ymarferion, y toriadau a'r clebran – pob agwedd *heblaw* y perfformio ei hunan! Dywedodd iddi fynd i'r llwyfan yn nramâu Shakespeare yn gwisgo wats, â farnais ar ei hewinedd. Ond yn y pendraw fe gefnodd ar y llwyfan a chanolbwyntio ar ei bywyd priodasol. Awgrymodd Richard â'i dafod yn ei foch ei fod wedi mynnu ei bod hi'n gwneud hyn oherwydd roedd 'na berygl y câi hi adolygiadau gwell nag ef!

Er i Richard gyrraedd y pinacl yng ngolwg y beirniaid gyda'i Prince Hal, cytunodd pawb nad oedd rhan y carwr ifanc, ysgafn ei galon, Ferdinand, yn *The Tempest* yn iawn i Richard. O gofio'i helyntion oddi ar y llwyfan, mae'n eironig na fu erioed yn gyffyrddus yn chwarae rhannau rhamantus.

Roedd yr adolygiadau yn gymysg hefyd am ei *Henry V.* Ar yr un llaw fe nododd y papurau Cymreig â phleser y ffaith fod Cymro yn sefyll ar y llwyfan enwog ac yn gallu adrodd y llinell '*For I am Welsh* . . .' gydag argyhoeddiad. Ar y llaw arall, sylwodd llawer o'r beirniaid ar ei ddiffyg cynhesrwydd yn y rhan: wedi i Richard bortreadu'r tywysog ifanc fel dyn ifanc ar wahân, yn aros am ei gyfle, nid oedd yr un rhinweddau yn briodol ar gyfer brenin. Ond ysgrifennodd Olivier ato, gan gynnwys yr adolygiadau digalon a dderbyniodd yntau am ei bortread cyntaf o'r brenin Henry.

Roedd y cyfnod hwn hefyd yn ffynhonnell llawer o'r straeon fyddai'n rhan o stoc Richard am flynyddoedd. Fel rhagarweiniad i araith arwrol y brenin – '*Once more unto the breach . . .*' – neidiai Richard ar *springboard* a glanio ar gefn ceffyl. Effeithiol iawn, yn ôl pob sôn, ond yn symudiad oedd yn ddibynnol ar roi popeth yn ei le priodol. Un tro newidiodd Hugh ei wisg fel Archesgob Caergaint am wisg milwr, a symud y ceffyl. Glaniodd Richard ar fan tyner, a chyda'i wynt i gyd wedi ei fwrw ohono, bu'n rhaid iddo adrodd ei linellau ben-i-waered. Roedd chwerthin Hugh o ochr y llwyfan yn amlwg i bawb. Talodd Richard y pwyth yn ôl mewn perfformiad arall – fe symudodd yn agosach nag arfer at Hugh ar gyfer darn lle roedd yn codi'i gleddyf, a bwrw Hugh lle roedd e'n brifo.

Ddiwrnod yn unig ar ôl diwedd y tymor yn Stratford, fe hwyliodd Richard a Sybil i Efrog Newydd ar gyfer ei gyfle cyntaf i gymryd y brif ran ar Broadway. Y ddrama oedd *Legend of Lovers*, cyfieithiad o waith Ffrangeg a oedd yn fersiwn cyfoes o chwedl Orffews ac Eurydice.

Unwaith eto, talodd y fenter ffordd i Richard wrth iddo dderbyn mwy o adolygiadau canmoliaethus. Dywedodd y *New York Times: 'Mr Burton gives an intelligible and persuasive performance'*. Hwn oedd y tro cyntaf i Hugh Griffith ymddangos ar Broadway – fel tad cymeriad Richard – ac er iddo gael profiad digon annymunol, fe fu hynny'n sail i un o hoff straeon Richard am flynyddoedd lawer. Yn anfodlon â'r newidiadau a oedd yn gwanhau'r ddrama, fe gerddodd Hugh allan o'r ymarfer, gan ddatgan ei fod ar ei ffordd adre. Ond nid oedd un llong yn y harbwr yn hwylio i Brydain, ac felly dychwelodd i'r gwesty. 'Rwy' wedi dod nôl,' meddai wrth Richard, 'oherwydd nid fi yw Iesu, a 'dwy ddim yn gallu cerdded dros yr Iweryddon'.

Mae hwn yn fan addas i ystyried barn actorion eraill am Richard. Fe roddodd Anthony Quayle gyfweliad manwl i'r awdur Paul Ferris lle'r oedd yn feirniadol o rai o ddulliau Richard. Wrth sôn yn benodol am berfformiad Richard fel Prince Hal ar y llwyfan yn Stratford, ei brif gŵyn oedd ei duedd hunanol. Arferai Richard ddwyn y sylw i gyd hyd yn oed pan oedd yn rhannu golygfeydd lle dylai weithio ar y cyd â'r actorion eraill. Roedd Richard yn newid rhythmau'r golygfeydd i siwtio'i hun, heb ystyried beth oedd hynny'n golygu i bawb arall ar y llwyfan. Dywedodd Quayle iddo siarad â Richard i geisio ganddo newid ei berfformiad, ond peidiodd Richard â gwrando. Mae'n siŵr fod hyn yn rhwystredigaeth i Quayle: yn ogystal â chyfarwyddo *Henry IV*, ef a chwaraeai ran Falstaff. Roedd y portread o Prince Hal fel dyn ifanc balch, difrifol, yn tanseilio'r comedi yr oedd Falstaff yn arfer ei gynnig.

Er gwaetha'r sylwadau hyn, roedd Quayle yn uchel ei glod am ddoniau amlwg Richard: ei wyneb, ei lais a'i bresenoldeb deniadol. Sylwodd un arall o'i gyfoedion, Kenneth Griffith, ar y rhinweddau hyn, er iddo ef hefyd awgrymu mai dyna'r cyfan oedd gan Richard i gynnig.

> Doeddwn i erioed wedi ei ystyried yn actor *mawr*, ac rwy'n credu y byddai ef ei hun yn cytuno. Fodd bynnag, fe'i gweles yn Stratford-on-Avon, wedi'i amgylchynu gan actorion gwell, ond oherwydd ei fod mor dawel ac ymlaciedig ac â chymaint o hunan-hyder, roedd sylw

pawb wedi'i hoelio ar y dyn golygus hwn. Roedd e'n ymwybodol o effaith ei brydferthwch – ond nid oedd yn ymffrostio ynddo. Roedd e'n sylweddoli nad oedd rhaid iddo wneud llawer i ddenu sylw.

Un arall a chanddo eiriau beirniadol wedi iddo gyd-weithio ar y llwyfan â Richard oedd ei gyfaill Hugh Griffith. Fe wnaeth y sylwadau hyn rai blynyddoedd yn ddiweddarach, a phetai'r geiriau wedi dod allan o geg unrhywun arall, efallai byddai'n hawdd eu cymryd fel cenfigen. Ond ymddengys y feirniadaeth hon yn onest ac yn ddidwyll.

Rwy'n meddwl fod ei 'lonyddwch' yn rhyw fath o dric: un o'r triciau sy'n deillio o'i feithrin yn y byd amaturaidd, ac a gafodd ei blannu ynddo fo o'r dechrau. Credid y byddai'r triciau hyn yn ei gario i fewn i'r theatr broffesiynol, ond dydw i ddim yn siŵr iddynt wneud.

Fe geisiodd Richard gymryd mantais o'r triciau. Roeddent yn drawiadol iawn pan gyfunwyd hwy a'i wyneb, ei bersonoliaeth, ei holl bresenoldeb ar y llwyfan, ond fe drïes i ei argymell i beidio â defnyddio'r triciau gymaint, i beidio â dibynnu arnynt. Fodd bynnag, doedd o ddim yn fodlon derbyn y cyngor gan un a oedd wedi bod yn y theatr broffesiynol ers tipyn.

I roi enghraifft, os nad wyt ti'n gwybod beth arall i wneud ar y llwyfan ac os wyt ti'n ddigon craff, gelli di edrych ar ymyl y balconi a chadw dy lygaid yno. Wrth i ti syllu ar yr un fan – ar lamp neu rywbeth ar ochr y cylch – elli di byth â gwneud camgymeriad oherwydd bydd pawb yn edrych arnat ti. Wel, fe wnaeth Richard hyn pan oedden ni'n chwarae tad a mab yn Efrog Newydd yn *Legend of Lovers*. Roeddwn i'n siarad ag o, fel tad yn siarad â'i fab, ac yn sydyn fe sylwais nad oedd o'n gwrando arna i o gwbl! Yr oedd o'n syllu ar ryw bwynt rhywle yn y balconi. Fe arhoses i. Ac wedyn fe es i lan at ei wyneb ac edrych ar hyd y llinell yr oedd o'n syllu arni, a dywedais, '*What are you looking at? I'm talking to you*'. 'Dw i ddim yn credu y defnyddiodd o'r un tric eto – dim gyda fi, beth bynnag. Ond does dim dwywaith ei fod yn gwneud y tric oherwydd ei fod yn synhwyro y dylai ei wneud.

Mae'n rhaid i bob actor ddechrau rywle, ac mae digonedd o driciau y gall eu mabwysiadu. Ond ddylet ti ddim ddechrau'r daith gyda nhw – byddi di'n bwrw wal frics wrth wneud hynny.

Fodd bynnag, doedd dim llawer o amser i Richard a Hugh ddarganfod y balans cywir yn *Legend of Lovers*. Agorodd y cynhyrchiad ar Ŵyl

San Steffan, 1951, ond fe'i caewyd wedi rhyw bythefnos. Roedd y prif fai ar y newidiadau i'r ddrama yr oedd y rheolwyr Americanaidd wedi mynnu eu gwneud: fe gollodd y gwaith lawer o'i gyfrwyster a'i arwyddocâd.

Roedd Richard yn falch o ddychwelyd i lwyfan Llundain, gan ddisgwyl am ei gyfle i fod yn seren yn y *West End*. Fe gymerodd y prif ran yn *Montserrat*, mewn cynhyrchiad gan Binkie Beaumont yn theatr y Lyric, Hammersmith. Mae cymeriad Montserrat yn swyddog arwrol ym myddin Sbaen yn ne America, un y mae pwysau arno i fradychu ei gyfeillion yn y chwyldro. Roedd y ddrama wedi bod yn llwyddiant gyda'r beirniaid ar *Broadway*, gydag Emlyn Williams yn chwarae rhan yr holwr di-drugaredd, Izquiredo. Y gobaith oedd y byddai cynhyrchiad llwyddiannus yn cael ei drosglwyddo i un o theatrau enwog y brifddinas, ond methiant fu'r fenter ar y cyfan. Unwaith eto, roedd Richard yn gweithio gydag un o'i gyd-Gymry – Meredith Edwards y tro hwn.

> Roedd Richard yn dipyn o enw bryd hynny, ac ar fin mynd i Hollywood os dwi'n cofio'n iawn, ond perswadiwyd ef i gymryd rhan Montserrat yn y Lyric, Hammersmith. Ac wn i ddim pam – roedd o'n bart bendigedig ac roedd Richard yn fendigedig ynddo – ond roedd o'n casáu'r peth. Ges i'r argraff ei fod wedi mynd i fewn i'r ddrama yn erbyn ei ewyllys. Roedd gennym ni'n dau olygfa rownd y ford – heb yr un gair i'w ddweud tra bod y lleill yn chwarae. A'r unig beth oedd ar ei feddwl o bryd hynny, oedd gymaint yr oedd yn casáu'r rhan. Roedd o'n dweud y drefn yn Gymraeg wrtha'i. 'Pam ddiawl gymres i'r rhan 'ma? Mae'n gas gen i'r peth. Dw i ddim iws yn y peth'. Roedd o'n gweithio ei hunan i fyny. 'Bydd ddistaw,' medde fi, 'byddan nhw'n dy glywed di. Paid – wyt ti'n dda yn y peth.' 'O, beth sy'n bod arna'i?' medde fo. 'Mae'n gas gen i. Gorau po gynta y bydd y peth yn dod i ben'.
>
> Wedyn daeth y *notices* allan, ac un o'r golygfeydd ddaru nhw ddewis oedd yr olygfa 'ma gyda Richard a fi. *'That scene,'* medde fo, *'Richard Burton and Meredith Edwards by the table. It was obvious even though he had no words to say that Montserrat, Richard Burton, was suffering very much'*. Ychydig wydden nhw pam, ynde! Nid *method acting* oedd o – roedd o'n wirioneddol yn casáu'r peth.
>
> Mae hynny'n dangos am y *critics* i chi, ynde? Roedden nhw'n sôn am Richard – *'his stillness'* ac yn y blaen – mae'n siŵr bod meddwl Richard yn rhywle arall . . .
>
> Roeddwn i'n chwarae Luthan, yr Indian 'ma oedd â saith o blant ganddo, os dw i'n cofio. 'Dwi'n methu cofio rhifau – os oes rhifau mae

'na blanc yn dod. Rwan, roedden nhw'n mynd i'm saethu i, a saethu'r teulu wedyn, ac roedd gen i un olygfa fendigedig pan oeddwn i'n gorfod crefu ar Richard achos fo, Montserrat, oedd yn medru achub bywydau fy mhlant i. Medde fi, '*Save us please – I have five ... six ...*' doeddwn i ddim yn cofio faint o blant oedd gen i! A medde Richard, 'Gwna dy blydi feddwl lan – *seven*'. Roeddwn i bron â hollti chwerthin. Dych chi ddim ym meddwl am actorion yn medru gwneud pethau fel 'na heb i'r gynulleidfa wybod eich bod chi'n wneud e, ynde?

Mae adroddiad llygad-dyst arall i'r ddrama hon gan actor arall o Gymro, Kenneth Griffith – er mai prif actor arall y cynhyrchiad a greodd yr argraff fwyaf arno ef.

Yn *Montserrat* roedd Richard yn actio gydag un o'r actorion gorau yr wyf erioed wedi'i weld, ond gan ei fod wedi marw'n ifanc does neb wedi clywed amdano fe heddiw – Noel Willman. Fe weles i e'n gwneud pethau creadigol nad anghofia'i byth mohonyn' nhw, ond a oedd yn '*caviar for the generals*', fel y dywedodd Shakespeare. Fyddai'r cyhoedd byth yn sylwi.
Cymerai Noel Willman ran yr holwr yn *Montserrat*, ac er fod bron hanner y ddrama yn troi o'i gwmpas ef, ysgrifennodd Kenneth Tynan adolygiad yn llawn canmoliaeth am Richard Burton, heb yr un gair bron am Willman!

Roedd gan berfformiad Richard yn *Montserrat* oblygiadau pwysig ar gyfer ei ddyfodol. Fe ddaeth cynrychiolydd *Twentieth Century Fox* i'r Lyric, sef George Cukor. Roedd yn chwilio am actor ar gyfer rhan Philip Ashley, gŵr bonheddig o oes Fictoria, arwr stori *My Cousin Rachel*. Argymhellodd Cukor i bennaeth y stiwdio, Darryl F Zanuck, y dylai wneud cynnig i Richard.

Cofiai Richard ei fod yn benderfynol na fyddai'n fodlon derbyn ceiniog yn llai na £7,000 am y ffilm. Daeth y cynnig oddi wrth y stiwdio: prif rannau mewn tair ffilm, yn talu $50,000 yr un. Cytunodd Richard ar unwaith, a dweud wrth ei ffrindiau ei fod wedi gorfod ymladd cynrychiolydd y stiwdio am bob dimau! Roedd y fargen yn fuddiol hefyd i Alexander Korda, y gŵr yr oedd Richard dan gytundeb iddo. Talodd yntau am barti enfawr i ffarwelio â Richard, ac felly pan hedfanodd dros yr Iwerydd roedd ganddo ben tost ofnadwy!

Milwr; Tywysog; Brenin

CYRHAEDDODD Richard Hollywood pan oedd yr hen drefn yn bodoli o hyd. Roedd y diwydiant yn dal yn gaeth i drefn y *Production Code*, a oedd yn llawn rheolau i amddiffyn moesau'r gwylwyr. Er enghraifft, roedd sgript wreiddiol ffilm gyntaf Richard yn Hollywood, *My Cousin Rachel,* yn cynnwys golygfa lle gwelwyd migwrn Rachel yn ymddangos o dan ei gŵn. Roedd hyn yn ormod i swyddogion y *Motion Picture Association of America* a fynnodd fod y migwrn yn aros allan o'r golwg!

Yn yr 'hen' Hollywood roedd y stiwdios yn sefydliadau hollbwysig, yn rheoli bywydau'r actorion a oedd o dan gytundeb iddynt. Doedd dim llawer o hawl gan y sêr ynglŷn â'u dewis o rannau, hyd yn oed: y stiwdios oedd â'r gair olaf. Roedd y stiwdios hefyd yn ofalus iawn o ddelweddau eu heiddo dynol. Gwyddai'r cylchgronau fod yn rhaid iddynt bortreadu'r sêr fel cymeriadau glân, di-fai, neu golli cydweithrediad y stiwdios. I fewn i'r byd afreal, dyfeisiedig hwn y camodd Richard gan sefyll allan fel goleudy ymysg canhwyllau. Dyfynnwyd un o ddynion cyhoeddusrwydd *Twentieth Century Fox* yn dweud fod llinellau Richard amdano'i hun filwaith gwell nag unrhywbeth y gallai ef eu dyfeisio.

Addasiad oedd *My Cousin Rachel* gan y cynhyrchydd, Nunally Johnson, o waith Daphne du Maurier – melodrama â thebygrwydd cryf i waith arall yr awdur, *Rebecca,* a roddodd y cyfle cynta i Laurence Olivier ymddangos mewn ffilm yn Hollywood. Erbyn i Richard gyrraedd Hollywood roedd y cyfarwyddwr, George Cukor, wedi cerdded allan, a thrafferthion ynglŷn â'r sgript yn golygu mwy o oedi.

Ond cyn gynted ag y dechreuodd y camerâu droi, fe wnaeth Richard argraff dda ar y criw trwy ei ymroddiad a'r ffordd yr oedd yn mynnu rhoi'r perfformiad gorau posibl. Roedd ei ddiddordeb yng ngwaith y technegwyr hefyd yn sicrhau eu bod yn cymryd ato, ac fe nododd ymwelwyr i'r set nad oedd Richard yn encilio i'w ystafell wisgo rhwng ei olygfeydd, ond yn aros gerllaw gan adrodd straeon, canu a diddanu'i gynulleidfa. Canodd y cyfarwyddwr glodydd Richard gan ddweud pa mor hawdd yr oedd i weithio gydag ef. Fodd bynnag, yn ôl yr adroddiadau o'r set, roedd ei gyd-seren, Olivia de Havilland, yn dipyn mwy oeraidd tuag ato. Roedd hi'n un o sêr sefydlog Hollywood, wedi ennill dau Oscar, ac wedi gweithio gyda'r mawrion i gyd. Er i'r ddau weithio'n dda yn broffesiynol gyda'i gilydd, dichon y syweddolai hi mai ef oedd yr un â'r dyfodol disglair o'i flaen. Yn ei adroddiad o'r set, rhoddodd gohebydd y cylchgrawn poblogaidd *Saturday Evening Post* y rhan fwyaf o'i sylw a'i ganmoliaeth i'r Cymro ifanc. Fe'i cymharwyd â mawrion y byd actio o'r gorffennol, gan sôn am ei egni a'i nwyd. 'Mae'n anodd iddo agor drws, arllwys diod neu chwythu ei drwyn heb wneud golygfa ddramatig fechan allan ohonynt. Yr act gyntaf, yw'r byd i Burton a beth bynnag mae'n ei dweud – a diolch i'w ffraethineb Celtaidd, mae ei linellau fel arfer yn rhai da – mae'n hoff o feddiannu ei lwyfan'.

Mewn adolygiad o'r ffilm yn *Variety* – papur y diwydiant ffilmiau yn Hollywood – cafwyd un camgymeriad ac un darogan cywir. Ysgrifennodd y beirniad mai actor *Saesneg* oedd Richard, ond proffwydodd y byddai galwadau eraill arno i chwarae'r prif rannau ar ôl ei berfformiad cryf yn ei ffilm gyntaf yn Hollywood.

Derbyniodd wobr y *Golden Globe* am ei berfformiad, a chael ei enwebiad cyntaf ar gyfer *Oscar*. Y syndod yw mai fel yr actor *ategol* gorau y cafodd ei enwebu, er iddo ymddangos mewn dros 90% o olygfeydd y ffilm. Mae'n debyg i'r stiwdio benderfynu bod llai o gystadleuaeth yn y categori hwnnw, ond roedd y cynllun yn aflwyddiannus.

Roedd ei rôl nesaf yn wrthgyferbyniad llwyr: yn *The Desert Rats* gwisgai Richard iwifform milwrol er mwyn portreadu swyddog a oedd yn arweinydd dynion. Y lleoliad oedd gogledd Affrica yn ystod brwydrau'r Ail Ryfel Byd, ac fe ddefnyddiwyd rhai lluniau *newsreel* o'r ymladd i ychwanegu at gywirdeb y ffilm – er i'r gweddill gael ei wneud yn Palm Springs, Califfornia. Gwerthfawrogodd Richard y cyfle i weithio gyda James Mason, a mwynhaodd aduniad gyda Robert Newton – un o'i gyfeillion yfed ers dyddiau *Waterfront*. Roedd y ffilm yn rhy ffurfiol i ennill adolygiadau arbennig, er i berfformiad Richard sefyll allan unwaith eto. Meddai'r *Monthly Film Magazine*: 'Mae Richard Burton yn dwyn personoliaeth egnïol a thrawiadol i'w gymeriad.'

Roedd y prosiect nesaf yn agoriad rhagorol i Richard. Gan fod cyfrwng newydd, teledu, yn erydu eu cynulleidfaoedd – a'u helw – fe fuddsoddodd stiwdios Hollywood arian mewn technoleg newydd. Y bwriad oedd gwneud eu ffilmiau yn fwy o atyniad – yn fwy o sbectacl nag y gallai'r teledu ei gynnig. *Cinemascope* oedd yr enw a roddwyd i'r dechnoleg newydd, ac roedd i'w defnyddio am y tro cyntaf gan *Twentieth Century Fox* mewn epic Rhufeinig, *The Robe*. Adroddai'r ffilm hanes swyddog Rhufeinig sy'n cymryd rhan yng nghroeshoeliad Crist, ond sy'n cael troëdigaeth ac yn marw dros ei ffydd. Mae cymeriad y swyddog, Marcellus, yn ymddangos yn 96% o olygfeydd y ffilm, ac yn adrodd 316 o areithiau, allan o ryw 700 a welir yn y ffilm i gyd.

Felly, roedd dewis Richard yn dipyn o gambl i'r stiwdio, ac i'w phennaeth chwedlonol Darryl F Zanuck. Roedd costau uniongyrchol y ffilm yn $4.5 miliwn, gyda chostau ychwanegol yn dod o ddatblygu'r dechnoleg newydd. Ond roedd popeth yn y ffilm yn dibynnu ar berfformiad actor nad oedd wedi ennill enw iddo'i hun fel seren ffilm hyd hynny – nid oedd y ddwy ffilm a wnaeth yn Hollywood wedi eu rhyddhau eto.

Unwaith eto, rhoddai Richard bopeth i'w berfformiad ar y set. Roedd yn codi am chwech bob bore i fynd i'r stiwdio, ac fe roddai berfformiad angerddol, gan ddangos anfodlonrwydd pryd bynnag y syrthiai ei berfformiad yn is na'r safonau uchel a osodai iddo'i hun.

Fe ddaeth Emlyn Williams i aros gyda'r Burtons yn y cyfnod hwn, ond gan ei fod yn ymddangos ar y llwyfan yn y nos, fe welodd lawer ar Sybil ond prin ddim o Richard.

> Ond ar ddwy noson fe ddaeth Richard i'r theatr lle roeddwn i'n chwarae Dickens – gweithred hael gan fod rhaid iddo weithio'n gynnar y bore trannoeth. Yn ogystal, fe ddaeth â sawl un arall – Lauren Bacall, Humphrey Bogart, Stewart Granger, Robert Newton, Clifton Webb. Roedden nhw i gyd yn hyfryd ond gwyddwn nad oedden nhw wedi dod ar eu liwt eu hunain. Dyna i chi deyrngarwch Cymreig! Ond heblaw hynny, y cyfan a welais i o Richard oedd tomen enfawr o ddillad wedi'u gadael bob dydd i Sybil eu golchi. Roedd pob dilledyn wedi'i orchuddio gan ddarnau o gotwm brown – ôl y ffaith ei fod wedi bod yn gwisgo toga.

Gyda rôl Marcellus fe gyrhaeddodd Richard glawr un o gylchgronau mwyaf poblogaidd America, *Look*. Yn wahanol i rai o'r portreadau gynt, lle cafodd P H Burton y sylw, yn yr erthygl hon nid oes dwywaith mai glöwr yw ei dad. Mae'n ymhyfrydu yn ei wreiddiau dosbarth-gweithiol, ac yn gwneud ambell i sylw llawn hiwmor: '*My family, all coal miners, married above themselves. We could hardly have done otherwise*'. Mae Richard hefyd yn pwysleisio ei Gymreictod, (teitl y darn yw '*The Wild Welshman*'), er ei fod yn gor-ddweud yn rheolaidd, gan hawlio er enghraifft nad oedd yn siarad ond Cymraeg nes iddo fod yn 14 oed.

Mae Richard yn rhannu'r clawr gyda Jean Simmons, sy'n llawn clod i'w chyd-seren. Ac er ei bod hi'n briod â Stewart Granger, roedd y ddau yn gariadon, ac yn y lluniau ohonynt sy'n cyd-fynd â'r erthygl, mae'n hawdd iawn gweld yr edmygedd yn ei hwyneb. (Dichon fod y cylchgrawn yn ceisio dweud rhywbeth wrth y darllenwyr gan fod llun hefyd o Richard a'r actores Dawn Addams, un arall o'i gariadon).

Mae ffaith a dychymyg yn ymblethu (fel mewn cymaint o achosion eraill ym mywyd Richard) pan geisir olrhain ei berthnasau y tu allan i'r gwely priodasol. Does dim llawer o fanylion pendant, nac ychwaith enwau'n cael eu cynnig: dim ond yr awgrym fod Richard yn ceisio sefydlu rhyw fath o record. I'r pant y rhed y dŵr, medd y ddihareb, ac wrth i'r si fynd ar led ym myd mewnblyg y ffilmiau fod yna ddyn rhywiol, swynol ar gael, fe ddaeth y merched chwilfrydig i ddrws ei ystafell wisgo i weld drostynt eu hunain. Aeth y straeon o gwmpas y stiwdio – '*with this guy you bring your own mattress*' – ac fe ledaenodd y chwedlau drwy Hollywood. Ceir straeon am actores enwog (ddi-enw) yn gwisgo ond ei chot ffwr yn dod ato a chyflwyno'i hunan.

Yr oedd Richard yn y sefyllfa ryfedd o allu lleddfu ei chwantau rhywiol gyda chymaint o ferched ag y dymunai, heb orfod ystyried unrhyw oblygiadau niweidiol, ond medrai ei ymddygiad beryglu llwyddiant. Am bob merch a swynwyd gan Richard, byddai gŵr yn cael ei dramgwyddo – a olygai y byddai carfan yn Hollywood na faddeuai byth iddo. Weithiau byddai Richard yn ddigon ffôl i ddechrau ar garwriaeth heb feddwl am y canlyniadau – er enghraifft, yr oedd Sybil ac yntau'n rhannu tŷ gyda Stewart Granger a Jean Simmons!

Mae'r trywydd hwn yn arwain at y cwestiynau anochel: faint wyddai Sybil am anffyddlondeb ei gŵr, a sut oedd yn ymateb? Does dim llawer o le i amau ei bod yn ymwybodol o'r enw a gâi Richard. Fodd bynnag, dichon ei bod yn dewis bod yn ddall – fel sawl un na all wynebu ffeithiau annymunol. Yr oedd yn well ganddi dderbyn eglurhad ei gŵr am ei symudiadau, neu straeon y sawl a ddywedai gelwydd ar ei ran, yn hytrach na chreu stŵr a pheryglu'i phriodas â'r un yr oedd yn ei garu. Ceir arwydd o sut yr oedd Sybil yn delio â chrwydriadau ei gŵr. Dywedir iddi ddweud wrth Richard yn wythnos gyntaf ei affêr â rhywun: 'Mae hi'n ferch neis: paid â gwneud unrhywbeth i'w brifo'. Ac yn yr ail wythnos: 'Richard, paid â gwneud unrhywbeth i'n brifo *ni* '.

Fel arfer, hyd yn oed os nad oedd Richard yn cadw'i gariadon yn gyfrinach, o leiaf roedd yn ofalus i beidio â fflyrtian yn agored. Torrwyd y rheol hon nos Galan 1952, pan aeth Richard a Sybil i'r parti mwyaf dethol i drigolion Hollywood, a'r *champagne* drutaf yn llifo fel dŵr. Ar droad y flwyddyn, â phob gŵr arall wedi dychwelyd at ei wraig, roedd Richard yn dawnsio gyda Jean Simmons. Oni bai eu bod yn cofleidio mor ddwys, byddent wedi sylwi fod Sybil yn agosáu: ei gweithred gyntaf yn y flwyddyn newydd oedd taro'i gŵr ar ei wyneb â chlec a atseiniodd ar draws yr ystafell.

Roedd y digwyddiad cyhoeddus hwn yn ormod, ac felly yn fuan yn y flwyddyn newydd fe symudodd Richard a Sybil allan o dŷ Granger a Simmons, i fwthyn bach a logwyd oddi ar James Mason a'i wraig. Teg nodi mai un *bach* ydoedd hefyd, gan fod y ddau yn ofalus â'u harian, ac fe gâi Richard yr enw am fod yn un cybyddlyd, yn ôl safonau Hollywood. Roedd Sybil yn fodlon coginio a glanhau'r tŷ ei hunan: byddai Richard yn benthyg ceir ei ffrindiau i arbed arian ar logi un ei hunan. Roedd yr agwedd hon yn rhywbeth arall a wnaeth iddo sefyll allan ymysg y sêr breintiedig a wariai eu harian yn hawdd. Mae'n anodd credu fod y pâr ifanc o Gymru yn byw ar gyrion cymdeithas mwyaf afradlon y byd, a hithau'n golchi ei ddillad bob dydd tra bod yntau'n ymddangos yn un o ffilmiau mwyaf costus y cyfnod.

Wrth ystyried y ffilm, *The Robe,* heddiw mae'n rhaid cofio ei bod hi'n llwyddiannus iawn ar y pryd. Fel y cyntaf o'r *epics* am hanes yr Hen Fyd mewn *Cinemascope,* torrodd y ffilm dir newydd yn ei chyfnod, gan agor y llwybr ar gyfer y ffilmiau oedd i ddilyn. Creu ffilmiau ar gynfas fawr oedd ffordd Hollywood o frwydro yn erbyn cynnydd teledu. Mae'r ffilm braidd yn henffasiwn i gynulleidfa heddiw, ac mae'r stori ei hun yn gofyn am lefel o hygrededd a oedd yn fwy cyffredin ar ddechrau'r 1950au nag yw heddiw. Addaswyd y llyfr ar gyfer y sgrîn gan Philip Dunne, enw sy'n arfer gwarantu sgript grefftus a phwyllog. Ond y tro hwn ceir stori ystrydebol heb lawer o gyfrwystra arferol Dunne.

Cymharai Richard sialens ei ran fel Marcellus droeon i'r her o chwarae Hamlet, ond geiriau gwag ar gyfer gwasg hygoelus oedd rhain. Mae rhai golygfeydd grymus sy'n aros yn y cof am y rhesymau iawn, â Richard yn portreadu arweinydd pendant – er enghraifft pan mae'n sefyll yn benderfynol ac yn ddi-deimlad yn edrych ar y dynion yn marw ar y tair croes. Ar y llaw arall, pan ofynnai'r sgript iddo gyfleu gwallgofrwydd, mae'r gor-actio yn druenus. Dichon mai dim ond triciau'r llwyfan oedd gan Richard, gan nad oedd erioed wedi cael hyfforddiant yng nghrefft y sgrîn. Soniodd Neville Coghill pan oedd Richard yn Rhydychen iddo gyfleu ei ddryswch yn *Measure for Measure* drwy sefyll yn llonydd, gan agor a chau ei ddyrnau. Defnyddia yr union un tric i gyfleu ei ddryswch yn *The Robe*.

Wedi blwyddyn yn haul California, roedd Richard Burton wedi cael digon o wisgo toga ar gyfer *Twentieth Century Fox*: roedd am fynd adref.

Mae dirgelwch ynghylch yr anghytuno a fu rhyngddo a *Twentieth Century Fox* ar ddiwedd ei gyfnod cyntaf yn Hollywood. Honnent hwy fod ganddynt gytundeb y byddai Richard yn gweithio iddynt hwy yn unig am gyfnod o saith mlynedd: fe wadodd Richard iddo ddod i unrhyw gytundeb o'r fath. Un posibilrwydd yw fod asiant Richard wedi trafod gyda'r stiwdio heb ei ganiatâd. Beth bynnag am hynny, fe gymlethwyd y sefyllfa gan lond trol o gyfreithwyr y stiwdio, ond yn y diwedd – ac yn rhyfedd – fe lwyddodd Richard i gerdded allan o'r sefyllfa heb gael ei glymu i'r stiwdio, ond eto'n rhydd i ddychwelyd pe dymunai.

Ond dychwelyd wnaeth at y ddau le yr oedd yn teimlo'n fwyaf cartrefol ynddynt: llwyfan y *West End* yn Llundain, a'i hen filltir sgwâr ym Mhont-rhyd-y-fen a Thai-bach. Adroddai stori hunan-fychanol am ei groeso'n ôl i'r *Miners Arms*, prin wythnos ar ôl iddo fod ysgwydd-yn-ysgwydd â sêr Hollywood, ac yn llawn clecs am ei gampau. Fodd bynnag, doedd dim diddordeb gan yr hen löwyr yn y dafarn, oedd yn rhy brysur yn trafod pwy ddylai fod yn XV Rygbi Hanes y Byd. 'Napoleon fel y cefnwr, Hitler i fod yn fachwr – 'mach yn frwnt ond yn effeithiol – a'r hen Lloyd George fel mewnwr'. Ac wrth wrando'n syn, fe deimlodd Richard fod y bywyd yr oedd newydd ei adael yn haul Califfornia yn estron a di-bwys: yno, ym Mhont-rhyd-y-fen, roedd safonau'n aros yn ddigyfnewid, ac roedd bywyd yn syml a diffuant.

Roedd y cyfarfod â'i dad ychydig yn lletchwith iddo. Yn 77 oed, roedd 'Dadi Ni' yn byw bywyd mor wahanol i'w fab fel nad oedd ganddynt ddim byd yn gyffredin. 'Rwy'n credu fod fy nhad yn meddwl fod Hollywood yn llecyn bach yr ochr arall i fynyddoedd Cymru. Fe'm croesawodd gyda "Wel, Rich, sut wyt ti'n dod 'mlân?" Fel petawn i ond wedi bod lawr i Abertawe am y penwythnos'.

Arhosodd Richard a Sybil gyda Ciss yn 73 Caradoc Street ac fe aeth i weld ei hen gyfeillion. Fe ddilynodd merched yn ei harddegau ef pan aeth i mewn i'r dafarn, ac fe ddaeth plant i'r drws i ofyn am ei lofnod.

Cofiai un o lanciau Tai-bach yr argraff a wnaeth Richard arno.

> Rwy'n cofio cwrdd â Richard Burton ac fe roddodd e'i lofnod imi, a gwnaeth gymaint o argraff arna'i . . . Ac roeddwn i'n cerdded i lawr y stryd wedyn, yn dal yn dynn yn y llofnod, ac fe basiodd e yn ei gar ac fe chwyfiodd Sybil arna i, a rwy'n cofio meddwl yr eiliad honno 'Mae'n rhaid imi ddianc oddi yma' – nid allan o Gymru, ond sylweddolais i bod rhaid i fi godi o'm sefyllfa bresennol. Ro'n i eisiau dod yn enwog. Ac fe wnes i.

Roedd Anthony Hopkins tua 15 oed ar y pryd: siaradodd am yr achlysur ar sioe *Parkinson* rhyw 45 mlynedd yn ddiweddarach.

Roedd Richard wedi troi ei gefn ar fywyd Hollywood – hawdd, euraidd ond ffug – ar gyfer y cyfle i ddisgleirio ar lwyfan yr *Old Vic*. Mae'n rhaid pwysleisio'r aberth ariannol a olygai'r penderfyniad hwn. Roedd wedi ennill tua £82,000 am y tair ffilm a wnaeth – heb gyfri'r lwfans wythnosol o £140 gan y stiwdio – ond yn awr roedd yn ymrwymo i dymor 10 mis yr *Old Vic* ar y cyflog uchaf o £45 yr wythnos. (I roi syniad o werth yr arian hyn bryd hynny: yn 1953 roedd trwydded teledu yn costio £2; roedd Ford Anglia newydd yn costio £511; ac roedd tai tair-ystafell-wely ar werth yn swbwrbia Caerdydd am £2200 – £2750.)

Roedd y theatr yn dechrau ar gynllun mentrus i gyflwyno'r 36 o ddramâu Shakespeare dros gyfnod o 5 mlynedd. Dechreuwyd gyda'r un oedd yn rhoi prawf mwyaf ar grefft yr actor, sef *Hamlet*. Yn cymryd rhan Ophelia, cariad Hamlet, roedd Claire Bloom, actores oedd wedi actio gyda Richard yn *The Lady's not for Burning*. Y chwedl yw ei bod hi wedi sôn am Richard fel '*that uncouth actor*' pan glywodd hi pwy oedd i gymryd y prif ran, a phan glywodd yntau am hyn fe wylltiodd. Fe benderfynodd wneud iddi edifarhau am ei geiriau

. . . ac fe aeth ati i'w hudo a'i hennill. Doedd eu carwriaeth ddim yn gyfrinach i neb ym myd y theatr, a hwn oedd y bygythiad difrifol cyntaf i briodas Richard a Sybil.

Dechreuodd yr ymarferion ym mis Gorffennaf, gyda'r agoriad yng Ngŵyl Caeredin ym mis Medi. Yno, ar lwyfan gyfyng, methodd y cynhyrchiad â chreu argraff arbennig, ond unwaith y cyrhaeddodd lwyfan yr *Old Vic*, roedd pawb yn gwybod bod y cynhyrchiad yn un nodedig iawn.

Rhywbryd yn ystod y 101 o berfformiadau, cafodd Richard ymwelydd arbennig. Adroddodd yr hanes ar sawl achlysur – ni fyddai manylion y stori'n aros yr un bob tro, heblaw am y llinell olaf, a oedd bob amser yn cael ei hadrodd mewn llais bariton garw.

Roeddwn i yn fy 'stafell wisgo ac fe ddaeth rheolwr yr Old Vic i mewn a dweud 'Bydd yn arbennig o dda heno achos mae'r Hen Ddyn i mewn'. Meddwn i, 'Pa Hen Ddyn?' ac atebodd, 'Churchill – mae e'n dod unwaith y flwyddyn, yn aros am un act ac wedyn mae'n gadael'.

Fe es i ar y llwyfan ac roedd e'n eistedd yn y rhes flaen – sydd ond hyd braich o'r llwyfan yn yr *Old Vic* – a phan ddechreues i adrodd y llinellau cynta' – *A little more than kin and less than kind* – clywais daranu rhyfeddol yn dod o'r gynulleidfa a meddyliais beth allai fod. Churchill oedd yn siarad pob llinell gyda fi – efallai ei fod e'n anfodlon nad oedd *e* ar y llwyfan! Ac roedd hyn yn fy aflonyddu – 'dyw cael Syr Winston yn ymuno â chi mewn deuawd ddim y peth hawsaf yn y byd – ac felly fe dries i gael gwared ohono fe. Fe es i'n gyflym, fe es i'n araf, fe es i bob ffordd: ond gwnaeth yr Hen Ddyn ddal lan â fi bob tro. Ac fel chi'n gwybod, mae Hamlet mor hir nes bod rhaid torri rhyw dri-chwarter awr allan ohono, a bob tro roedd rhyw doriad roedd na ffrwydriad o'r rhes flaen – byddech chi wedi meddwl taw fi oedd Hitler! Ond roedd e'n dal lan bob tro.

Wel, fe ddaeth yr egwyl ar ddiwedd yr act gynta ac fe edryches i allan a gweles i ei fod yn gadael. A meddyliais, 'Wel dyna fe – ryn ni wedi ei golli'. Ac fe es i'n ôl i'm 'stafell wisgo ac roeddwn i ar fin rhoi chwisgi a soda i'm gwefusau pan agorwyd y drws ac yn sefyll yno roedd Churchill. Ac fe ofynnodd yn gwrtais, *'My Lord Hamlet, may I use your lavatory?'*

Mae'r cyfnod hwn yn llawn straeon a ddaeth yn ffefrynnau i'w hail-adrodd. Byddai Richard yn dweud am y tro y daeth John Gielgud i'w weld yn chwarae'r rhan yr oedd yntau'n cael ei ystyried fel y prif awdurdod arno. Roeddent i fynd i swper wedi'r perfformiad, ond

81

cafodd Richard ei rwystro gan res o edmygwyr i'w longyfarch. Ar ôl aros am dipyn, meddai Gielgud, '*Well, dear boy, shall I go on ahead or shall I wait until you're better – um, er, I mean ready . . .?*'

Ychwanegodd Richard at ei enillion trwy ei waith ar y radio, gan gynnwys troi ei dalentau at gomedi ar sioe Frankie Howerd. Roedd yn gyfle, efallai, i ryddhau'r hiwmor direidus yr oedd wedi'i ddangos fel bachgen –

Frankie:	*What did you think of my rendition, Mr Burton?*
Richard:	*I can almost hear Shakespeare clapping his hands.*
Frankie (yn blês):	*You can?*
Richard:	*Over his ears.*

Ceir dwy stori arall sy'n dangos ychydig o'i hiwmor o'r cyfnod pan fu'n chwarae *Hamlet*. Pan oedd Cymru'n chwarae rygbi yn erbyn Lloegr, a'r *matinée* yn rhwystro Richard rhag mynychu'r gêm, fe drefnodd Richard fod radio ymlaen wrth ochr y llwyfan. Felly, er bod Hamlet ar y llwyfan trwy'r rhan helaeth o'r ddrama, fe allai Richard gadw i fyny â'r gêm wrth grwydro'n gyson at yr ochr honno o'r llwyfan lle roedd y radio. Nid yn unig hynny, ond ar ganol y llwyfan fe gâi'r newyddion diweddaraf gan ei gyd-actorion. Roedd Richard yn hoff o adrodd y stori hon, gan ychwanegu y gallai ddisgrifio rhediad y gêm yn fanwl, a thyngu ar ei lw ei fod yno.

Yr hanes arall sy'n ymwneud â rygbi oedd stori gêm olaf Richard fel chwaraewr. Ysgrifennodd Richard ddarn amdani i gyfrol a gasglwyd gan Cliff Morgan, ac fe daerai yntau, gyda pheth cyfiawnhâd, mai hwn oedd y traethawd gorau am rygbi a ddarllenodd erioed. 'Ble ma'r blydi film star 'ma?' oedd teitl y darn, ac ynddo mae Richard yn egluro sut y daeth i edifarhau iddo benderfynu anwybyddu'r cymal yn ei gytundeb a'i waharddai rhag chwarae rygbi. Yr oedd ei dîm yn chwarae yn erbyn pentref '. . . *whose name is known only to its inhabitants and crippled masochists drooling quietly in kitchen corners, a mining village with all the natural beauty of the valleys of the moon, and just as welcoming*' – y math o le lle dylai rhywun gadw injan y bws yn rhedeg ar yr ystlys rhag ofn i chi ennill a gorfod dianc am eich bywyd. Erbyn diwedd y gêm fe deimlai Richard yn hŷn nag a deimlodd erioed wedi hynny, a'i falchder wedi niweidio cymaint â'i gorff. Yn ôl ar y llwyfan nos Lun '. . . *I played the Dane looking like a swede, with my head permanently on one side and my right arm in an imaginary sling intermittently crooked and cramped with occasional severe shakes and involuntary shivers as of one with palsy.'*

Digwyddiad ym mis Tachwedd 1953 a gafodd ddylanwad ar Richard oedd marwolaeth Dylan Thomas. Roedd edmygedd Richard o'i gyfaill yn ymylu ar eilun-addoliaeth. Dymunai Richard gael ei gydnabod fel awdur, ac fe nododd sawl beirniad fod ei waith ysgrifenedig yn efelychu arddull Dylan.

Adroddai Richard stori am y tro olaf iddo siarad â Dylan. Roedd Richard newydd ddod oddi ar lwyfan yr *Old Vic* pan gafodd alwad ffôn:

> Roeddwn i wrth fy modd, achos roedd gen i edmygedd enfawr o'i bersonoliaeth gref a mawredd ei athrylith. Fe ddywedodd ei fod gyda P H Burton a oedd wedi awgymru iddo fy ffonio er mwyn gofyn am ddau gant o bunnau ar gyfer addysg ei blant.
>
> Roeddwn i'n gymharol dlawd – roeddwn yn ennill £45 yr wythnos ac wedi bod yn cynilo ar gyfer prynu car. Mewn dychryn a phenbleth, fe bendronais a ddylid gwerthu fy fflat er mwyn cael yr arian i Dylan. Wrth gwrs, fe ddylwn i fod wedi gwneud, oherwydd bu Dylan farw yn fuan wedyn, ac efallai na fyddai wedi gwneud petaswn i wedi rhoi £200 iddo, ac yntau wedi aros ym Mhrydain.
>
> Dywedais wrtho nad oedd yr arian gennyf, ond efallai y gallwn ei gael, ond y cymerai amser. Fodd bynnag, roedd arno eisiau'r arian yn syth, a bu'n siarad am amser hir gan ddweud y byddai'n rhoi'r hawliau i'w ddrama newydd imi am y £200. Pan ofynnais a allwn ei ddarllen, eglurodd nad oedd wedi ei hysgrifennu eto, ond roedd yn adrodd hanes carwriaeth rhwng dwy stryd.
>
> Fe ddisgrifiodd y stori ar y ffôn, ac roedd yn syfrdanol. Ond, yn anffodus, fe aeth y stori gyda Dylan i Efrog Newydd ac mae'n aros gyda fe nawr, yn gaeth yn ei benglog yn Nhalacharn.

(Gan gofio fod Richard yn tueddu i orliwio'r gwirionedd yn ei straeon, cystal nodi fod tystiolaeth i gefnogi rhan o'r stori hon. Treuliodd Dylan amser gyda P H Burton yr wythnos cyn iddo groesi dros yr Iwerydd am y tro olaf, gan drafod cynllun ei ddrama nesaf, *Two Streets*).

Darlledwyd gwaith gorffenedig olaf Dylan, *Under Milk Wood*, am y tro cyntaf ar y BBC ddiwedd mis Ionawr 1954. Y cynhyrchydd oedd Douglas Cleverdon, dyn galluog iawn a oedd wedi perswadio a gwthio Dylan yn ystod blynyddoedd olaf ei oes er mwyn sicrhau ei fod yn cyflawni ei gampwaith. Ymhlith y cast, roedd un ferch ifanc o Faesteg, Gwenyth Petty, a oedd ar ddechrau ei gyrfa:

> Wrth gwrs roeddwn i'n actores go ifanc yr adeg 'ny! Roeddwn i gyda'r *BBC Repertory Company* – ac nawr pan rwy'n dweud *'The BBC Rep'* mae pobl yn edrych yn syn arna'i, ac yn gofyn 'Beth oedd hwnnw?'. Ond roedd e'n rhywbeth pwysig iawn ar y pryd: roedd un yn Llundain ac un yng Nghaerdydd. Roedd yn rhaid i ni wneud pob math o bethau – mewn geiriau eraill roedden ni'n gaethweision i'r BBC! Roedden ni'n cael ein talu rhywbeth dychrynllyd fel £9 yr wythnos ac roedd yn rhaid i ni weithio bob dydd i wneud dwy neu dair rhaglen *y dydd*! Yn y cyd-destun yma, ges i'r cyfle i wneud *Under Milk Wood* lan yn Llundain.
>
> Rwy'n cofio Douglas Cleverdon yn dod i'r BBC yn Park Place yng Nghaerdydd, a chynnal *auditions*, ac ar y pryd doedd dim syniad gyda fi ar gyfer beth oedden ni'n ceisio. Dyna i gyd wydden ni oedd taw rhywbeth i'r *Third Programme* oedd e, ac roeddwn i'n meddwl, 'O heck – mae hwn yn mynd i fod yn ddwfn ac yn anodd i ddeall' ac felly ges i sioc ar yr ochr orau pan ddechreuais i ddarllen. Doeddwn i ddim wedi clywed am *Under Milk Wood* cyn hynny, ac wrth ddarllen roeddwn i'n meddwl, 'Mae hwn yn grêt – mae'n wir yn arbennig'. Ac wedyn ges i fy newis i fynd lan i Lundain, i wneud y rhaglen, ac roedd e'n brofiad arbennig. O'r blaen fydden ni byth yn cael mwy na thri diwrnod i ymarfer ar gyfer drama, ond ar gyfer hon cawson ni wythnos gyfan.

Pan gyrhaeddodd Gwenyth *Broadcasting House*, fe wynebodd hi gast sy'n darllen fel *'Who's Who'* o dalent actio Cymreig: Richard fel y prif lais; Hugh Griffith fel Capten Cat; Rachel Thomas, Rachel Roberts, Meredith Edwards, Sybil a Philip Burton hefyd yn cyfrannu.

> Roedd Douglas Cleverdon yn ddyn hyfryd, dysgedig ac â thalent mawr ganddo, ac fe gafodd e'r perfformiad roedd e eisiau. Rwy'n credu – ac rwy' wir yn meddwl hyn, ac nid dim ond oherwydd fy mod i ynddo – ond rwy'n credu mai hwn yw'r dehongliad gorau o *Under Milk Wood*. Rwy' wedi gwneud sawl un, gan gynnwys eraill gyda Douglas Cleverdon, ond rwy'n credu mai yr un cyntaf yw'r gorau oherwydd roedd Richard Burton yn ei anterth ac roedd y darn yn newydd ac yn gyffrous. Fe aethon ni'r perfformwyr yn fwyfwy cyffrous po fwya roedden ni'n gwneud, ac yn sylweddoli pa mor fawr – pa mor bwysig – oedd y darn.

Roedd gen i barchedig ofn o Richard oherwydd roeddwn i mor ifanc ac roedd e'n seren. Ac rwy'n cofio fe'n dod lan ata'i yn y stiwdio a dweud, '*Sign this,* bach,' yn ei lais awdurdodol, ac fe ofynnais, 'Beth yw e?' ac medde fe, 'Rhywbeth ar gyfer y weddw'. Ac felly fe arwyddes i heb ei ddarllen, a dim ond yn ddiweddarach darganfues i fy mod i wedi arwyddo fy mreindaliadau i gyd i ffwrdd. Rwy'n siŵr na wnaethon ni fawr o ddaioni i'r weddw, gan y byddai hi'n siŵr o afradu'r arian.

Fe roddon ni berfformiad o'r ddrama ar lwyfan theatr y *Globe* ac yn y *Festival Hall*, ac hefyd fe wnes i *Under Milk Wood* flynyddoedd yn ddiweddarach, wedi i Richard briodi Elizabeth Taylor. Ond doedd Richard ddim mor ddisglair y troeon hynny, ac fel dywedes i, yr un cyntaf yw'r gorau. Yr unig beth sy'n fy mhoeni i am yr un cyntaf yw eu bod nhw wedi camsillafu fy enw, sy'n ofnadwy oherwydd nid *Gwyneth* ydyw ond *Gwenyth*!

Yn ogystal â Hamlet, cymerodd Richard bedair rhan arall yn yr *Old Vic* yn ystod y tymor hwnnw: Philip yn *King John*, Toby Belch yn *Twelfth Night*, y brif ran yn *Coriolanus*, a Caliban yn *The Tempest*. Roedd rhan Philip yn gofyn i Richard eistedd ar ochr y llwyfan rhwng ei areithiau, ond fe dynnodd gymaint o sylw wrth aros yno'n llonydd nes bod rhaid i'r cyfarwyddwr ei gadw allan o'r golwg rhwng ei gyfraniadau. Ar y dechrau, roedd Richard yn anfodlon cymryd rhan Coriolanus, oherwydd dirmyg y cymeriad hwnnw at y werin bobl – rhywbeth a'i gwnâi yn anesmwyth wrth gofio'i wreiddiau tlawd. Ond wedi noswaith o berswâd gan Philip Burton, fe gytunodd i gymryd y rôl, a'i wneud yn gymeriad cadarn, didwyll, di-ragrith. Enillodd y clod ucha gan Olivier, a ddywedodd mai hwn oedd y perfformiad gorau yr oedd wedi'i weld erioed o Coriolanus.

Gorffennodd tymor yr *Old Vic* yn Haf 1954 gyda thaith *Hamlet* o gwmpas Lloegr ac wedyn cyfres fer o berfformiadau yng nghastell Kronborg yn Elsinore, ac yn Zurich. Ac yna, yn ôl i Lundain ar gyfer parti'r Frenhines yng ngardd Palas Buckingham – Richard yn sefyll allan yn ei siwt las, menyg melin a gwallt hir – cyn iddo ef a Sybil hedfan i Hollywood.

Roedd ei ffilm nesa yn edrych yn berffaith ar bapur. Roedd *The Prince of Players* yn adrodd hanes Edwin Booth, actor mwyaf nodedig ei gyfnod am berfformio gwaith Shakespeare. Troes cymdeithas ei chefn ar Booth wedi i'w frawd lofruddio'r Arlywydd Lincoln. Yn uchafbwynt i'r stori, mae cynulleidfa gynddeiriog, sarhaus yn cael ei hennill drosodd gan berfformiad Booth o Hamlet. Yn ôl un cylchgrawn, dewis Richard ar gyfer y rôl oedd 'y castio mwya effeithiol gan Hollywood ers blynyddoedd'. Roedd yr adroddiadau o'r set yn rhagorol, gyda'r cyfarwyddwr (Philip Dunne) ac eraill yn credu y byddai huodledd Richard yn sicrhau *Oscar* iddo.

Yn anffodus, roedd y cynllun yn llawer gwell ar bapur na'r hyn a gyrhaeddodd y sgrîn. Aeth rhywbeth o'i le rhwng y perfformiad cadarn a oedd mor effeithiol yn fyw, a'r delweddau dieneiniad a welwyd gan gynulleidfaoedd bychain yn y sinemâu. Er fod rhai beirniaid yn garedig am berfformiad Richard ei hun, methodd y ffilm am fod y darnau o farddoniaeth Shakespeare yn ddi-bwrpas allan o'u cyd-destun.

Mae sylwadau gan bennaeth *Twentieth Century Fox*, Darryl F Zanuck, yn werth eu cofnodi fan hyn. Dywed fod Richard yn un o'r tri actor gorau yn y byd, ond doedd hyn ddim o reidrwydd yn ei wneud yn 'seren'. Ei ddisgrifiad ef o 'seren' oedd un y mae pobl yn fodlon talu i fynd i'r sinemâu i'w weld hyd yn oed pan nad yw'r ffilm yn un dda. Yn bendant, nid oedd Richard yn seren eto yn ôl y diffiniad hwn, oherwydd *The Prince of Players* oedd y ffilm *Cinemascope* gyntaf i fethu yn ariannol.

Mynd ymhellach yn ôl i hanes a wnaeth Richard nesaf, ar gyfer ffilm epig *Alexander the Great*. Ffilmio yn Sbaen, a phopeth ar raddfa enfawr. Cyllideb o $4 miliwn, gyda chyflog o $100,000 i Richard; pum cant o *extras* bob dydd, gyda bron pedair mil o filwyr Sbaen ar gyfer golygfeydd y brwydrau; tri chant a hanner o geffylau; blynyddoedd o ymchwil i sicrhau fod y cyfan yn ddilys. Ymhlith ei gyd-actorion roedd Stanley Baker a Claire Bloom: digon o gwmni felly i sicrhau fod Richard yn cael hwyl!

Mae'n ymddangos mai cyfathrach rywiol oedd yr unig beth yn ei berthynas â Claire Bloom o'i ochr ef, er bod tystiolaeth bod ei theimladau hi yn ymylu ar ryw fath o 'gariad'. Adroddir iddo gyhoeddi ar y set un diwrnod ei fod am 'shelffo' 'i *mistress* mewn nant y prynhawn hwnnw, gan awgrymu bod y criw yn edmygu'i berfformiad o fryn cyfagos. Yn ôl yr hanes, mwynhawyd y weithred gan y ddau – a chan lu o dechnegwyr y ffilm.

Ond, unwaith eto, ni wireddwyd yr argoelion da am y ffilm ei hun pan ddaeth i'r sgrîn. Mae angen mwy nag ymchwil trylwyr a golygfeydd ysblennydd i wneud ffilm dda, ac nid oedd digon o gynnwrf na drama yn y sgript i ddiddori'r cynulleidfaoedd.

Y ffilm nesaf yng nghynllun *Twentieth Century Fox* oedd *The Rains of Ranchipur* lle ail-grëwyd mewn *Cinemascope* ffilm lwyddiannus du-a-gwyn o'r 1930au. Dyma un o'r dewisiadau castio mwyaf rhyfedd yng ngyrfa Richard: yr oedd i ddynwared Dr Safti, brodor o India. Yn anffodus, methodd y colur, yr acen, a'r ffilm i daro deuddeg. Yr unig beth da i ddod allan o'r cyfan oedd ymateb Richard i'r adolygiadau gwael: '*Ah well, they do say it never rains but it Ranchipurs!*'

Er mwyn deall dewis Richard o'i ffilmiau, mae'n rhaid cofio nad oedd yn rhydd bob tro i wneud yr hyn a fynnai ef. Roedd amodau ei gytundeb â *Twentieth Century Fox* yn golygu bod rhaid derbyn rhannau anaddas yn ogystal â rhai addawol. I raddau helaeth, caethion i'r system oedd y sêr.

Eto, roedd ymateb Richard i'r hyn a ddisgwylid ganddo yn anghyson. Weithiau byddai'i ochr gystadleuol yn llywodraethu: mae sawl atgof amdano'n colli arno'i hunan wrth fethu â chyrraedd y safon gorau posib. Dro arall, ei safbwynt athronyddol oedd: 'Os oes rhaid gwneud rwtsh, rhaid imi fod y rwtsh gorau ynddo!' Ac wedyn ymddangosai yn ddirmygus o'r cyfan wrth chwarae rhannau gwan fel Dr Safti. Fe ddaw tystiolaeth o set y ffilm mai'r merched Indiaidd o'i gwmpas oedd ei unig ddiddordeb.

Fe ddangosodd lle'r oedd ei flaenoriaethau yn syth wedi iddo roi o'r neilltu ei dwrban yn *Ranchipur*: o fewn dwy awr iddo orffen ei ran yr oedd mewn awyren ar y ffordd i Efrog Newydd. Yno fe gymerodd ei frawd, Ifor, a Gwen ei wraig, am ddiwrnod a hanner o jolihoetian o gwmpas y ddinas cyn cymryd y llong yn ôl i Brydain. Roedd yn hen bryd iddo droedio llwyfan yr *Old Vic* eto.

CARTREF NEWYDD;
HEN WREIDDIAU

Y<small>R</small> oedd tipyn o bwysau ar ysgwyddau Richard wrth iddo baratoi ar gyfer *Henry V* yn yr hydref, 1955. Nid oedd ei berfformiad yn y rôl bedair blynedd ynghynt wedi ennill clod y beirniaid; at hynny, roedd wedi bod i ffwrdd o'r llwyfan am ddeunaw mis, ac yn yr amser hwnnw roedd John Neville wedi ennill yr enw o fod yr actor mwyaf cyffrous ar y llwyfan. Roedd y cyhoeddusrwydd yn aruthrol a'r disgwyliadau yn enfawr – ond roedd rhai yng nghwmni'r *Old Vic* a deimlai'n anfodlon fod Richard yn cael triniaeth arbennig, fel rhyw fab afradlon yn dychwelyd ac yn haeddu croeso.

Roedd y fenter yn llwyddiant ysgubol. Derbyniodd Richard wobr yr *Evening Standard* am y perfformiad gorau ar y llwyfan y flwyddyn honno. Y cynllun nesaf gan y cynhyrchydd oedd defnyddio'r cystadlu honedig rhwng ei ddau brif atyniad i ddenu'r torfeydd. Roedd Richard a John Neville i gymryd rhannau Othello ac Iago bob yn ail noson. Gan fod gan y naill a'r llall ei garfan o edmygwyr teyrngar, fe sicrhaodd hyn fod cyhoeddusrwydd diddiwedd a chynulleidfaoedd da i'r cynhyrchiad. Mewn gwirionedd, roedd Richard a John yn ffrindiau da a chanddynt lawer yn gyffredin – y ddau wedi torri trwy'r rhwystrau dosbarth Seisnig oherwydd eu talent. Roedd y cynhyrchiad yn sialens anodd iddynt – mae Iago yn un o rannau hiraf Shakespeare, a doedd yr amserlen ddim yn caniatáu digon o amser i ddysgu ac ymarfer dwy ran hir. Ond fe gytunodd y ddau i dderbyn yr her, ac unwaith eto, roedd y fenter yn llwyddiant mawr.

Roedd y beirniaid yn rhoi mwy o glod i *Othello* John ac i *Iago* Richard. Pan oedd yn gwisgo'r colur du, roedd yn rhaid i Richard ddangos mwy o deimladau nag oedd yn naturiol iddo, ac fel canlyniad roedd ei actio yn dibynnu ar weithredu'n annaturiol er mwyn dangos ei emosiwn. Ar y llaw arall, fel Iago cyfrwys, yn cynllunio a chynllwyno, roedd Richard yn taro deuddeg. Unwaith eto, Kenneth Tynan oedd y beirniad a fynegodd y peth orau: '*Within this actor there is always something reserved, a secret upon which tresspassers will be prosecuted, a rooted solitude which his Welsh blood tinges with mystery. Inside these limits, he is a master. Beyond them, he has much to learn.*'

Gwelodd Osian Ellis Richard yn y ddwy ran, ac roedd yn cytuno â'r beirniaid: 'Pan welais Richard fel Iago a John Neville fel Othello daeth y ddrama a'r drasiedi yn wirioneddol fyw. Roedd dynoliaeth naturiol John Neville yn siwtio rhan Othello, ac anianawd nerthol a bydol Richard yn nes at gymeriad dieflig Iago.' Cymro arall sy'n dyst i'r cyffro o gwmpas yr *Old Vic* ar y pryd yw David Rowe-Beddoe. Roedd wedi cwrdd â Richard trwy Brook Williams, un o'i gyfoedion yn yr ysgol. Er gwaethaf gwahaniaeth o 12 mlynedd yn eu hoedran, daeth Richard a David yn gyfeillion trwy eu diddordebau cyffredin – rygbi, actio a barddoniaeth. (Y tro cyntaf iddynt gwrdd oedd ar noson o farddoniaeth yn yr ysgol, pan roedd yn rhaid i David adrodd '*Fernhill*' gan wybod fod un yn y gynulleidfa a oedd wedi gwneud y recordiad diffiniol o'r darn ei hunan.)

Fe welais Richard yn actio am y tro cyntaf ar lwyfan yr *Old Vic*, ac roedd yn brofiad rhyfedd. Roedd ganddo ef a John Neville gefnogaeth oedd yn debyg i'r hyn y mae sêr 'pop' yn ei gael heddiw. Roedd pobl ifanc – merched a bechgyn – yn sefyll yn eu cannoedd y tu allan i'r *Old Vic* gan wisgo crysau-T oedd yn datgan pa un ai John ynteu Richard roeddent yn ei gefnogi.

Ac roedd yn amser llwyddiannus iawn i Richard, ac fe aeddfedodd lawer fel actor clasurol trwy'r cyfnod hynny. Ond roedd y perfformiad o *Othello* yn un unigryw. Cofiaf fynd gyda Brook un dydd Sadwrn ac fe welson ni'r ddrama ddwywaith – yn y *matinée* yn y prynhawn â Richard yn chwarae Othello ac awr a hanner yn ddiweddarach yn yr hwyr yntau'n chwarae Iago. Ac mae'n rhaid dweud ei fod yn *tour-de-force* i'r ddau actor. Er gwaetha'r ffaith fod pawb arall yn y ddrama yn chwarae'r un bobl ac yn gwisgo'r un gwisgoedd, roedd y ddau gynhyrchiad yn gwbl wahanol. A chan fod y ddrama yr eildro fel pe bai'n waith *hollol* newydd, ni feddyliais am eiliad, 'Allai byth â goddef tair awr arall o *Othello*'.

Ar y pryd, roedd yn ymddangos y byddai gyrfa Richard yn parhau fel gêm *ping-pong* – o'r llwyfan, lle'r oedd yn ennill canmoliaeth, i'r ffilmiau, lle'r oedd yn ennill prês, ac yn ôl eto. Ond oherwydd treth incwm Prydain, nid oedd y patrwm hwn yn gallu parhau. Ceir fersiynau gwahanol o faint o'i enillion aeth yn syth i boced y Dreth Incwm. Awgryma rhai adroddiadau 86%; medd eraill 93%; dywedodd Richard ei hun mewn cyfweliad rai blynyddoedd yn ddiweddarach fod £61,000 allan o'i enillion o £68,000 yn cael eu cymryd yn syth gan ddyn y dreth – hynny yw 89.7%. Faint bynnag oedd y canran, roedd yn ormod. Penderfynodd Richard ei fod am sefydlu'i hun yn y Swistir, er mwyn cymryd mantais o'r dreth ffafriol yno.

Mewn cyfweliadau o'r cyfnod, dywedodd Richard nad oedd y symudiad i'r Swistir ond i barhau am dair blynedd. Pan ofynnodd y *Western Mail* am farn Clifford Evans, dywedodd ei fod yn cydymdeimlo â'r penderfyniad; er hynny cafodd Richard gyngor i'r gwrthwyneb gan lawer o'i gyfeillion. Rhybuddiwyd y byddai'n ymbellhau o'r fan lle'r oedd ef fwyaf cartrefol, sef llwyfan y *West End*. Roedd P H Burton yn erbyn y symudiad, a nododd fod y llythyr cyntaf a dderbyniodd gan Richard yn argoeli'n ddrwg. Roedd yn dangos bod Richard yn lluddedig ac yn sylweddoli dwyster y cam yr oedd wedi'i gymryd. Heb os, byddai ofnau Philip – a'r lleill oedd yn rhoi blaenoriaeth i'r llwyfan – yn cael eu gwireddu. Ni fyddai Richard byth eto yn ymddangos mewn drama ar lwyfan y *West End*. Ac yntau ond yn 30 oed, roedd yn encilio o'r lle enillai glod yn rheolaidd, ac er iddo sôn llawer yn y blynyddoedd i ddod am y rhannau mawr gan Shakespeare yr oedd yn dymuno eu chwarae, neu'r dramodwyr newydd yr oedd eisiau cydweithio â hwy, ni fanteisiodd ar y cyfle.

Ond sicrhaodd Richard nad oedd yn ymbellhau yn ormodol o Gymru. Yr enw roes Richard a Sybil ar eu cartref newydd oedd *Le Pays de Galles*, gydag Ifor a Gwen yn westeion parhaol, mewn bwthyn a adeilasant iddynt hwy eu hunain ar y tir gerllaw.

Y rhan nesaf i Richard chwarae oedd swyddog ifanc o'r RAF yn y ffilm *Sea Wife,* gyda seren newydd *Twentieth Century Fox* – Joan Collins. Roedd dewis Richard i chwarae'r rhan yn gwneud synnwyr – wedi'r cwbl, roedd yn 30 oed, ac wedi gwasanaethu yn y llu awyr. Ond pwy – nawr neu bryd hynny – allai gymryd o ddifri castio Joan Collins fel lleian ddiniwed?

Ffilmiwyd y cyfan ar leoliad yn Jamaica. Dywed Joan Collins yn ei hunangofiant fod Richard wedi gwneud ymgais blaen, ddi-seremoni i gael cyfathrach rywiol â hi – a phan wrthododd hi, ymatebodd ef fel petai dim byd wedi digwydd. Dywed Graham Jenkins fod ei frawd yn gwadu ceisio'i denu . . . ond wrth gofio am gymeriad Richard, efallai mai tystiolaeth Ms Collins sy'n gywir. Beth bynnag, parhaodd y patrwm o'r blynyddoedd cynt: methiant oedd y ffilm.

Wedi'r Nadolig yn y Swistir (pan ddaeth Sybil yn feichiog) fe gafodd Richard y siawns i gymryd y prif ran yn *Lawrence of Arabia*, ffilm a ddeuai'n glasur o dan y cyfarwyddwr David Lean. Ond mae'n siŵr ei fod wedi cael llond bol o *epics* ar ôl *Alexander the Great*, ac felly Peter O'Toole dderbyniodd y rhan, a chymryd y cyfle i wneud enw iddo'i hunan fel seren newydd y sinema.

Yn hytrach na chwarae Lawrence, ffilmiodd Richard yn yr anialwch mewn stori a oedd llawer yn llai uchelgeisiol. Yn *Bitter Victory* mae'n cymryd rhan capten gyda'r *Desert Rats* sy'n mynd ar fenter beryglus gydag uwch-gapten a brofodd ei hun yn llwfrgi. Mae'r berthynas rhwng y ddau yn dirywio wrth i'r swyddog uwch gael ei fwyta gan ddicter a chenfigen, nes iddo adael i'r cymeriad arwrol gael ei bigo gan sgorpion. Felly, mae'r cymeriad arwrol yn mynd i'w fedd yn ifanc tra bod y llwfrgi'n derbyn y clod. Er i'r cyfarwyddwr geisio creu ffilm sy'n dangos sut mae rhyfel yn llygru ysbryd dyn, roedd gormod o felodrama yn y sgript ar gyfer y beirniaid, ac roedd y diweddglo anhapus yn rhy ddiflas i'r cynulleidfaoedd. Methiant unwaith eto fu'r ffilm, felly – yn wir ni thrafferthodd y cwmni dosbarthu ei dangos yn y *West End*.

Bu farw Dic Bach y Saer yn 81 oed ym mis Mai 1957, tra roedd Richard yn y Swistir. Nid aeth yntau nac Ifor i'r angladd. Mae llawer o resymau ac esgusodion wedi'u rhoi i egluro'u habsenoldeb. Meddai Richard ei hun: 'Ni fyddai nhad wedi disgwyl inni wario'r fath arian i fynd i'r angladd.' Ond gan fod Richard bob amser yn un am wneud arwyddion afradlon, mae'n anodd credu mai arian oedd wrth wraidd y penderfyniad i beidio â mynd. Wrth gwrs, bu rhyw bellter rhwng y ddau Richard Jenkins ar hyd yr amser, ac roedd yr un iau wedi cael amryw o ffigurau tadol yn ei fywyd heblaw ei dad naturiol. Pan ddywedwyd wrtho bod ei dad wedi marw, honnir iddo ofyn, 'Pa un?' – hynny yw, Dic Bach ynteu Philip Burton.

Dros yr haf, ni ddaeth yr un cynnig i ymddangos mewn ffilm. Felly derbyniodd Richard gynnig i ddychwelyd i Broadway, i chwarae yn *Time Remembered*, drama gan un o'i gymdogion yn y Swistir, Jean Anouilh. Ganwyd ei blentyn cyntaf, Kate, ryw 10 diwrnod cyn ei hamser ar Fedi 11. Roedd yr amseriad yn ffodus iawn, oherwydd gadawodd Richard am Efrog Newydd ar y diwrnod canlynol.

Mae chwantau rhywiol Richard wedi bod yn amlwg trwy gydol y

stori, a'i frwdfrydedd i fodloni'i nwydau yn dangos ei fod yn credu nad oedd y rheolau cyffredin am ffyddlondeb yn berthnasol iddo ef. Hyd yma, yr unig rai i ddioddef oedd Sybil – a oedd yn ddigon cadarn i sefyll drosti hi ei hunan – ac unrhyw ferched a gymerodd ei chwarae fel addewid am rywbeth mwy parhaol. Ni leihawyd brwdfrydedd Richard i ganlyn merched pan ddaeth yn dad.

Wrth adrodd hanes ei garwriaeth nesaf, mae gennym dystiolaeth y ferch ei hun. Yn 1957 roedd Susan Strasberg yn actores 19 oed, ac eisoes wedi gwneud enw iddi hi ei hun yn chwarae rhan Anne Frank. Roedd ei rhieni yn bobl bwysig ym myd y theatr, ac roedd Susan ar y llwyfan *cyn* iddi gael ei geni (gan fod ei mam yn actio ar Broadway a hithau saith mis yn feichiog). Roedd hi'n ymwybodol o'i henw fel *Casanova*, ac nid oedd eisiau cael ei rhwydo gan ddyn priod. Fe gafodd Susan ei rhybuddio gan Helen Hayes, ei gwarchodwr yn *Time Remembered* ac un o sêr blaenaf y llwyfan yn America, i beidio â difetha ei chyfle i briodi.

Ond ni chymerodd sylw o'r rhybuddion. Yn ei geiriau hi ei hunan: roedd hi'n barod am Dywysog. Yn y ddrama roedd yn syrthio mewn cariad â Richard, y Tywysog; oddi ar y llwyfan, digwyddodd yr un peth. Ar y dechrau edmygodd Richard o bell, a nodi sut roedd yn defnyddio'i lais i swyno a hudo, a sut roedd ei egni yn denu pobl ato. Fe dalodd yntau fwyfwy o sylw iddi, ac fe geisiodd hi guddio'i chyffro.

Pan aeth y ddrama ar daith, fe ddechreuodd y ddau rannu gwely, ond gan ei bod wedi gadael ei diaffram atal-cenhedlu yn Efrog Newydd, ni chyflawnwyd eu perthynas. Fe ddaeth Richard yn fwyfwy dyfal, gan gyflwyno llu o anrhegion, llythyrau serch ac addewidion o gariad diderfyn. Unwaith yr oeddent yn ôl yn Efrog Newydd, roedd eu carwriaeth yn agored i bawb gael gweld. Ond yn ôl Susan, doedd dim ots gan neb gan fod Richard yn ysgrifennu ei reolau ei hunan. Roedd yn ei chyflwyno i'w ffrindiau fel ei angel, ac yn ei gwisgo hi fel addurn ar ei siaced. Fe'i dysgodd hi i ddweud yn Gymraeg, 'Rwy'n dy garu di mwy na neb arall yn y byd', a bu'n datgan hyn yn gyhoeddus o flaen ei deulu.

Roedden nhw gyda'i gilydd yn y theatr am chwe niwrnod yr wythnos. Byddent yn cwrdd yn un o'u hystafelloedd newid cyn y perfformiad nos, ac ar ôl y perfformiad, byddent yn mynd allan gyda'i gilydd i fwytai neu glybiau nos, cyn dychwelyd i'w hystafelloedd hi yng nghartref ei rhieni. Ac yna byddai Richard yn gadael gyda'r wawr i ddychwelyd i'w fywyd arall.

Roedd ei mam wrth ei bodd bod ei merch yn canlyn actor mor dalentog; ac er ei fod yn digwydd o flaen ei lygaid, ni chydnabu ei thad fod unrhywbeth yn mynd ymlaen. Roedd Sybil o gwmpas, wedi iddi hi a'i merch, Kate, gyrraedd ddeufis ar ôl ei genedigaeth. Mae Susan yn galw Sybil yn 'lyfli' ac yn cofio dyfalu a wyddai hi am ei pherthynas â Richard. Gan fod y byd a'r betws yn gwybod, mae'n anodd dychmygu sut *na* allai hithau wybod hefyd. Roedd P H Burton wedi ymgartrefu yn Efrog Newydd erbyn hynny ac yn weithgar ym myd y theatr: treuliodd lawer o amser gyda Sybil, ac roedd *e'*n gwybod. Daeth Ifor a Gwen draw ac mae'n anodd dychmygu Ifor, cydwybod Cymreig ei frawd, yn derbyn y sefyllfa heb ddweud ei farn.

Roedd 'na griw o actorion a oedd yn hen gyfeillion i Richard i gadw cwmni iddo – pobl fel Laurence Olivier, Noel Coward a Peter Ustinov. Hefyd, roedd elfen Gymreig gref ar Broadway – Hugh Griffith yn ennill clod mawr yn *Look Homeward Angel* a Donald Houston yn *Under Milk Wood*. A chwe blynedd ar ôl Stratford fe gafwyd aduniad gydag Osian Ellis, a nododd newid sylweddol yn agwedd Richard tuag at ei Gymreictod:

Roeddwn i'n teithio dwyrain yr Unol Daleithiau gyda Cherddorfa'r Philharmonia dan arweiniad Herbert von Karajan. Rhaid oedd ymofyn am delyn er mwyn cael Noson Lawen eto, neu'n hytrach, rhentu telyn am y dydd. Dyma'r tro cyntaf imi gyfarfod ag Ifor a'i wraig, Gwen, ac wele, Cymraeg oedd ein hiaith, a Richard, yntau, yn siarad Cymraeg – rhywbeth nas clywais ganddo tra yn Stratford. Teimlais ei fod wedi cael llond bol o fyw a ffilmio yn Hollywood, ac roedd hyn wedi codi hiraeth arno am ei iaith a'i wreiddiau. Doedd o ddim yr un dyn â chynt. Deuthum i'r casgliad hefyd ei fod yn rhy swil i fentro siarad Cymraeg â ni yn Stratford a ninnau'n Gymry dieithr o'r gogledd; ond yng nghwmni ei frawd, Ifor, nid oedd atal arno fentro siarad yr hen iaith.

Ceir mwy o dystiolaeth am barodrwydd Richard i ddefnyddio'i famiaith – dyma pryd y cynigodd ef y cyngor i wylwyr teledu Americanaidd: 'Cofiwch o hyd dy fam'. Ac ar gyfer Dydd Gŵyl Ddewi, fe fynnodd Richard a Hugh Griffith gael cwmni Meredydd Evans a'i wraig Phyllis Kinney, a oedd yn byw yn Boston ar y pryd.

Dyma lythyr yn dod oddi wrth Hugh yn dweud, 'Tyrd i lawr – ti a Phyllis – i Efrog Newydd ar Ddydd Gŵyl Ddewi, a bydda i'n gofalu y cei di docynnau oddi wrth Richard yn y prynhawn, a chei di docynnau oddi wrtha'i yn y nos, a chofia ddwad â llyfr barddoniaeth Goronwy

Owen efo ti.' Roedd hynny'n gwbl angenrheidiol, achos roedd Hugh eisiau cael darllen peth o waith Goronwy Owen y noson honno.

Felly aeth y ddau i weld *Time Remembered* yn y *matinée*, ac mae Phyllis yn cofio'n glir y grym a'r dealltwriaeth ym mherfformiad Richard.

> Rwy'n cofio'n dda iawn, doedd e ddim yn ymddangos yn yr act gyntaf o gwbl, oherwydd roedd hwnnw'n eiddo i Helen Hayes. Ond doedd hi ddim yn chwarae cymeriad Anouilh – roedd hi'n chwarae Helen Hayes, ac yn chwarae'r wraig fonheddig fel rhyw dduges benwan – hollol wahanol i beth sydd yn y ddrama. A'r tro cyntaf i Richard ymddangos ar y llwyfan yn y ddrama oedd cychwyn yr ail act – roedd ganddo *soliloquy* hir, ac roedd Mered a minnau yn eistedd yn *row* 'B', ac felly roedd hi'n bosibl i weld sut yr oedd yn gweithredu, yn cynllwynio'n araf ac yn ofalus i ddod â'r ddrama yn ôl i beth roedd Anouilh wedi'i ysgrifennu, ac roedd e'n feistrolgar.
>
> Roedd yr un â phan welsom ni ef flynyddoedd yn gynt yn Llundain. Pan oedd ef ar y llwyfan, nid oeddech chi'n edrych ar neb arall.

Elfen arall o'i ymddangosiad ar y llwyfan sy'n aros yn gryf yng nghof Mered:

> Dw i'n cofio'n dda iawn rwan ar ddechrau'r ail act, dyna lle roedd Richard, y tywysog ifanc, yn dod i'r llwyfan ar ei ben ei hun, ac roedd o wedi gwisgo dillad y ddeunawfed ganrif yn llys Ffrainc. Ac roeddwn i'n sylwi fod ganddo rywbeth ar ei got, a diawch beth oedd ond model bach mewn tun neu enamel o genhinen!
>
> Pan aethom ni ar ôl y sioe i'r ystafell wisgo, cawsom ddiod hefo'r cast, efo Helen Hayes a Susan Strasberg, a dyma fo'n dweud ei fod wedi rhoi hwnna arno'n arbennig i wneud i Phyllis a fi deimlo'n gartrefol. 'Ond aros,' medda fo wrtha'i, 'nes gweli di Hugh yn dod ar y llwyfan heno – dyna'r ymddangosiad mwya dramatig sydd ar Broadway.'
>
> Reit te, aethon ni i weld Hugh yn y nos – tocynnau da, seti da yno eto – ac roedd Hugh yn chwarae rhan dyn a oedd wedi bod yn dipyn o foi, yn hoff o'i ddiod a phethau felly. Ac oeddet ti'n ei glywad o'n gweiddi yn y cefndir cyn iddo ddwad ar y llwyfan – 'Oooooh . . .' yr ocheniad mwyaf difrifol, dyn wedi meddwi yn gweiddi, ac mae o'n dwad ar y llwyfan, ac wrth gwrs Hugh ydoedd, â'r llygaid a'r trwyn a'r geg fawr. Ac Arglwydd, be oedd ganddo fo ar ei frest oedd cenhinen – cenin go iawn, ynde, hefo'r gwreiddau yn eu cyfanrwydd, a rhywsut neu'i gilydd, roedd hwn ynglwm i'w gôt.
>
> Roedden ni wedi mwynhau'r ddwy ddrama – dwy ddrama gwbl

wahanol i'w gilydd, yn perthyn i ddau gyfnod, dau wareiddiad gwahanol i ryw raddau, ac wedyn ar ôl y ddrama, fe ddaeth Richard a Sybil i ymuno â ni a Hugh, a fe aethon ni o'r theatr i fflat Lena Horne – roedd hi i ffwrdd, ac roedd hi wedi rhoi'r fflat i'r Cymry i gael dathlu Gŵyl Ddewi!

Roedd 'na ddigon o Gymry Cymraeg yn y parti – a nifer ohonon ni'n cael hwyl yn canu alawon gwerin. Roedden ni wedi cymryd y lle inni'n hunain, a'r Gymraeg oedd yn flaenllaw, a phawb yn cael hwyl fawr iawn.

Pwysleisia Mered mai Cymraeg oedd yr iaith rhyngddo ef a Richard, a rhwng Richard a Hugh.

A dw i'n cofio'r ferch Susan Strasberg yno a Helen Hayes, dw i'n cofio nhw'n rhyfeddu. Roedd o a finnau'n siarad Cymraeg ac oedd Phyllis a'r ddwy ddynes yn siarad gerllaw, ac yn synnu clywed yr iaith 'ma ynde, a rhyfeddu fod Richard yn siarad Cymraeg ac wedyn yn gallu newid yn syth i'r Saesneg.

Felly, Cymraeg oedden ni'n siarad, ac roedd o'n falch o'i Gymraeg. Ond roedd ganddo fo'r syniad rhywsut nad oedd ei Gymraeg o'n Gymraeg cywir – fel sy' gen rai o bobl y de yn aml, *inferiority complex* – fel 'tae nhw'n meddwl ein bod ni yn y gogledd yn siarad Cymraeg *go iawn*, ynde. Ond na, roeddwn i'n siarad andros o Gymraeg efo fo trwy'r noson honno.

Roedd o'n falch iawn iawn o'i Gymreictod – yn ymwybodol iawn iawn o'i Gymreictod, ac yn ymwybodol iawn o'i deulu – roedden nhw'n deulu clòs. Roedd o'n gwybod yn iawn pwy oedd o.

Aelod arall o'r teulu oedd yno i ddathlu Gŵyl Ddewi oedd Philip Burton, ac fe nododd Phyllis sut roedd Richard yn ofalus i beidio â gwneud argraff ddrwg ar ei dad/athro:

Rwy'n cofio rhywun yn gofyn i Richard i adrodd rhywbeth gan Dylan Thomas – rhyw ddarn allan o *Fernhill* – a doedd Richard ddim yn fodlon tasai P H yn y stafell achos roedd o'n gwybod ei fod wedi meddwi, a doedd o ddim eisiau gwneud y peth yn anghywir tasai P H yno.

Mae'n syndod i raddau fod Mered yn cofio cynifer o fanylion am y parti.

Ond dw i yn cofio ein bod ni wedi canu Cymraeg, wedi adrodd Cymraeg, a bod y bobl a oedd yno i gyd yn sylweddoli mai dathlu Gŵyl Ddewi, Gŵyl ein Sant, oedden ni.

A rwan ta, roedd gan Hugh ffon fugail, llawer iawn yn fwy na fo ei hun, a dyma fo'n gweiddi am dawelwch a dyma ni'n cael Goronwy Owen, cywydd 'Hiraeth am Fôn'. Ond roedd un dyn, Robert Webber, yn mynnu siarad yn ystod y gerdd, a dyma Hugh yn rhoi cynnig amdano fo gyda'r ffon, ac mi aeth Robert Webber yn wyn!

Ond dyna oedd y noson, ac aeth ymlaen ac ymlaen. Roedden ni wedi gadael y parti tua tri neu hanner wedi tri, achos bod rhaid i ni fynd yn ôl y diwrnod wedyn gan fy mod i'n siarad â'r Cymry yn Boston y noson wedyn. Ond fe welson ni ddarn yn y papur am barti'r Cymry yn fflat Lena Horne, a gweld fod yn rhaid i ddau blismon fynd i fewn i'r parti tua 5 o'r gloch, a thawelu pethau. Dyna'r parti gwyllt hwnnw – does gen i'r fawr o gof amdano fo, a dweud y gwir!

Fe barodd *Time Remembered* i ddiddanu cynulleidfaoedd llawn, ond doedd y cynhyrchiad ddim yn un proffidiol iawn i'r theatr gan fod cyflogau'r tri phrif seren yn llyncu cyfran helaeth o'r enillion. A thrwy'r cyfan, fe barhaodd carwriaeth Richard a Susan yn agored i'r byd gael gweld. Galwodd y ddau ar Philip Burton, a Richard yn adrodd straeon am yr hen ddyddiau yn Nhai-bach. Aeth y ddau fel pâr i glybiau nos a phartïon. Ar un achlysur pan oedd y ddau wedi cweryla oherwydd fod Richard yn fflyrtan gydag actores arall, fe aflonyddodd Richard aelwyd y Strasbergs am bump o'r gloch y bore. Fe agorodd tad Susan, Lee Strasberg, y drws yn ei byjamas i ddarganfod Richard yn feddw yn adrodd Shakespeare yn y cyntedd. Ni ddywedodd y tad ddim am y digwyddiad wrth ei ferch y bore trannoeth.

Yn wir, mae Susan yn galw ei rhieni yn gyd-gynllwynwyr yn ei charwriaeth. Fe ddeuai Richard draw am ginio dydd Sul i adrodd straeon am Gymru (*'Black Sambo'* eto) a'r theatr, ac i drafod Shakespeare â'i thad. Fe ofynnodd Richard am gymorth Lee Strasberg gyda'i ran fel Heathcliff mewn cyhyrchiad i'r teledu o *Wuthering Heights*. (Ni phlesiodd ei berfformiad y *New York Times*, ond credai sawl un, gan gynnwys Philip Burton, ei fod yn odidog). Mae'n rhyfedd fod gan Richard amser ar gyfer y fath fenter, ac yntau'n ymddangos ar y llwyfan, yn ŵr a thad i'r teulu, yn chwarae ac yfed trwy'r nos, a hefyd yn cynnal gwersi ar Shakespeare i actorion Broadway. Bu ei stamina yn amlwg trwy gydol ei hanes, ond mae cyflymdra ei fywyd yn y cyfnod hwn yn rhyfeddol.

Mae Susan yn nodi ei fod wedi penderfynu – neu efallai wedi'i argymell – i beidio ag yfed am gyfnod. Ofnai hithau na fyddai'n ei charu pan fyddai'n sobr; ond fe ddarganfu fod Richard di-alcohol yn fwy tawel, ond yn swynol a siaradus ac yn byrlymu o eiriau rhamantus o hyd. Ei theimlad oedd iddo yntau'i hun ofni y byddai'n ddiflas heb ysgogiad alcohol.

Felly, roedd Richard yn ymwybodol mor gynnar â hyn yn ei fywyd fod peryglon iddo yn y ddiod. Ond heb noddfa alcohol, roedd e'n poeni am sut y perfformiai ar y llwyfan: fe sylwodd ar ei ddwylo yn siglo mewn un olygfa pan oedd rhaid iddo godi gwydr. Ni pharodd ei gyfnod 'sych' yn hir.

Wedi wyth mis, fe ddaeth diwedd ar *Time Remembered*. Diwedd, hefyd, ar ramant Susan Strasberg â'i thywysog. Ar ôl i Richard ddangos yn glir ei fod am ddychwelyd i'w gartref yn y Swistir gyda'i wraig, disgrifiodd hithau yr wythnosau nesaf fel niwl o ddagrau heb eu tywallt. Roedd yn straen aruthrol arni i beidio â thorri i lawr, yn gyhoeddus neu ar y llwyfan. Ar y diwrnod y gadawodd Richard, fe gymerodd hi *tranquillizer*. Ffoniodd yntau i ddweud ei fod yn ei charu ac fe ddisgwyliodd hi trwy'r nos a'r bore am ei gnoc ar y drws; ond bu'n disgwyl yn ofer. Fe aeth hi i gysgu gyda hen grys yn perthyn i Richard fel rhyw fath o gysur.

Roedd Richard wedi dychwelyd i'r Swistir am hoe fach cyn dechrau ar un o'i rannau mwyaf grymus ac addas mewn ffilmiau: Jimmy Porter, y 'dyn ifanc dig' gwreiddiol. Mewn parti a roddwyd gan Laurence Olivier yn Efrog Newydd ym mis Mai, cyfarfu Richard â John Osborne – y dramodydd a ddaeth yn enwog am ei greadigaethau a oedd yn darlunio bywyd fel yr oedd. Fe ddaeth y ddau ymlaen â'i gilydd yn arbennig – yn un peth, roedd gan Osborne gysylltiadau Cymreig, oherwydd hanai ei dad o Gasnewydd. Roedd yntau eisoes wedi ennill enw iddo'i hun fel cymeriad dadleuol, awyddus i ymosod ar hunan-fodlonrwydd y gymdeithas ym Mhrydain. Yn syth fe ddatblygodd dealltwriaeth rhwng y ddau, ac fe gynigiodd Osborne y brif ran mewn ffilm o'i ddrama *Look Back in Anger* i Richard. Mae cymeriad Jimmy Porter yn ddyn o'r dosbarth gweithiol a gafodd addysg ond sy'n darganfod ei fod yn gaeth i system y dosbarthiadau yng nghymdeithas Lloegr. Roedd y rôl yn atyniadol i Richard ac fe gytunodd yn syth –

> Tan hynny doeddwn i ddim ond wedi portreadu tywysogion, arwyr, brenhinoedd – wedi fy ngwisgo'n barhaol mewn *togas* neu'u tebyg. Roedd hi'n ddifyr darganfod dyn a oedd yn dod o'r un dosbarth â finnau ac oedd yn gallu siarad yn y ffordd yr hoffwn i siarad.

Yn wir, fe wrthododd Richard gytundeb tair ffilm i Warner Brothers er mwyn cymryd y rhan – enghraifft ohono'n dewis sgript safonol o flaen arian. Am ei gyfraniad fel Jimmy Porter fe dderbyniodd lai na $100,000: roedd Warners yn cynnig $450,000.

Dechreuwyd ffilmio yn Llundain ym mis Awst 1958. Yn *Look Back in Anger* roedd yn cyd-weithio unwaith eto gyda Claire Bloom, gyda'u perthynas mor nwydus ag o'r blaen. Pan ddaeth Susan Strasberg draw i Lundain, wedi iddi gynllwynio i gael gwaith draw yn Ewrop, ni ddaeth Richard i gwrdd â hi yn y maes awyr. Yn waeth, o fewn munudau i gwrdd â Richard yn ei ystafell wisgo, cafodd ei gwthio i'w stafell ymolchi, tra bod Richard a Claire yn mwynhau eu hunain yr ochr arall i'r drws. Nid oedd Richard yn fodlon hebrwng Susan i fewn i'w gwesty rhag ofn bod rhywun yn eu gweld: fe ddeallodd hithau'r neges, ac ymadael.

Mae'r ffilm ei hunan yn ddi-gyfaddawd yn ei phortread o wacter bywyd Jimmy Porter. Mae ei gasineb a'i ddicter yn ei oresgyn; mae ei gymeriad yn hollol oer a hunanol; mae cariad yn rywbeth gwrthun iddo. Ysgrifennodd Richard at Philip yn byrlymu â bodlonrwydd am ei berfformiad, gan ddweud ei fod yn edrych ymlaen am y tro cyntaf erioed i weld ei hunan ar y sgrîn.

Unwaith eto mae'r adolygiadau yn gymysg, gyda rhai yn gwerthfawrogi'r ffilm a pherfformiad Richard, yn enwedig beirniaid Prydain, lle roedd y ffilm yn ddigon i ail-sefydlu'i enw da fel actor. Ond roedd y mwyafrif o adolygwyr America o'r farn bod y ffilm yn un druenus a'r prif gymeriad yn gwynwr di-werth. Iddynt hwy, roedd dyn sy'n cega am ei safle yn hytrach na gwneud y gorau o'i gyfleoedd yn gymeriad annymunol iawn. Mae'n anodd anghytuno'n llwyr â'r safbwynt hwn: mae'r portread o Jimmy Porter yn eithafol o ddwys o'r dechrau, ac nid oes unrhyw gyfle i'r gynulleidfa gydymdeimlo ag ef – ni chawn eglurhâd derbyniol paham y mae yntau mor ddig. Ond eto mae'r llygaid yn glynu wrth Richard ar y sgrîn, wrth i'w egni a'i nwyd rhyfeddol gael eu trosglwyddo yn drydanol mewn tonnau o atgasedd a hunan-dosturi.

Tra oedd yn Llundain, ac yn gweithio ym Mhrydain am y tro cyntaf ers iddo symud i'r Swistir, derbyniodd y sialens o actio ar y radio yn nrama Saunders Lewis, *Brad*. Recordiwyd hon yn y ddwy iaith, â chast rhyfeddol o dalentog, gan gynnwys Emlyn Williams, Siân Phillips a Clifford Evans, gydag Emyr Humphreys yn cyfarwyddo. Cymhlethwyd y cynhyrchiad oherwydd goblygiadau gwaith yr actorion (gyda Richard y troseddwr mwyaf) ac roedd yn rhaid ymarfer a rhoi y ddrama at ei gilydd ddarn-wrth-ddarn, dros gyfnod o bythefnos mewn amrywiaeth o stiwdios gwahanol. Adrodda Siân Phillips hanes actores ifanc yn gadael negeseuon byth a beunydd i Richard, ond yntau byth yno. Un diwrnod galwodd hi yn y stiwdios gan adael llythyr iddo. 'Dewch â fe i fyny,' meddai Emlyn Williams, 'a dewch â thegell sy'n berwi hefyd . . .'

Ond wedi i'r recordio ddechrau, cofia Emyr Humphreys i'r criw gael 'hwyl eithriadol'. Mewn llythyr i Philip Burton, ysgrifennodd Richard ei fod wedi gwir fwynhau hyn, ei ymgais gyntaf i recordio drama yn y Gymraeg i'r BBC. Ymffrostiodd hefyd ei fod wedi cael llai o drafferth gyda'r heniaith na rhai o'r lleill. Eto, mae Emyr Humphreys yn cofio Ifor Jenkins yn eistedd nesaf ato wrth recordio'r ddrama gyda Richard, Siân Phillips, Emlyn Williams a Clifford Evans. Pan ymhyfrydai Emyr yn yr olygfa, roedd Ifor lawer yn fwy diduedd: 'Rwy wedi clywed llawer gwell yn ein festri ni sawl gwaith'.

Roedd amser hefyd gan yr actorion i roi sylw i bethau Cymreig. Fe awgrymodd Emlyn a Richard ddanfon telegram at Saunders Lewis mewn ffurf cyfarchiad teyrngarol yn y Gymraeg. Llofnododd aelodau'r cast lythyr a gyhoeddwyd yn y *Western Mail* a ddadleuodd yn gryf fod Cymru yn haeddu ei gwasanaeth teledu ei hun, yn hytrach na'r sefyllfa a grëwyd pan fu rhaid i Gymru dderbyn bod yn rhan o uned oedd yn cynnwys gorllewin Lloegr hefyd. Fe nododd yr actorion eu bod hwy wedi gorfod gadael eu gwlad er mwyn ennill bywoliaeth, a gofidient y byddai diwylliant Cymreig yn y ddwy iaith yn dioddef pe bai Cymru heb ei gwasanaeth teledu ei hun. A phan gyhoeddwyd ymosodiadau'r Arglwydd Rhaglan yn erbyn y Gymraeg (gan edrych ymlaen at y dydd pan na fyddai'r iaith i'w chlywed mwyach), ysgrifennodd Emlyn lythyr celfydd a gyhoeddwyd yn y *Times* yn amddiffyn yr iaith. Ymatebodd yr Arglwydd Rhaglan gyda rhyw fân sylwadau, ac fe atebodd Richard gyda llythyr a gefnogodd safbwynt Emlyn.

Rhoddodd Richard berfformiadau eraill yn Gymraeg yr hydref hwnnw. Fe recordiodd araith olaf Llywelyn Ein Llyw Olaf, ar gyfer cyngerdd mawr Cymry Llundain ar Ddydd Gŵyl Ddewi. Ac ar nos Sadwrn ychydig ddyddiau cyn ei ben-blwydd yn 33 oed ymddangosodd parti Cerdd Dant Pont-rhyd-y-fen yng nghanolfan Cymry Llundain. Un o aelodau'r côr oedd ei chwaer Hilda, ac fe ymunodd Richard â'r parti ar y llwyfan tua diwedd eu perfformiad. Mae arweinydd y côr, Alwyn Samuel, yn cofio iddo ymuno hefyd mewn cân – efallai 'Hen Wlad fy Nhadau' – gan ganu mewn llais mwyn – 'Mae ei lais siarad yn dweud wrthych chi fod ganddo lais canu da'. Achoswyd tipyn o gyffro ymysg y gynulleidfa, ac fe gymerwyd llun a ymddangosodd yn y papurau.

Mewn cyfweliadau mae hiraeth Richard am ei famwlad yn amlwg, ac mae'n ymddangos fod ganddo ddelweddau yr alltud o Gymru, wedi'u lliwio gan atgofion melys ei blentyndod. *'I can't look back in anger'* medd un pennawd, *'. . . in my mind's eye Port Talbot seems all sunshine.'* Mae'n galw i gof blentyndod delfrydol, yn dysgu nofio ym Mhwll-y-Ropyn, yn cerdded i lawr i'r ysgol Sul, yn chwarae gemau caled ac yn achlysurol yn cael ei hunan i drwbwl. 'Dichon ei bod hi'n hawdd imi fod yn sentimental, ond ni fynnwn fod wedi cael fy ngeni yn unrhyw fan arall'.

Ond wrth iddo hiraethu am dde Cymru ei blentyndod, does dim arwydd ei fod yn ystyried dychwelyd i fyw yng Nghymru na Lloegr. Ymysg ei atgofion heulog, mae hefyd yn cofio cysgod tlodi a oedd yn loetran dros y cwm. Nid oedd yn rhaid iddo egluro y byddai dychwelyd i Brydain i fyw yn golygu rhoi rhan sylweddol o'i enillion i'r Trysorlys. Felly roedd ei symudiad 'dros dro' i'r Swistir yn dechrau edrych fel alltudiaeth barhaol. Tra bod Richard yn gallu encilio i Bont-rhyd-y-fen ei blentyndod yn ei feddwl, doedd dim rhaid iddo fyw yn y Gymru a oedd yn bodoli yn y presennol.

Port Talbot
Secondary School

Annual
Dramatic
Performance

&

"Gallows Glorious"

by

Ronald Gow

&

Y.M.C.A. Hall   November, 1942

Llofnod Richard Jenkins a chyd-aelodau cast *Gallows Glorious*, gan gynnwys
Brinley Jenkins, ar gopi o raglen y perfformiad.

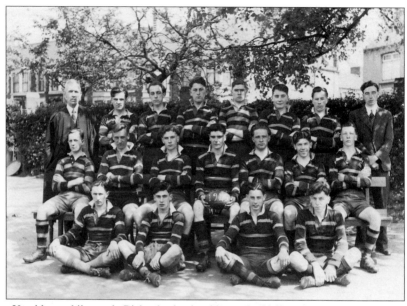

Yn nhîm rygbi'r ysgol. Richard sy'n eistedd ar y chwith i'r capten, yn y rhes ganol, ac ar y dde i'r capten mae Brinley Jenkins.

Edrych dros afon Afan, Pont-rhyd-y-fen, Rhagfyr 1956.

Richard yn cael ei gyfweld gan Wyn Roberts yn 1958.

Trwy garedigrwydd HTV

Richard yn ymarfer ar gyfer *Brad* gyda Siân Phillips, Meredydd Edwards, Emlyn
Williams ac eraill.

Clawr cylchgrawn *Time*.

Parti Pont-rhyd-y-fen ar lwyfan Clwb Cymry Llundain. Mae Richard yn gafael yn llaw ei chwaer, Hilda.

Richard a Ryan Davies ar glawr *Y Cymro* adeg ffilmio *Under Milk Wood*.

Hugh Griffith a Richard yn ystod eu cyfnod yn Stratford-upon-Avon, yn 1951.

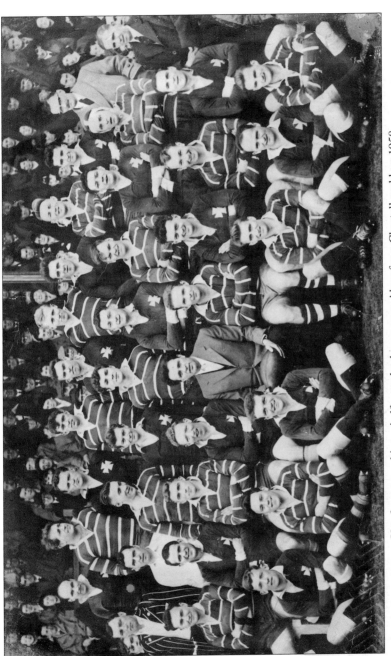

Y cefnogwr rygbi yn ei elfen gyda chwaraewyr Aberafan a Chastell-nedd yn 1958.

Richard, Sybil, Brook Williams, Gwen ac Ifor ei frawd, yn Rhufain, gaeaf 1961-62.

Trwy garedigrwydd Ystad Roddy MacDowall

Richard, Elizabeth Taylor, Elfed James a Ciss yng Nghwm-afan.

Trwy garedigrwydd HTV

Diemwnt Krupp gyda Richard ac Elizabeth yn lawns Teledu Harlech, Mai 1968.
Trwy garedigrwydd HTV

Suzy a Richard ym Mhont-rhyd-y-fen ym mis Rhagfyr 1976.
Trwy garedigrwydd HTV

Portread o'r actor a dynnwyd ar 28 Chwefror 1982, ddiwrnod cyn dydd Gŵyl Ddewi.

BRENIN BROADWAY

RBYN i *Look Back in Anger* ymddangos, roedd Richard wedi dychwelyd i America ac yn gweithio ar ddwy ffilm ddi-werth. Roedd *The Bramble Bush* yn felodrama am ewthanasia, ac yn wastraff llwyr o ddoniau Richard yn ôl pob adolygiad. Ffilm epig am ffatri ganio pysgod yn Alaska oedd *Ice Palace*. O ochr Richard, rhinwedd bwysig y ffilm honno oedd yr arian yr oedd yn ei dderbyn am ei gwneud, a chyda'r amserlen ffilmio yn Alaska yn cael ei hymestyn, roedd ei dâl bron â dyblu erbyn diwedd y cynhyrchiad.

Yn ôl yn Hollywood, ni welwyd dim o'r creadur diymhongar gynt a wnaeth rinwedd o fod yn ofalus o'i arian. Mynnodd fod dau *Cadillac* ar gael iddo – un iddo ef ac un i'r teulu. Roedd dechreuadau *entourage* ganddo, gydag ysgrifenyddes breifat, Valerie Douglas, a gyrrwr/cynorthwy-ydd o'r enw Bob Wilson. Un o'i gyfrifoldebau oedd paratoi *vodka* a thonic i Richard i'w roi iddo am bump o'r gloch ar ei ben – er bod y ffilmio'n parhau tan chwech.

Tra oedd Richard yn gorffen ffilmio fe deithiodd Sybil adre i'r Swistir i baratoi am enedigaeth eu hail blentyn. Fel y gellid disgwyl erbyn hyn yn hanes Richard, ni olygai hynny ei fod yn unig yn ei wely. Yn ôl colofnydd dibynadwy am *shenanigans* Hollywood, honnodd Richard mewn ymadrodd pêl fas ei fod wedi 'sgorio mil' gyda'r actoresau yr oedd wedi ymddangos gyda nhw. Sylwa'r colofnydd fod y canran o lwyddiannau yn agosach at 90%: '*On* Ice Palace *he jumped everything that moved, including one fifty-year-old production assistant who is still eternally grateful*'.

Mae hanes arall o'i gyfnod ar *Ice Palace* yn haeddu sylw, a ffynhonnell y stori yw Jim Backus, cyd-actor a chyfaill ar y ffilm. Roedd gan leoliad y ffilm, tref bysgota fechan o'r enw Petersburg, un lle yfed oedd yn denu'r criw. Gan fod mwy na diod ar gael i'r cwsmeriaid, enwyd y lle '*the Knocking Shop*' gan Richard. Un noson roedd criw bychan o actorion yno, yn ceisio trafod eu crefft uwchben sŵn y *juke-box*, tra bod gweddill yr ystafell yn llawn pysgotwyr yn dawnsio â'r merched a pharau yn diflannu bob yn hyn a hyn i stafelloedd y llofft. O dan yr amgylchiadau hyn ceisiodd Richard egluro cymhlethdodau *Hamlet* i'w gyfeillion. Ond roedd sŵn y melodïau diflas yn tywallt o'r peiriant yn trechu'i ymgais i ddehongli tywysog Denmarc. Yn sydyn, neidiodd Richard at y *juke box* a rhwygo'r llinell drydan allan o'r peiriant. Troes pedwar deg o bysgotwyr hyll eu llygaid blin arno, ac agosáu ato gyda'u dyrnau'n barod. Trôdd Richard ei gefn arnynt a cherdded yn ôl i'w ford, cymryd cadair a rhoi ei droed arni. Gan wynebu'r pysgotwyr ond heb edrych arnynt, dechreuodd adrodd *'To be or not to be, that is the question . . .'* Tawelodd popeth yn yr ystafell, a syllodd pob pâr o lygaid ar y perfformiad anhygoel. Parhaodd y tawelwch am ychydig wedi diwedd yr anerchiad cyn i'r pysgotwyr a'r merched uno mewn cymeradwyaeth fyddarol.

Ganwyd Jessica, ail ferch Richard a Sybil, yn ystod ffilmio *Ice Palace*, tra oedd Richard yn dal yn Hollywood, ac roedd yn rhaid i Sybil ei gysuro ar y ffôn nad oedd ef gartref. Roedd ei gynhyrchiad nesaf yn Efrog Newydd: dwy ddrama ar gyfer y teledu, *The Fifth Column* a *Tempest*. Canmolodd Philip Burton ei berfformiad yn ei atgofion, a chafodd y ddau sawl cyfle am aduniad tra oedd Richard yn Efrog Newydd.

Erbyn diwedd y flwyddyn roedd Richard yn ôl yn *Le Pays de Galles* yn y Swistir, ac yn hiraethu am rai o foethau'i famwlad. Pan ymwelodd Aled Vaughan, cynhyrchydd radio gyda'r BBC, fe aeth â bara lawr gydag ef, ar gais Richard. Recordiodd Richard yn sgwrsio'n naturiol amdano'i hun ar gyfer portread radio, a hefyd sicrhawyd sgwrs ar gyfer y Nadolig.

Cefnogodd Richard gynllun Clifford Evans i sefydlu Theatr Genedlaethol i Gymru yng Nghaerdydd. Byddai hwn yn ymgyrch hir ac anffrwythlon i Clifford, a dreuliodd flynyddoedd lawer yn ceisio gwireddu'i freuddwyd. Flwyddyn yn ddiweddarach, pan oedd yn Efrog Newydd, sicrhaodd Richard gefnogaeth Laurence Olivier ar gyfer y prosiect, ac fe ddanfonodd delegram at Clifford yn cynnig gwasanaeth y ddau ohonynt ar gyfer tymor agoriadol y theatr (a fwriadwyd ar gyfer 1964). Rai misoedd wedyn, ac yntau'n dal yn Efrog Newydd, ysgrifennodd ag awgrymiadau ar gyfer pobl y credai y byddai'n debygol o gyfrannu'n ariannol at y fenter. Yn 1964, gan nad oedd y cynlluniau wedi dwyn ffrwyth, roedd Richard yn ôl ar y llwyfan yn Efrog Newydd yn hytrach na Chaerdydd, ond tra oedd yno, fe soniodd mewn sawl cyfweliad am bwysigrwydd cael Theatr Genedlaethol i Gymru. Ym mis Chwefror 1965 rhoddodd £10,000 tuag at Ymddiriedolaeth Theatr Dewi Sant, ac roedd yn anfodlon ddwy flynedd yn ddiweddarach pan nad oedd digon wedi cael ei wneud i droi'r freuddwyd yn ffaith. Ym mis Tachwedd 1967 cyhoeddodd ei fod am ymddangos ar lwyfan Theatr Genedlaethol Cymru gyda'i wraig (Elizabeth Taylor, erbyn hynny) ac fe nododd ei fod yn awyddus i chwarae rhan mewn cynhyrchiad Cymraeg ei iaith. Felly, roedd cefnogaeth Richard i'r prosiect yn gyson ac yn ddiffuant, er i gynlluniau Clifford fethu dwyn ffrwyth. Fe barodd ei ymgais hyd yr 1980au – a phan fu farw Richard, fe alwodd Clifford am wireddu'u breuddwyd am Theatr Genedlaethol fel y cofeb mwyaf addas i'w gyfaill.

Ceir tystiolaeth am haelioni Richard i'w westeion Cymraeg a ymwelodd â'r teulu yn y Swistir. Ym mis Chwefror 1960, ymwelodd Osian Ellis, ei wraig a'i delyn â *Le Pays de Galles*.

Roeddwn i ar daith i'r Swistir i roddi datganiadau gyda'r delyn; wrth gludo'r delyn rhaid oedd teithio gyda'r modur i bob man – *'estate car'* a digon o faint i'r delyn orwedd yn y cefn. Trefnwyd y cyngherddau hynny dan nawdd y Cyngor Prydeinig, a chafodd y wraig a minnau gyfle i aros am rhyw dridiau yng nghartref Richard Burton a Sybil a'r ferch fach, Kate, yn Celigny. Roedd Richard wedi addo rhoi noson o farddoniaeth i Goleg Diwinyddol gerllaw, a pherswadiodd fi i ymuno ag ef. Roeddwn wedi hen arfer rhoi datganiadau cyffelyb yn Lloegr: yr arfer oedd imi ddechrau'r rhaglen gyda darn addas ar y delyn i greu awyrgylch ar gyfer rhyw grŵp o gerddi ar destunau arbennig – serch, hiraeth, rhamant, tristwch – a byddwn yn pontio o un testun i'r llall gyda chân neu ddarn telyn. Roedd Richard yn awyddus i adrodd *'The Hound of Heaven'* gan Francis Thompson gyda chyfeiliant byw gen innau i ymateb i rhythmau nwyfus y gerdd –

> . . . *and a Voice beat*
> *More instant than the Feet –*
> *'All things betray thee, who betrayed Me'.*

Adroddodd farddoniaeth gan Dylan Thomas hefyd, a bûm innau'n canu darnau telyn ac yn canu alawon Cymreig.

Roedd ymroddiad Richard i ddarllen barddoniaeth yn angerddol; gellid, efallai, esbonio hynny wrth sylwi ar awydd yr actor i ymgolli yng ngweledigaeth bardd a dramodydd – rhywbeth, efallai, y tu hwnt i'w allu ef ei hun. Roedd ganddo ddawn i amgyffred miwsig a rhythmau barddoniaeth – yn od iawn, dawn ryfeddol o brin ym mrawdoliaeth yr actorion!

Cymro arall sy'n sôn am garedigrwydd Richard yn *Le Pays de Galles* yw David Rowe-Beddoe, a oedd ar y pryd yn fyfyriwr.

> Roeddwn i wedi cadw mewn cysylltiad â Richard tra oeddwn i yng Nghaergrawnt, lle gwnes i lawer o actio. Fe aethon ni ar daith gyda chwmni drama'r brifysgol, gan berfformio *Hamlet* ar draws Ffrainc a'r Swistir. Roeddwn i'n chwarae Claudius, ac roedd Derek Jacobi yn cymryd rhan Hamlet. Fe aeth y ddrama i Geneva neu Lausanne, ac roedd yn hyfryd oherwydd arhoses i gyda Richard a Sybil yn Celigny am tua wythnos. A chwarae teg iddo, rwy'n credu iddo ddod i weld y ddrama bob nos, oherwydd nid oedd yn gweithio ar y pryd, ac i Richard roedd mynd i'r theatr yn llawer gwell na pheidio â mynd i'r theatr – dim ots beth oedd safon y cynhyrchiad. Ond hefyd dangosodd ei fod yn wir gyfaill – oherwydd doedd dim rhaid iddo deithio i weld rhyw fyfyrwyr amatur, er i ni i gyd gredu ein bod yn ardderchog!
>
> Roedd Derek Jacobi yn eitha nerfus wrth gwrs, gan wybod fod un o Hamlets gorau'r byd allan yn y gynulleidfa bob nos, yn edrych arno. Ond rhoddodd Richard awgrymiadau godidog i Jacobi ar gyfer ei berfformiad, a oedd yn gymorth mawr i un a oedd ag uchelgais i fentro i'r theatr broffesiynol.

Tra oedd Richard yn cynllunio'i gam nesaf fe dderbyniodd y rôl a fyddai'n sicrhau ei enwogrwydd yn Broadway a thu hwnt. Roedd Alan Jay Lerner a Frederick Loewe wedi ysgrifennu'r *musical* mwyaf llwyddiannus yn hanes Broadway, *My Fair Lady*. Y testun nesaf oedd y Brenin Arthur – a phwy fyddai'n well i chwarae'r brenin na'r un a oedd yn hudo'r cynulleidfaoedd fel brenhinoedd Shakespeare. Mae'n debyg bod rhywun wedi clywed Richard a Sybil yn canu mewn parti yn Hollywood, ac ar sail hynny fe gynigiwyd y rhan i Richard, am gyflog o $4,000 y mis a chyfran o'r elw.

Cyn derbyn, gofynnodd Richard am gyngor Laurence Olivier: yr ateb a gafodd oedd fod hwn yn gyfle rhy dda i'w golli.

Bu Richard yn ymarfer yn drylwyr ar gyfer Camelot cyn i'r ymarferion ddechrau yn iawn. Unwaith eto, Philip Burton oedd ei athro, yn ei dywys trwy'r caneuon ar y *grand piano* yn ei fflat, wrth i Richard ddysgu'r geiriau a'r tonau.

Wedi'r ymarferion swyddogol yn Efrog Newydd, roedd yr awduron a'r cyfarwyddwr yn dal i weithio i loywi'r ddrama pan symudodd y cynhyrchiad i Toronto ar gyfer y *première* – pedair awr a hanner ohono. Roedd Lerner, awdur y geiriau, eisoes yn yr ysbyty gydag *ulcer* trafferthus, ond ar y diwrnod y gadawodd yr ysbyty, aeth y cyfarwyddwr, Moss Hart, i mewn gyda thrawiad ar y galon. Yn ogystal, roedd y cyfansoddwr, Loewe, wedi dioddef gyda thrawiad ychydig o flynyddoedd yn gynt, ac yn rhoi ei hunan o dan gymaint o straen nes bod perygl i'w galon ddioddef eto.

Yr un a gamodd i'r bwlch oedd Richard ei hun. Galwodd ar Philip i eistedd yn sêt y cyfarwyddwr, ac aeth yntau drwy'r sgript, gan docio awr a hanner ac ychwanegu tair cân. Cymerodd Richard ei hun ofal am ymarferion yr *understudies*. Fe welir llawer o enghreifftiau o Richard fel arweinydd dynion yn ei ffilmiau ond dyma'r enghraifft orau ohono fel arweinydd go iawn. Ysgrifennodd Lerner amdano: 'Duw a ŵyr beth fyddai wedi digwydd heb Richard Burton . . . dichon na fyddai *Camelot* wedi cyrraedd Efrog Newydd onibai amdano ef'.

Ac fel petai dim digon ar ei blât yn barod, ac yntau'n chwarae'r Brenin Arthur bob nos yn Theatr Schubert, Boston, fe dreuliai oriau'r dydd yn recordio llais Syr Winston Churchill ar gyfer y gyfres 26-rhan *'The Valiant Years'*. Roedd y cyflog o faint epig hefyd, $100,000. Ac yntau'n fab i löwr o Gymro, nid oedd am gael ei gysylltu'n ormodol gyda Sais o'r dosbarth breiniol a phoenai am dderbyniad y rhaglen ym Mhrydain: 'Mae nhw'n fy nabod i fel Cymro'.

Cyrhaeddodd *Camelot* Broadway ym mis Rhagfyr 1960 gyda blaen-werthiant o dros $3 miliwn. Cymysg oedd yr adolygiadau – heblaw am rai Richard a oedd yn rhagorol. Sicrhawyd bod y sioe yn llwyddo ar ôl i'r *Ed Sullivan Show* roi rhaglen gyfan i Lerner a Loewe, gyda darnau hir o'u sioe newydd yn cael eu perfformio. O fore trannoeth ymlaen, roedd y rhes o bobl frwd yn disgwyl am docynnau yn ymestyn o gwmpas y bloc!

Yn ôl pob sôn, roedd Richard yn mwynhau pob eiliad o'r cyfnod. Gan na wyddai a gâi fod mewn *musical* eto, roedd am flasu'r profiad i'r eithaf, ac felly fe fynnodd gael dawns fach yn yr olygfa agoriadol. Aeth y teulu draw – a Graham yn cael ei daro'n wael cyn y perfformiad agoriadol, ac yn treulio tair wythnos yn yr ysbyty. Pan ddaeth yn ddigon da i weld y perfformiad, cafodd ei wobrwyo gan *ad-lib* arbennig yn y sioe. Meddai'r Brenin Arthur wrth farchog: *'How goes it with my kinsman, Sir Graham? Word comes to me that he was gravely ill. I trust he is now in better health!'* Bu bron i Graham neidio allan o'i sedd!

Disgrifia Graham ei frawd yn paratoi ar gyfer y perfformiad: yfed *vodka* i ddechrau a chael un neu dri chwrw cyn mynd i'r llwyfan. Adnabuwyd ei ystafell newid fel *'Burton's Bar'*, a dyma oedd *y* lle i gael eich gweld a'ch diddanu. A chyda Richard yn ôl yn ei hen elfen, fe barhaodd gyda'i hen driciau. Ei bartner cyson yn y gwely oedd dawnswraig gwallt-melyn hir-goesog o'r enw Pat Tunder. Roedd hi gydag ef pan alwodd Walter Wanger, cynhyrchydd y ffilm *Cleopatra*, i drafod ei gynnig i Richard i ymddangos yn ei gampwaith newydd.

Wrth drafod perfformiad arbennig gyda Graham, byddai Richard yn defnyddio ymadrodd a ddysgodd gan eu brawd hŷn: 'Rwy'n credu fy mod i wedi llanw deg dram heddi'. Roedd deg dram o lo yn golygu bonws i'r glöwr.

Ar gyfer dwy erthygl hir a ymddangosodd yn y *Western Mail* yn 1961, cafodd James Edwards grynodeb o'r hyn yr oedd Richard eisiau ei ddatgelu ar y pryd, ac fe ysgrifennodd y gohebydd bortread yn llawn o sylwadau ffafriol. Ailadroddwyd hanes 'Hamlet a Churchill', gyda sawl ychwanegiad – er enghraifft, bod y ddau bellach yn ffrindiau, a bod Churchill wedi awgrymu enw Richard fel yr un i'w ddynwared yn *The Valiant Years*. Roedd Richard yn brolio yn ei lwyddiant, gan nodi bod y cylchgrawn *Time* wedi ei ddisgrifio fel un o'r chwech actor gorau yn yr iaith Saesneg a bod Sir Laurence Olivier wedi danfon telegram i ofyn 'Pwy yw'r pedwar arall?' Mae'n byrlymu gyda syniadau ar gyfer y dyfodol – dywed fod Leonard Bernstein yn ysgrifennu *musical* o'i gwmpas; mae'r *Old Vic* wedi gofyn iddo wneud *Peer Gynt*; mae John Gielgud newydd alw i geisio'i berswadio i gymryd rhan Iago i gyd-fynd â'i Othello ef; mae rhyw gwmni yn gofyn iddo ymddangos mewn ffilm gyda Audrey Hepburn; mae ef ei hun yn bwriadu cynhyrchu ffilm o stori gan F. Scott Fitzgerald; mae hefyd yn ystyried gwneud ffilm allan o sgript Dylan Thomas, *'The Beach at Falesá'*. Mae atgofion P H Burton hefyd yn sôn am y cynllun hwn: cyflogwyd ef gan Richard i weithio ar y sgript. Ond, fel pob un o'r prosiectau eraill y soniodd Richard amdanynt wrth y gohebydd, ni ddaeth dim o'r trafodaethau – fe ddeuai ffilm arall i newid y cynlluniau i gyd.

'Local boy makes good' yw'r portread a geir yn nwy erthygl y *Western Mail*. Mae'r gohebydd yn nodi fod Richard yn ennill rhywbeth fel £200,000 y flwyddyn. (Yn 1961, byddai tŷ tair-ystafell-wely yn swbwrbia Caerdydd yn costio £3,500 – £4,500; roedd cyflog

Aelod Seneddol o gwmpas £1,800; ac roedd y Jaguar *E-Type* ar gael gan werthwyr ceir am £2,098).

Mae enwau'r enwogion yn cael eu crybwyll drwyddi draw ond mae rhinweddau personol Richard hefyd yn cael clod: disgrifir ef fel un 'llonydd, moesgar, llawn hiwmor'. Cofiodd Richard dalu teyrnged i gyfraniad y *Western Mail* i'w ddyrchafiad o'r Co-op i lwyfan Broadway, trwy hysbyseb Emlyn Williams yn 1943, ac mae'r sylw priodol yn cael ei roi i'w wreiddiau Cymreig.

O safbwynt y Cymry yn 1960, felly, roedd Richard yn enghraifft lewyrchus o ddawn y genedl. Ond yn ôl rhai adroddiadau o fywyd Richard, nid oedd popeth a ddigwyddodd hyd hynny ond yn rhagarweiniad ar gyfer y bennod nesaf yn ei fywyd. Mae ei dri bywgraffiad Americanaidd yn dechrau gyda straeon o 1961, cyn dychwelyd i ddechrau'i hanes.

Wrth gwrs, dim ond adwaith yw hyn i'r enwogrwydd, y sylw, y cyfoeth a'r straeon amdano, a oedd i gyrraedd eu hanterth yn y blynyddoedd i ddod. Ond cyn camu i stori'r ffilm a newidiodd gyfeiriad a naws bywyd Richard yn ddi-droi'n-ôl, mae'n werth ystyried beth oedd wedi'i gyflawni hyd at yr adeg yma yn ei fywyd. Roedd wedi codi o blith y werin i fod yn filiwnydd ac yn berfformiwr uchel ei barch. Roedd yn frenin ar y llwyfan yn Efrog Newydd, a phetai sefyllfa'r dreth wedi caniatau, gallai fod wedi dewis pa rannau bynnag yr oedd am eu chwarae ar lwyfan y *West End*. Roedd yn arwr i'w deulu yng Nghymru, ac yn wir i Gymru ben baladr. Roedd ganddo ddwy ferch hyfryd a gwraig a oedd yn ei garu ac yn ei ddeall i'r dim. Pa bynnag flys oedd ganddo – boed am alcohol neu ferched – yr oedd yn gallu eu bodloni. Heb wybod beth ddeuai nesaf, efallai y byddai rhywun yn credu ei fod wedi cyrraedd y brig, ac mai'r unig ffordd wedyn oedd ar i lawr.

Ond mae rhywun yn synhwyro nad oedd Richard yn fodlon ar yr hyn oedd ganddo. Adroddai Alan Jay Lerner am sgwrs a gafodd wrth gerdded ar hyd *Broadway* gyda Richard yn ystod cyfnod *Camelot*. Dywedodd Richard mai ef fyddai'r actor cyfoethocaf, yr enwocaf a'r gorau yn y byd, ryw ddiwrnod. Awgrymodd Lerner nad oedd yn bosibl i Richard fod y tri pheth ar yr un pryd: os ef fyddai'r gorau, nid ef fyddai'r cyfoethocaf, ac os ef fyddai'r enwocaf a'r cyfoethocaf, nid ef fyddai'r gorau. Dywedodd Richard, *'Luv, I intend to be all three'*. *'Good luck'* meddai Lerner.

CLEOPATRA

MAE hanes ffilmio *Cleopatra* yn ddigon arbennig i haeddu ei chyfrol ei hun. Hon oedd y ffilm ddrutaf ac mae'n siŵr yr un fwyaf uchelgeisiol: pinacl ymdrechion stiwdios Hollywood i geisio ymladd y bygythiad o fyd teledu trwy wneud popeth ar gynfas enfawr. Ond fe daflwyd stori'r ffilm – hanes brenhines yr Aifft a fu farw ddau fileniwm yn ôl – i'r cysgod gan stori lawer mwy cyfoes a chynhyrchiol. Yr hyn roedd papurau a chylchgronau'r byd am ei gyhoeddi oedd hanes brenhines y sgrîn a'i pherthynas dymhestlog â chadfridog yr actorion. Roedd y cyfan yn cael ei chwarae ar lwyfan cyhoeddus dinas Rhufain ac roedd y cyhoedd yn awchus am unrhyw wybodaeth – neu yn fwy aml na pheidio, ffug-wybodaeth.

Gan gymryd chwyddiant i ystyriaeth, mae *Cleopatra* yn parhau i fod y ffilm ddrutaf a saethwyd erioed. Ond yn ôl yn 1958 y bwriad oedd cynhyrchu ffilm gymharol rad, ar gyllideb o $1-$1.2 miliwn. Roedd enw Richard yn cael ei ystyried yn gynnar yn y cynllun: yn Chwefror 1959, dewis cyntaf y cyhyrchydd ar gyfer y prif gymeriadau oedd Syr Laurence Olivier fel Cesar, Richard fel Mark Antony ac Elizabeth Taylor fel brenhines yr Aifft.

Elizabeth Taylor. Nid yn unig yr un a ystyrid y ferch brydferthaf yn y byd, ond un a oedd â digon o ddylanwad ym myd y ffilmiau i sicrhau ei bod yn cael ei ffordd ei hun bob tro: yn enwog y tu hwnt i unrhyw reswm; yn seren y ffilmiau ers iddi fod yn 11 oed; yn gyfoethog a chanddi feddwl da ar gyfer busnes, gyda'r cysylltiadau gorau posibl yn stiwdios Hollywood. Fe gamodd hi'n hawdd o fod yn seren fel plentyn i fod yn seren fel gwraig ifanc. Cafodd hi ei chusan gyntaf ar y sgrîn fawr pan oedd yn 14 oed yn y ffilm *Cynthia*, ac yn fuan roedd hi'n ennill ei lle ym mreuddwydion dynion ifanc America a'r byd trwy ei pherfformiadau. Ac yn cydfynd â'i gyrfa ar y sgrîn, roedd sylw y wasg ac ymdrechion y stiwdios yn sicrhau ei bod hefyd yn dilyn sgript eithaf tymhestlog yn ei bywyd oddi ar y sgrîn.

Roedd ei charwriaeth gyntaf gyda'r arwr pêl-droed Americanaidd,

Glenn Davis – carwriaeth a reolid gan ddisgwyliadau'r wasg, ac a dagwyd gan yr un grymoedd. Nesaf fe ddyweddïodd â William Pawley, mab i filiwnydd, ond daeth y berthynas i ben oherwydd gwrthdaro â'i gyrfa. Wedyn, pan oedd yn 18 oed fe briododd â Nicky Hilton, etifedd i gyfoeth y gwestai, un a oedd wedi ei ddifetha gymaint â hithau. Ryw naw mis yn ddiweddarach, a'r briodas gyntaf yn sigledig, fe benderfynodd hi ei bod am briodi Michael Wilding, actor golygus o Loegr, ryw 20 mlynedd yn hŷn na hi. Er ei fod yntau'n canlyn Marlene Dietrich ar y pryd, yn naturiol fe gafodd Elizabeth ei ffordd a phriododd y ddau ym mis Chwefror 1952, a ganwyd iddynt ddau fachgen, Christopher a Michael. Ond fe chwalodd y briodas wedi pedair blynedd ac fe ddechreuodd hi ganlyn Mike Todd, un o gynhyrchwyr mwyaf lliwgar Hollywood. Wedi geni un ferch, Liza, a 13 mis o briodas afradlon o hapus, bu farw yntau mewn damwain awyren. Ac wedyn fe ddechreuodd carwriaeth rhwng Elizabeth ac Eddie Fisher, canwr poblogaidd a ffrind gorau Mike Todd. Yn anffodus i'r ddau, roedd ef eisoes yn briod â Debbie Reynolds, actores a oedd yn adnabyddus fel *'America's Sweetheart'*. Yn sydyn fe ddiflannodd y cydymdeimlad â'r weddw ifanc ac fe drôdd y wasg arni, gan ei darlunio fel torrwr-priodas: *'femme fatale'* y ganrif.

Hon oedd yr actores yr oedd Walter Wanger yn awyddus iddi gymryd rhan Cleopatra: merch gref a phrydferth oedd yn gallu defnyddio'i doniau i ennill grym; merch a fyddai'n gamblo popeth er mwyn cariad. Roedd y stiwdio yn cynnig llu o enwau eraill – Joan Collins; Joanne Woodward; Marilyn Monroe – ond roedd Wanger yn bendant mai dim ond Elizabeth Taylor fyddai'n iawn ar gyfer y rhan. Ac ym mis Medi 1959 fe gytunodd hithau . . . am $1 miliwn. Ac felly, yn raddol, fe drôdd y ffilm o fod yn un cyllid-isel i fod yn ffilm ddrud y tu hwnt i bob rheswm.

Un peth a ddangosir yn glir yn atgofion Wanger o'r cyfnod yw'r ofn a'r anhrefn oedd yn bodoli ymhlith arweinyddiaeth *Twentieth Century Fox*. Roedd pawb yn gwybod fod y byd adloniant yn newid, ac y byddai teledu'n trawsnewid popeth. Ond tra bod y stiwdios yn cyfaddawdu trwy gynhyrchu deunydd ar gyfer y teledu – roedd y *backlot* yn *Fox* yn llawn cynyrchiadau o'r fath – roedd rheolwyr *Fox* yn rhy brysur yn brwydro ymhlith ei gilydd i gynnig unrhyw gyfeiriad i'w cynhyrchwyr. Felly roedd penderfyniadau am *Cleopatra* yn cael eu gwneud ar frys ac yn cael eu newid yn gyson, heb unrhyw ddealltwriaeth o'r sefyllfa fel ag yr oedd hi. A dyma sut ym mis Mai

1960 y penderfynwyd ar uchafswm terfynol i'r cyllid o $4 miliwn, er bod hanner hwnnw wedi'i wario'n barod heb i droedfedd o ffilm gael ei saethu. Rhoddwyd dyddiad cychwyn i'r ffilm ym mis Mehefin, er na fyddai'r setiau cymhleth yn barod tan fis Tachwedd. A gyda'r ansicrwydd yn parhau ynghylch yr actorion, dywedodd pennaeth y stiwdio, Spyros Skouras, mai'r ddau actor *nad* oedd ef eisiau eu gweld yn y prif rannau oedd Richard Burton a Rex Harrison!

Felly, cychwynnwyd ffilmio ar set enfawr yn Pinewood dros dri mis yn hwyr yn ôl amserlen y stiwdio: Peter Finch oedd Cesar; Stephen Boyd oedd Mark Antony; a Robert Mamoulian oedd yn cyfarwyddo; roedd Elizabeth yn sâl ac yn methu gweithio. Dros yr wythnosau nesaf fe ffilmwyd cymaint ag oedd yn bosibl heb y frenhines – â'r cynhyrchiad yn gwario $45,000 y diwrnod ar gostau cyffredinol, roedd yn rhaid saethu *rhywbeth*! A hynny er gwaetha'r ffaith nad oedd Lloegr yn yr hydref yn edrych ddim byd yn debyg i'r Aifft. Ac roedd arian yn llifo allan yn ddi-baid: roedd rhaid talu ychwaneg i bobl-trin-gwallt Pinewood hyd yn oed er mwyn eu bodloni gan fod dyn-trin-gwallt Elizabeth yn cael ei gyflogi ar y set.

A thrwy fis Hydref, ni ffilmiwyd dim gan Elizabeth. Roedd y cwmni yswiriant eisiau stopio'r ffilm a chael actores arall i gymryd y rhan. Ac yn wir, ar 18 Tachwedd 1960 roedd yn rhaid rhoi stop ar y ffilmio: doedd dim byd arall i'w wneud heb Elizabeth. Penodwyd 3 Ionawr fel y diwrnod i ail-ddechrau saethu, ond ni newidiodd lwc y cynhyrchiad gyda'r flwyddyn newydd. Roedd y cecru ynglŷn â dyn-trin-gwallt Elizabeth yn parhau, tra'i bod hithau a Peter Finch yn anhapus dros ben gyda rhai o'u llinellau.

Ac yna, ar 18 Ionawr, fe gollodd y cynhyrchiad ei gyfarwyddwr.

Roedd y cyfan yn hunllef, fel llong ar fôr tymhestlog heb neb wrth y llyw. Roedd yn agos i $5 miliwn eisoes wedi'i wario i gynhyrchu deng munud o ffilm – peth ohono'n edrych yn hyfryd, ond dim eiliad o Cleopatra ei hun ar y sgrîn! Roedd arian yn parhau i gael ei wario fel dŵr, ond fe ddaeth newyddion da i'r cynhyrchydd-dan-lach pan gytunodd awdur-gyfarwyddwr uchel ei barch i gymryd gofal o'r prosiect. Roedd Joseph L Mankiewicz wedi ennill dau Oscar yn 1949 ac yn 1950, ac roedd ganddo'r enw o fod yn ddyn llengar, dysgedig ac uchelgeisiol. Ond yn naturiol, nid oedd yn rhad chwaith – fe gostiodd tua $3 miliwn i'w brynu allan o'i gytundebau.

Mynnodd Mankiewicz fod yn rhaid rhoi o'r neilltu bopeth a oedd wedi'i ffilmio hyd yma, a dechrau o'r dechrau. Ffarweliodd y cynhyrchiad â'r rhan fwyaf o'r actorion – a ffarweliodd hefyd â rhyw $150,000 fel iawndal i Peter Finch. Roedd yn rhaid dod o hyd unwaith eto i ddyn camera, cynllunydd y setiau ac ati, ac fe gafodd Mankiewicz gymorth ddau ysgrifennwr ychwanegol i'w helpu gyda'r sgript.

Ar ben hyn i gyd, bu Elizabeth Taylor bron â marw. Ar 4 Mawrth, gyda 11 o ddoctoriaid o'i chwmpas, datganwyd bod ganddi *staphylococcus pneumonia*, a dim ond awr i fyw oni bai ei bod yn derbyn *tracheotomy* ar frys. Roedd diddordeb y cyhoedd gymaint nes bod yn rhaid i'r ysbyty gyhoeddi adroddiadau bob chwarter awr: roedd y cardiau ar negeseuon ewyllys da yn llenwi basgedi. Erbyn canol y mis, roedd y perygl drosodd, ond doedd ddim siawns i Elizabeth weithio am rai misoedd: cytunodd pennaeth y stiwdio, Skouras, i dynnu i lawr y rhan fwyaf o'r setiau yn Lloegr (gwerth $600,000), a rhoi diwrnod i gychwyn o'r newydd ym mis Medi. Byddai hynny yn yr Eidal. Yn ddiweddarach, defnyddiwyd y darnau o'r setiau a adawyd yn Pinewood ar gyfer ffilmio *Carry On Cleo*!

Yn y cyfamser, enillodd Elizabeth Oscar am ei pherfformiad yn *Butterfield 8*: roedd pawb yn cydnabod mai cydymdeimlad oedd wrth wraidd y bleidlais o'i phlaid. Ac fe lwyddodd Mankiewicz a Wanger i ddwyn perswâd ar Skouras i gyflogi Richard Burton.

Felly fe aeth Walter Wanger i weld *Camelot* ar 8 Mehefin 1961 a mwynhau'r perfformiad, gan feddwl y byddai Richard yn berffaith ar gyfer Mark Antony – yn llawn egni a grym. Roedd pobl yn glynu wrtho – gan gynnwys Pat y ddawnswraig, wrth gwrs. 'Fe aeth Burton i mewn i'r bwyty fel arwr pêl-droed gyda *cheerleader* brydferthaf yr ysgol wrth ei ochr. Roedd e'n llawn hyder, personoliaeth ac apêl rhywiol.' Dywedodd wrth Wanger i beidio â phoeni – ei fod yn awyddus i gymryd y rhan. Y gwir yw ei fod yn dechrau colli diddordeb yn *Camelot* nawr ei fod wedi sefydlu'i hunan yn y rhan a goresgyn *Broadway*. Roedd ei gytundeb yn ei glymu tan fis Tachwedd, ac wedyn yn addo dyblu ei dâl – i $8,000 yr wythnos – petai'n aros gyda'r cynhyrchiad wedyn. Ond gwyddai am y perygl o ddiflasu gyda'r rhan, a theimlai ei bod yn amser symud ymlaen. Roedd cynhyrchwyr *Camelot,* Lerner a Loewe, yn ymwybodol o'u dyled iddo am sicrhau fod y cynhyrchiad yn bod o gwbl, heb sôn am ei fod yn llwyddiant ysgubol. A gyda chymorth Richard, fe sicrhawyd $50,000 o iawndal iddynt gan *Twentieth Century Fox* am ei ryddhau yn gynnar.

Roedd cytundeb Richard yn sicrhau $250,000 iddo, a llawer mwy petai'r cynhyrchiad yn gor-redeg. Fel byddai rhywun yn disgwyl, roedd y cyfan mewn gor-amser *cyn* i Richard wneud unrhyw waith o gwbl. Rhuthrodd Richard i Rufain erbyn mis Medi er mwyn eistedd o gwmpas yn segur: roedd hanner cyntaf y ffilm yn canolbwyntio ar berthynas Cleopatra â Chesar, sef Rex Harrison.

Disgrifiai Wanger yr anhrefn yr oedd i'w oruwchwilio fel rhywbeth allan o ddrama gan Kafka: heb setiau, heb weinyddiaeth, heb sgript ac heb fawr o gyfathrebu yn digwydd, roedd yn rhaid dechrau ffilmio *rhywbeth* gan eu bod yn gwario $67,000 bob dydd. Ychydig ddyddiau cyn ail-ddechrau, cafodd Skouras ffit pan welodd amcangyfrif y byddai'r ffilm yn costio $14 miliwn: bygythiodd roi terfyn ar y cyfan pe costiai fwy na $8 miliwn. Yn y cyfamser, roedd 'na drafferthion gyda'r eliffantod Eidalaidd, a oedd yn methu dod ymlaen â'r ceffylau, felly roedd yn rhaid cael eliffantod eraill draw o Loegr. Yn naturiol, fe hawliodd perchennog yr eliffantod Eidalaidd $100,000 am dorri'i gytundeb.

O'r diwedd felly, cychwynnodd y camerâu droi ar 25 Medi 1961. Yn fuan ymunodd Sybil a'r plant â Richard, mewn *villa* ar *Via Appia* yr oeddent yn ei rannu gyda Roddy McDowall: ymunodd Ifor a Gwen â hwy o fewn ychydig wythnosau. Ymwelodd P H Burton ar ddiwedd Tachwedd, ac yn ddiweddarach cyfeiriodd at y teulu clòs, gan gofio'n arbennig ei ymweliad gyda Kate a Richard i'r sŵ. Roedd yn rhaid i Richard deithio i Efrog Newydd ar gyfer sioe deledu am Lowe a Lerner, ac fe ymunodd Sybil ag ef am ychydig ddyddiau. Yn eu habsenoldeb, treuliodd Philip lawer o amser gydag Ifor a Gwen, a gyda Kate. Ar ôl dychwelyd, fe aeth Richard â Philip ac Ifor ar ymweliad â Phompeii – uchafbwynt taith Philip i'r Eidal, cyn iddo ddychwelyd i Gymru ar gyfer y Nadolig, yn ddyn bodlon ei fyd.

Mae yna ddwsinau o fersiynau o beth ddigwyddodd wedyn i sbarduno yr hyn sydd wedi'i alw 'y godinebu mwyaf cyhoeddus yn hanes y byd'. Ceir adroddiad 'swyddogol' gan Elizabeth a llu o sylwadau gan Richard, a chyhoeddodd Eddie Fisher ei atgofion chwerw ei hun. Yr unig un o'r prif gymeriadau na chyhoeddodd ei fersiwn ei hun o'r digwyddiadau yw Sybil. Yn ychwanegol mae llyfrau gan Walter Wanger a chan ddynion cyhoeddusrwydd y ffilm; ac yn llythrennol mae cannoedd o lyfrau sy'n gwneud rhyw sylw am y garwriaeth yn Rhufain. Beth bynnag oedd y gwirionedd yn wreiddiol, mae hwnnw bellach wedi'i guddio am byth o dan haenau o ddyfaliadau, sibrydion, celwydd a straeon ffug.

Mae'r bywgraffiad cyntaf o Richard a gyhoeddwyd – dim ond tair blynedd yn ddiweddarach – yn awgrymu fod Richard wedi mynd ar ôl Elizabeth er mwyn ei chosbi am ei difaterwch cynnar tuag ato. Mae'r adroddiad yma hefyd yn honni fod Richard wedi derbyn bet na fyddai'n llwyddo gyda'i gyd-seren. Mae'i ail fywgraffiad yn fwy caredig tuag ato, gan bwysleisio cymaint o amser y bu'r garwriaeth yn datblygu. Roedd wyth mlynedd ers i Richard gwrdd ag Elizabeth am y tro cyntaf ger y pwll nofio yng nghartref Stewart Granger, a chael ei syfrdanu gan ei chorff a'i ysgytio gan ei hiaith. Mae rhai adroddiadau yn ceisio portreadu'r garwriaeth fel rhywbeth allan o *Mills & Boon* – ond nid rhywbeth felly oedd hi.

Mae rhai sylwadau honedig gan Richard yn awgrymu ei ddirmyg o Elizabeth cyn i'r corwynt ddechrau: '*So I must don my breast-plate again to play opposite Miss Tits*'. Ar y llaw arall, mae honiadau ei fod yntau'n llawn edmygedd (a chenfigen?) o'i chyfoeth a'i dylanwad y tu mewn i fyd y ffilmiau, a'i fod wedi ei swyno'n arbennig gan ei chytundeb miliwn-o-ddoleri. Mae adroddiadau dibynadwy am Richard, Sybil, Elizabeth ac Eddie yn mwynhau nosweithiau allan gyda'i gilydd yn Rhufain, a Richard yn disgleirio ac yn diddanu'r cwmni gyda'i straeon. Enillodd gyfeillgarwch Elizabeth ac ar yr un pryd llwyddodd i ddrysu ymgais Eddie Fisher i reoli ei hyfed, trwy gyfnewid ei gwydrau gwag hi am ei wydrau llawn ef. (Arwydd, felly, ar ddechrau eu perthynas o'r grym a fyddai'n ei chwalu). Mae straeon hefyd (gan Richard) ei fod wedi'i swyno pan welodd Elizabeth yn ffilmio'i golygfa yn y bath.

Ac roedd gormodedd, anhrefn a gwallgofrwydd y ffilmio'n parhau. Bu trafferthion gyda'r *papparazzi*, oedd fel pla o gwmpas Elizabeth; mwy o drafferthion ar y traeth lle codwyd set Alexandria – roedd ffrwydron yn dal yno ers y Rhyfel; glaw yn llifo trwy set y Fforwm; Arlywydd Sukarno o Indonesia yn galw heibio am ginio; y gyllideb wedi codi i dros \$15 miliwn, a neb yn credu ei bod wedi gorffen tyfu. Cyflogwyd dros 6,000 o ecstras ar gyfer golygfeydd yr orymdaith – heb gynnwys yr anifeiliaid. O leiaf roedd yr eliffantod o Loegr yn bihafio! Roedd pob rheolwr a chyfrifydd yn *Twentieth Century Fox* mewn panic llwyr, yn sylweddoli fod bodolaeth y cwmni ei hun nawr yn gwbl ddibynnol ar lwyddiant *Cleopatra*. Pan ddychwelodd Rex Harrison o ymweliad â Lloegr, darganfu fod cyfrifydd wedi newid ei *trailer* am un llai, ac yn gwrthod talu am ei *Cadillac*. Gwrthododd Rex weithio nes cael ei *trailer* a'i gar yn ôl – ac ar ôl ennill y frwydr, aeth ymlaen i sicrhau codiad yng nghyflog ei yrrwr.

Roedd y ffilm a saethwyd yn cael ei danfon i Los Angeles i gael ei phrosesu, ac yn cael ei dychwelyd ar ôl saith i ddeg diwrnod – ond o leiaf roedd y lluniau yn edrych yn syfrdanol pan ddaethant yn ôl. Er gwaetha'r ffaith ei fod yn cyfarwyddo drwy'r dydd ac yn ysgrifennu drwy'r nos a dros y penwythnosau, roedd Mankiewicz yn llwyddo i gyflawni campwaith. Gwelai yntau'r fenter fel dwy ffilm: I – Cleopatra a Cesar; II – Cleopatra a Mark Antony. Adroddent hanes gwraig sy'n llwyddo ym myd y dynion, ac sy'n goresgyn dyn mwyaf pwerus y byd ac wedyn yr ail fwyaf pwerus. Yn ôl y dadansoddiad hwn mae Mark Antony yn ceisio efelychu ei ffrind/arwr Cesar, gan ei ddilyn bob cam i'r senedd, ar faes y gad a hyd yn oed i wely Cleopatra. Nid yw Mark Antony ond yn gopi israddol o'i arwr am y rhan fwyaf y stori, nes iddo lwyddo i ddwyn calon Cleopatra. Ond yna mae'n darganfod nad ef sydd wedi goresgyn, ond hi, ac mae hyn yn arwain at ei hunan-ddinistriad. Disgrifiad Mankiewicz o'r cymeriad oedd *'the world's greatest loser'*.

Yn ôl adroddiad Elizabeth, roedd Richard wedi gwneud *pass* lletchwith arni wrth gwrdd â hi ar y set am y tro cyntaf – *'Has anybody told you what a pretty girl you are?'* – datganiad sydd o bosibl yn dangos ei hiwmor direidus. Ond wedyn pan chwaraeodd y ddau un o'u golygfeydd yn Ionawr, roedd yntau yn llwyd ac yn sigledig wedi noson o ddiota: anghofiodd ei linellau, a fe deimlodd hithau drueni drosto. Ac fe doddodd ei chalon.

Pan rannodd Richard ac Elizabeth eu golygfa ramantus gyntaf ar 22 Ionawr 1962, roedd yr awyrgylch yn drydanol. Dywed Wanger *'The cameras turned and the current was literally turned on'*. Dywed ei bod yn amlwg fod yr actorion wedi uniaethu'n llwyr â'u cymeriadau. Bedwar diwrnod yn ddiweddarach, gofynnodd Mankiewicz iddo ddod i'w ystafell: *'I have been sitting on a volcano all alone for too long and I want to give you some facts you ought to know. Liz and Burton are not just playing Antony and Cleopatra'*.

Wedi i'r garwriaeth ddechrau, doedd ddim modd cadw'r clawr ar y stori. O fewn dyddiau, hyn oedd y prif destun trafod ym mhartïon Rhufain, ac roedd ymdrechion y stiwdio i dawelu pethau yn ofer. Tybiodd Eddie Fisher fod rhywbeth o'i le pan gerddodd ar y set a sylwi fod pawb yn edrych arno fe gan ostwng eu lleisiau. Aeth Richard ac Ifor i Naples un penwythnos ar eu pen eu hunain, ac fe gafodd y brawd iau lond pen o gyngor llym. Mae rhai adroddiadau yn dweud fod y ddau wedi ymladd â'i gilydd yn ystod y cyfnod hwn, wrth i Ifor geisio bwrw synnwyr i'w frawd.

Gyda Walter Wanger yn mynnu bod y datganiadau swyddogol yn cyhoeddi nad oedd carwriaeth i'w gwadu, fe wahoddodd Richard i gael sgwrs ag ef. Adwaith cyntaf Richard oedd gofyn a oedd i gael y sac oherwydd y sibrydion, ond sicrhaodd Wanger nad oedd hynny'n cael ei ystyried.

Ond wrth gwrs, nid Wanger oedd yr unig un a oedd â llawer yn y fantol wrth i'r wybodaeth am garwriaeth Richard ac Elizabeth fynd ar led. Yn ei hunangofiant, mae Eddie Fisher yn ymddangos fel dyn chwerw, dig, gyda cheg fel gwter. Mae'n rhoi geiriau anghwrtais, brwnt, cas, dideimlad yng ngheg y dyn a ddygodd ei wraig oddi arno, ac mae llawer o'i 'ffeithiau' yn anghytuno ag atgofion eraill am y digwyddiadau. Wedi nodi hynny, mae'n rhoi safbwynt cwbl wahanol ar sut y ffrwydrodd y garwriaeth rhwng Richard ac Elizabeth allan o reolaeth y ddau ohonynt.

Mae Eddie Fisher yn adrodd sawl stori am ba mor gythreulig yr oedd Richard yn siarad ag ef – ac â'i wraig. Mae un enghraifft yn ddigon: hanes noson alcoholig gyda'r tri ohonynt yn yfed brandi, a hynny'n gyrru Richard i ddangos ei ochr waethaf. Mae Eddie yn dyfynnu Richard yn edrych ar ei wraig ac yn poeri allan y geiriau *'Elizabeth, who do you love? Who do you love?'* Ac yna aeth ymlaen i sarhau Elizabeth yn y termau cryfaf posibl.

Gan gymryd bod rhywfaint o wirionedd yn atgofion chwerw Eddie, mae'n bosibl dadansoddi'r broses hon fel anesmwythyd Richard ag ef ei hun, a'i ymddygiad yn datgan hynny.

Roedd Eddie'n sefyll ar y tu allan, fel petai, yn edrych ar ei briodas yn cael ei chwalu, ac nid oedd dim y gallai wneud i'w rwystro. Pan ofynnodd am gyngor gan Wanger a Mankiewicz, clywodd fod popeth yn iawn ac na ddylai ef boeni – dim ond yn ddiweddarach y sylweddolodd y byddai'r ddau wedi dweud unrhywbeth i sicrhau fod y cynhyrchiad yn parhau.

Cynhyrfwyd y dyfroedd pan siaradodd Eddie Fisher â Sybil cyn iddo adael am ymweliad â'r Swistir. Mae'n deg dyfalu bod Sybil yn gallu delio ag anffyddlondeb ei gŵr os nad oedd yn agored a thra nad oedd yn rhoi'u priodas mewn perygl. Roedd ei sgwrs ag Eddie yn arwydd bod pethau'n mynd yn rhy bell y tro hwn, a'i hymateb oedd dweud ei bod yn teithio i America. Trôdd Elizabeth a'i ffrindiau yn erbyn Eddie, a phan ymddangosai ar y set roedd hi'n amlwg wedi'i siglo gan y digwyddiadau. Gofynnodd Wanger i Richard beth oedd i'w wneud am y stŵr a'r annibendod, ac atebodd y byddai'n rhoi diwedd ar yr holl sibrydion.

Mae'n debyg iddo ddweud wrth Elizabeth fod gormod o bobl yn cael eu brifo a bod rhaid i'w perthynas ddod i ben. Wedyn, hedfanodd i Baris i gymryd rôl fechan yn y ffilm *The Longest Day* ac, mae'n siŵr, i gael lle ac amser i feddwl. Fe siglwyd hi gymaint nes iddi golli'r ffilmio y diwrnod canlynol. A'r diwrnod wedyn, fe alwodd un o'i staff ambiwlans mewn panic ar ôl gweld bod Elizabeth wedi cymryd tabledi cysgu. Roedd llu o *papparazzi* allan yn aros amdani yn yr ysbyty, a'r penawdau yn y papurau yn mynnu ei bod hi wedi ceisio'i lladd ei hun.

Dychwelodd Richard o'i ffilmio ym Mharis, a cheisio tawelu'r dyfroedd trwy wneud datganiad yn gwadu pob cyhuddiad o garwriaeth rhyngddo ac Elizabeth. Wrth gwrs, fe gafodd hyn effaith i'r gwrthwyneb i'r hyn a fwriadwyd, gan fod y papurau nawr â rhywbeth i'w gyhoeddi. Roedd yn rhaid i Richard geisio gwadu ei fod wedi caniatáu unrhyw ddatganiad – ac fe ddaeth hynny'n stori ei hun.

A chyda hyn i gyd yn digwydd oddi ar y sgrîn, mae'n rhaid cofio bod y ffilm ddrutaf erioed yn cael ei chynhyrchu, ac yn dal i ollwng arian fel dŵr dros raeadr. Fe wariodd adran y gwisgoedd $475,000 ar 26,000 o wisgoedd – a hynny heb gynnwys y 65 gwisg i Elizabeth ei hunan a gostiodd $130,000 ychwanegol. Roedd Mankiewicz yn dal i weithio'n galed ei hun nes bron diffygio ac roedd yn rhaid iddo gael cymorth gyda'r ysgrifennu. Roedd popeth yn cymryd cymaint o amser i'w gyflawni nes bod rhaid dod o hyd i grwt arall i chwarae rhan Caesarion, mab Cesar a Cleopatra – roedd y dewis gwreiddiol wedi tyfu gormod! Ac roedd y dynion-mewn-siwtiau yn Efrog Newydd a Hollywood yn colli arnynt eu hunain oherwydd y sylw anffafriol a gawsai'r cynhyrchiad – ac felly'r stiwdio.

Ar y llaw arall, nododd Walter Wanger fod y sylw cyhoeddus wedi newid Richard. Ar ddechrau'r ffilm roedd yn actor yr oedd parch uchel tuag ato, ond bellach yr oedd yn enwog ledled y byd. Tybiai Wanger fod pris Richard ar gyfer ei ffilm nesaf wedi cynyddu'n aruthrol, ac mae'n nodi pa mor fodlon roedd ei asiant yn edrych!

Er gwaetha'r llanast oedd o'i gwmpas, mae'n siŵr fod gan Richard ddigon o reswm i fod yn fodlon hefyd: cafodd ymweliad gan Pat Tunder, y ddawnswraig coesau-hir gwallt-melyn o'r *Copacabana Club*. I ddathlu Dydd Gŵyl Ddewi, fe aethant allan ar sesiwn yfed mor ddwys nes i'r criw ffilmio fethu â'i ddihuno – fe dalodd Richard am yr oedi, gan egluro mai dim ond unwaith y flwyddyn y deuai diwrnod nawddsant Cymru.

Dechreuodd digwyddiadau ar y set ddilyn yr hyn oedd yn digwydd ym mywydau Richard ac Elizabeth. Wrth actio golygfa oedd yn gofyn am gusanu, byddai'r ddau yn dal ati wedi i Mankiewicz weiddi *'Cut'*- a hynny sawl gwaith. Dywedodd yntau, *'You make me feel like an intruder'*. Ar y diwrnod yr oedd y papurau'n dyfynnu Richard yn dweud na fyddai byth yn gadael Sybil, fe ffilmiwyd yr olygfa lle darganfu Cleopatra fod Mark Antony wedi'i gadael. Mae hithau yn cymryd dagr ac yn rhwygo ei ddillad ac yn torri'r gwely yn ddarnau. Chwaraeodd Elizabeth yr olygfa â chymaint o angerdd nes iddi niweidio'i llaw, ac roedd yn rhaid galw am y meddyg.

A hithau wedi cael llond bol ar y sefyllfa, ciliodd Sybil i Lundain gyda'r plant. Sbardunodd hyn Richard i ddweud eto wrth Elizabeth fod gormod o bobl wedi'u niweidio yn barod a'i bod hi'n amser i roi stop ar eu perthynas. Ni pharodd ei benderfyniad wythnos. Ond daeth pwysau cynyddol ar Richard i roi'r gorau i'w berthynas ag Elizabeth. Fe siaradodd Stanley Baker â'i hen gyfaill, ond heb lwyddiant. Cafodd Richard stŵr gan y tri a oedd o hyd fel tad iddo. Hedfanodd Emlyn Williams allan i geisio cael Richard i edrych ar y cyfan fel helynt dros dro, ac i baratoi i ddychwelyd at ei wraig. Dywedodd Emlyn ei hun i Richard ateb yn y Gymraeg: 'Dwi am briodi'r eneth 'ma'. Danfonodd Philip Burton delegram o Efrog Newydd, gan nodi ei anfodlonrwydd, ond fe gafodd lond ceg gan Richard, a bu dim cysylltiad rhwng y ddau am ddwy flynedd. Fe ochrodd Ifor yn ddiamau gyda Sybil, gan wrthod siarad yr un gair ag ef. Mae straeon o'r flwyddyn ganlynol am Richard yn gweiddi trwy flwch post drws Ifor yn Hampstead, ond i'r brawd hŷn beidio ag ateb.

Fe ddaeth y pwysau mwyaf creulon gan ei ferch fach, Jessica. Synhwyrwyd eisoes nad oedd ei datblygiad yn ymddangos yn normal. A hithau nawr yn ddwy flwydd a hanner oed ac yn methu â chyfathrebu, cafwyd ei bod yn dioddef o *autism* llym. Mae'r wybodaeth am y cyflwr hwn yn niwlog hyd heddiw, ac mae'n anodd bod yn sicr pa ffactorau sy'n gyfrifol am yr afiechyd. Bryd hynny, wrth chwilio am rywbeth a oedd wedi sbarduno *autism* Jessica, credid bod y corwynt o gwmpas y teulu yn un achos posibl. Cofiai Sybil am y *paparazzi* yn tyrru o amgylch y tŷ yn Rhufain, yn syllu trwy'r ffenestri ddydd a nos, a Jessica yn gweiddi mewn ofn. Yr unig air y clywyd ganddi erioed mewn man cyhoeddus oedd 'Rich! Rich! Rich!' Ai ei fai ef oedd cyflwr ei ferch, felly? Ni adawodd yr euogrwydd Richard byth.

Ym mis Mawrth yr amcangyfrif diweddaraf am gost y ffilm oedd

$27 miliwn. Mewn hwyliau drwg fe ddaeth Skouras, pennaeth y stiwdio, i Rufain i geisio cael rhyw wybodaeth am ble yr âi ei arian. Dywedodd wrth Wanger na fyddai Richard byth yn seren y sgrîn, ond drannoeth, wedi iddo weld 2 awr 40 munud o'r ffilm, fe gynigodd ddwy ffilm arall i Richard ymddangos ynddynt.

Oddi ar y set fe briododd Rex Harrison a Rachel Roberts, ac fe hedfanodd Eddie Fisher i Efrog Newydd, ac yn fuan wedyn, cymerwyd ef i'r ysbyty am driniaeth ar ei nerfau. Ni chafodd ei nerfau unrhyw gymorth gan y datblygiad nesaf yn Rhufain. Wedi cael llond bol ar gael eu hel gan y *paparazzi*, fe aeth Richard ac Elizabeth i chwilio amdanynt. Ac felly roedd y papurau yn llawn lluniau o'r ddau ohonynt yn dal dwylo a chusanu ar y *Via Veneto*, prif ardal nos y ddinas.

Fe gafodd Eglwys Rhufain gyfle i ddweud ei dweud, wrth i orsaf radio y Fatican gyhoeddi sylwadau pigog am ymddygiad rhai pobl – ac un wraig ddi-enw yn benodol – a oedd yn sarhau sancteiddrwydd priodas. Mewn ymateb i'r pwysau hwn, cyhoeddodd cyfreithiwr Elizabeth ei bod hi ac Eddie Fisher wedi cytuno â'i gilydd y byddent yn gwahanu – penderfyniad a ddaeth fel tipyn o sioc i Eddie. Y diwrnod canlynol danfonodd Richard delegram at ei wraig yn Gymraeg, gan ddweud, 'Cariad i bawb. Popeth yn iawn.' Y diwrnod wedyn, roedd y neges wedi'i chyfieithu i'r Eidaleg a'i rhoi ar ddudalennau blaen y papurau.

Fe ddihangodd Richard o'r pwysau yn Rhufain drwy deithio i Baris i gwblhau ei ran yn *The Longest Day*. Aeth Sybil yno hefyd o Lundain; ond wedi deuddydd, roedd y ddau'n gwahanu – yn ôl i wahanol ddinasoedd.

(Prosiect mawr Darryl Zanuck oedd *The Longest Day*, yn ceisio ail-greu digwyddiadau *D-Day* ar gynfas eang. Yn wir, roedd y ffilm bron â bod mor wastraffus â *Cleopatra*, gyda phum cyfarwyddwr, pump awdur a chast enfawr. Tra'n ffilmio'r golygfeydd o'r brwydro, dywedwyd mai Zanuck oedd y nawfed grym milwrol mwyaf yn y byd. Gyda thros gant o brif rannau yn y ffilm, cyfraniad bychan oedd gan Richard fel peilot RAF. Roedd yn rhaid iddo ymddangos yn sarrug gan mai ef oedd yr unig un ar ôl o'i ffrindiau. Wrth weld ei berfformiad mynegodd rhai sylwebyddion ei bod yn amlwg fod ei feddwl yn rhywle arall.)

Yn ôl yn Rhufain, roedd papur newydd y Fatican yn ymosod yn bersonol ar Elizabeth – *'erotic vagrancy'* oedd y sylw a gafodd ei ddyfynnu fwyaf. Y diwrnod canlynol roedd yn rhaid ffilmio mynediad Cleopatra i Rufain, ac unwaith eto roedd bywyd yn dynwared celf. Roedd 7,000 o ecstras Eidalaidd yn gwylio Elizabeth yn cyrraedd: beth fyddai eu hymateb iddi? Fe ddaeth yr ateb yn unfryd wrth i'r miloedd o Rufeiniaid floeddio'u cymeradwyaeth: yn hytrach na gweiddi 'Cleopatra', fe waeddwyd 'Liz'!

Dros y Pasg 1962 fe ddiflannodd Richard ac Elizabeth o Rufain, a chilio i Porto San Stefano. Yn anffodus iddynt, fe'u gwelwyd gan un newyddiadurwr, ac o fewn dim amser nid oeddent yn gallu camu allan o'r bwthyn anghysbell yr oeddent wedi'i logi heb i ffotograffwyr neidio allan o'r llwyni. Wrth i'r ddau gael eu caethiwo yn eu hystafell heb ddim i'w wneud ond chwarae cardiau ac yfed, bu bron i'r penwythnos gyrraedd diweddglo trychinebus. Fel yr adroddodd Richard y stori flynyddoedd yn ddiweddarach, ynghanol yr yfed a'r siarad nonsens fe gyhoeddodd Elizabeth y byddai'n lladd ei hunan, a chymerodd lond dwrn o dabledi cysgu. Roedd yn rhaid i Richard ei chludo i'r ysbyty yn Rhufain. Roedd cleisiau ofnadwy ar ei hwyneb, ac eglurwyd i'r cyhoedd ei bod wedi ei hanafu pan stopiodd gyrrwr ei char yn sydyn. Cafwyd datganiad gan y stiwdio yn gwadu ei bod wedi ceisio'i lladd ei hun trwy gymryd tabledi cysgu. Roedd hi'n amlwg nad oedd Elizabeth mewn unrhyw gyflwr i ymddangos o flaen y camerâu am ryw bythefnos. Ac roedd Sybil wedi cyrraedd Rhufain hefyd, ar ôl darllen am anturiaethau ei gŵr yn y *Sunday Times*.

Dros yr wythnosau nesaf fe bwysleisiodd Richard yn gyhoeddus nad oedd ei briodas mewn unrhyw berygl, ac nad oedd am briodi Elizabeth Taylor. Mewn cyfweliad gyda cholofnydd o Hollywood fe ddatganodd yn onest fod ei gyflog wedi codi i $500,000 y ffilm, gan awgrymu'n gellweirus y dylai rhoi 10% i Elizabeth. Cafodd y colofnydd yr argraff fod Richard yn mwynhau'r cyhoeddusrwydd. Mewn cyfweliad a wnaeth Richard a Sybil â'r *Daily Express*, dywedodd hithau nad oeddent wedi ystyried ysgaru. Dywedodd ei bod hi'n hollol fodlon fod ei gŵr yng nghwmni Elizabeth pan oedd hithau ar ei phen ei hun yn Rhufain. Ymddengys fod Sybil yn fodlon dweud unrhywbeth i geisio cadw'i gŵr.

Ac roedd y ffilm yn dal i gael ei saethu; y sgript yn dal i gael ei ysgrifennu; y brwydrau rhwng y cynhyrchydd a'r stiwdio yn parhau; y gyllideb wedi codi i $30 miliwn. Fe ffilmiwyd yr olygfa lle mae Antony a Cleopatra yn brwydro ac yn bwrw'i gilydd, pawb ar y set yn nerfus rhag ofn i'r actio fynd allan o reolaeth. Ond fe niweidiwyd y ffilm pan gafodd ei danfon i'w phrosesu, ac felly roedd yn rhaid ail-saethu'r olygfa.

Unwaith y ffilmiwyd golygfa marwolaeth Cleopatra, cynyddodd y pwysau i gwblhau'r ffilmio. Mynnodd y stiwdio y dylai fod yn bosibl gwneud *rhywbeth* synhwyrol allan o'r 314 o funudau a oedd wedi'u saethu; mynnodd Wanger a Mankiewicz fod ambell ddarn anghenrheidiol yn dal heb ei wneud. Penderfynodd dynion y stiwdio atal cyflog Wanger. Roedd yn rhaid gohirio ffilmio rhai o olygfeydd y frwydr ar y môr, gan fod *firing range* NATO gerllaw yn cael ei ddefnyddio. Ar ddiwrnod olaf Elizabeth o ffilmio, roedd ambiwlans yn aros y tu allan, rhag ofn y byddai ei angen.

Roedd gwaith gan Richard i'w wneud o hyd, gyda'r uned gynhyrchu yn symud i'r Aifft ar gyfer ffilmio rhai o'r brwydrau. Hyd yn oed heb bresenoldeb Elizabeth roedd y cynhyrchiad yn dal i wynebu pla o drafferthion – offer a dillad heb gyrraedd; sgorpionau a thywod ym mhob man; terfysg rhwng gwahanol garfanau o ecstras. Mae stori am Mankiewicz yn cael ei gludo ar draws yr anialwch ar *stretcher*. 'Sut mae'n mynd?' gofynnodd cyfaill. 'Rwy'n ysgrifennu'r dudalen ola,' oedd yr ateb.

Fe orffennodd gwaith yr uned yn yr Aifft ar 24 Gorffennaf 1962. Dyna ddiwedd yr holl helynt i Richard, diwedd y frwydr ac, fel y cytunodd yntau ac Elizabeth, diwedd eu perthynas. Roedd gormod o bobl wedi'u niweidio.

Fe barhaodd y frwydr i Wanger a Mankiewicz am ychydig eto. Wythnosau wedi cwblhau'r ffilmio yn yr Aifft, fe benodwyd Darryl Zanuck yn llywydd ar *Twentieth Century Fox*, ac yn syth fe derfynwyd cytundeb Mankiewicz. Ond yna newidiodd ei feddwl, a'i ail-gyflogi ar gyfer ysgrifennu a chyfarwyddo'r golygfeydd ychwanegol anghenrheidiol. Fe ffilmiwyd rhain ym Madrid yng ngwanwyn 1963 – ond doedd dim angen gwasanaeth Richard nac Elizabeth.

Roedd cyfanswm yr arian a wariwyd ar *Cleopatra* rywle rhwng $37 miliwn a $40 miliwn. (I sawl un, fel mae Eddie Fisher yn nodi'n drist, roedd y gost ddynol lawer yn fwy). Cred rhai, ar ôl ystyried ei chanran o'r enillion, fod Elizabeth wedi ennill dros $7 miliwn allan o'r ffilm. Ar ôl cyfrif ei or-amser, roedd Richard wedi ennill o gwmpas $750,000. O fewn ychydig fe fyddai'n rhoi'r cyfan i ffwrdd.

A beth am y ffilm ei hun? Wel, roedd y brwydrau ynglŷn â'r ffilm yn parhau yn yr ystafell olygu. Dadleuodd Mankiewicz dros ryddhau *Cleopatra* fel dwy ffilm, un yn canolbwyntio ar berthynas Cleopatra â Chesar, a'r ail arni hi ac Antony: cyfanswm o chwe awr ar y sgrîn. Ond roedd pennaeth y stiwdio, Zanuck, yn mynnu mai un ffilm ysblennydd oedd yr ateb. Enillodd Zanuck y frwydr, ac fe aeth ati i dorri'r ffilm i lawr i faint rhesymol. Yn anffodus i Richard – ac i Elizabeth, ac yn wir i'r ffilm ei hun – roedd 'na fwy o le i dorri ar ail hanner y stori, ac felly gorffennodd llawer o olygfeydd gorau Richard ar lawr yr ystafell olygu.

GŴR Â DWY WRAIG

D DIWEDD haf 1962 ciliodd Richard ac Elizabeth i'w cartrefi
gwahanol yn y Swistir. Disgwyliai Sybil a'r plant am Richard
yn *Le Pays de Galles* ond doedd neb yn Gstaad yn aros am Elizabeth:
roedd ei pherthynas hi ag Eddie Fisher wedi'i chwalu. Penderfynodd
y byddai'n aros am Richard, a pha bryd bynnag y byddai ef ei heisiau
hi byddai'n disgwyl amdano.

Mae'n sicr fod gan y ddau ddigon o amser i ailystyried beth
roeddent am ei wneud â'u bywydau. Cyn iddo gael ei rwydo gan
Cleopatra, roedd gan Richard gynlluniau ar gyfer prosiectau yn y
dyfodol – dramâu gan Christopher Fry a Jean Paul Sartre – ond roedd
y rhain wedi'u haberthu ar allor y ffilm gostus yn Rhufain. Hefyd, yn
ôl Richard, nid oedd y cynigion yn dod oddi wrth y cwmnïau ffilm yn
y cyfnod hwn – roedd y stiwdios yn aros nes iddynt glywed sut siâp
oedd ar *Cleopatra* a'i Antony cyn ystyried cytundeb am $500,000.
Felly roedd Richard gyda'i deulu, ond hawdd dychmygu fod yr
aelwyd yn Celigny yn ddiflas yr hydref hwnnw.

Iddo ef, roedd y dewis yn un syml. Fe allai gadw popeth yr oedd
wedi gweithio mor galed amdano dros flynyddoedd o waith di-dor: y
teulu yr oedd yn ei garu; y wraig a oedd yn ei ddeall i'r dim; ei ferch
Kate yr oedd yn dotio arni; ei ferch Jessica yr oedd yn teimlo
euogrwydd am ei sefyllfa, heb anghofio'r teulu estynedig a oedd wedi
dangos yn glir gyda phwy y byddent *hwy* yn ochri, a'r ffrindiau a
cyfeillion a oedd i gyd o blaid Sybil. Gallai gadw'r rhain . . . neu daflu
popeth i ffwrdd er mwyn dechrau o'r newydd gydag Elizabeth.

Mae'r pellter rhwng Celigny a Gstaad yn 85 o filltiroedd troellog
trwy'r Alpau. Fe ddechreuodd Richard ac Elizabeth weld ei gilydd,
gan gwrdd ar y dechrau mewn bwyty hanner ffordd rhwng y ddau dŷ,
ar lan Llyn Genefa. Yn ôl ei hatgofion hi, roedd yr aduniad cyntaf yn
lletchwith i ddechrau – fel petai hwn y tro cyntaf iddynt fynd allan am
bryd o fwyd. Doedd dim cusanu y tro hwn, ond unwaith yr oeddent
wedi ailgysylltu, nid oedd modd cadw'r llif yn ôl. Crybwyllodd

Richard yn ddiweddarach ei fod yn gyfarwydd â rasio nôl i Celigny yn oriau mân y bore. Mae hefyd yn sôn am Sybil yn ceisio'i lladd ei hunan: mae'n debyg i hyn ddigwydd tra bod Richard yn Gstaad; mae tystiolaeth fod gan Sybil greithiau ar ei harddyrnau.

Yn ffodus, bu newid yn y sefyllfa cyn i bawb ddrysu'n llwyr. Fe glywodd Anatole de Grunwald (cynhyrchydd *Dolwyn* flynyddoedd yn gynt) sibrydion o *Twentieth Century Fox* fod perfformiad Richard yn *Cleopatra* yn gampus, ac fe weithredodd yn syth. Derbyniodd Richard ei gynnig i ymddangos yn *The VIPs*, hanes amryw o enwogion sy'n cael eu caethiwo mewn maes awyr gan y niwl. Tra bod Richard ac Elizabeth yn gwneud gwaith dybio ychwanegol ar *Cleopatra*, awgrymodd hithau ei hun ar gyfer y brif ran arall yn y ffilm, sef gwraig i'r cymeriad a chwaraeai Richard. Fe weithiodd de Grunwald ar ei gyfrifion ac fe sylweddolodd na allai golli. Trwy saethu'n gyflym, byddai'r ffilm yn ymddangos yr un pryd a *Cleopatra*, a byddai *The VIPs* yn siŵr o elwa ar y cyhoeddusrwydd. Ac yn fwy pwysig, ni chostiai'r cyfan ond rhyw wythfed rhan o bris y ffilm honno.

Felly ym mis Rhagfyr fe ddychwelodd Richard ac Elizabeth i Lundain i weithio ar y ffilm. Roedd yn rhaid iddynt ofalu rhag tramgwyddo yn erbyn moesoldeb y cyfnod. Roedd oes y *'Swinging Sixties'* heb gychwyn o ddifri, a beth bynnag a ddigwyddai y tu ôl i'r llenni, roedd godineb agored yn annerbyniol. Felly fe gyrhaeddodd y ddau ar yr un trên, cyn teithio mewn *limousines* gwahanol i westy'r Dorchester, lle llogwyd rhes o ystafelloedd *penthouse* y drws nesa i'w gilydd. Dychwelodd Sybil a'r merched i Hampstead bythefnos yn ddiweddarach.

Wrth edrych yn ôl, mae'n rhaid sylweddoli nad oedd y penderfyniad i adael Sybil wedi ei gymryd eto. Yn gyhoeddus, roedd negeseuon cymysglyd yn cael eu lledaenu gan Richard. Dywedai na fyddai byth yn gadael Sybil; ond hefyd dywedai y byddai'n priodi Elizabeth; yna honnai mai jôc oedd dweud hynny gan ei fod eisoes yn ddyn priod. Weithiau byddai'r ddau yn ymddangos yn gyhoeddus yn yfed *champagne* yn llawen; droeon eraill byddai'n sarhau Elizabeth yn gyhoeddus – *'That woman has no feelings. No feelings at all!'*. Nid oes yr un cofnod ohono'n sarhau Sybil.

Nid oedd Sybil yn arfer siarad â newyddiadurwyr, ond mae un dyfyniad ganddi sy'n cynnig cipolwg ar stâd ei meddwl: *'He's tied to me hand and foot, like so much lend-lease. I'm not going to cut the*

lease and when I get him back he will be two million dollars richer'.
Wedi cyhoeddi'r dyfyniad, gwadodd Sybil iddi ddweud y fath beth, gan bwysleisio nad oedd wedi priodi ei gŵr am ei arian, ac nad oedd arian erioed yn destun trafod yn eu priodas. Ond fe fynnodd y byddai Richard yn dychwelyd wedi iddo orffen ei ffilm bresennol. Felly, awgryma'r adroddiadau cyhoeddus fod Sybil yn credu fod y sefyllfa o dan reolaeth. Yn y diwedd, byddai Richard yn dychwelyd ati, fel yr oedd wedi gwneud ar ôl troseddu bob amser o'r blaen. Mae hi'n awgrymu bod y rhwymyn oedd rhyngddynt yn gryfach ac yn ddyfnach nag unrhyw nwyd darfodedig.

Felly fe barodd bywyd dwbl Richard trwy gyfnod ffilmio *The VIPs*. Treuliodd rai dyddiau yn Hampstead gyda Sybil a'r plant; eraill gydag Elizabeth, yn dangos iddi ei hoff fannau yn Llundain, gan gynnwys, wrth gwrs, tafarndai'r brifddinas. Er mwyn lleddfu'i deimladau o euogrwydd, er mwyn anghofio am ei ymrwymiadau, ac er mwyn osgoi wynebu'r penderfyniad mawr roedd yn rhaid iddo ei wneud, roedd Richard yn yfed yn drwm ac yn ddi-hid. Mae Graham yn cofio ei weld yn yfed sawl *Bloody Mary* i frecwast, ac yn dechrau ar yr ail botel o *vodka* yn y prynhawn. Mae'n ymddangos y gallasai beidio yfed petasai'n dymuno gwneud, ond ni ddymunai ar y pryd. Yfed nes fferru oedd ei ddewis.

Cyhoeddwyd rhyfaint o'r hyn a ddywedodd Sybil wrth Emlyn Williams yn ddiweddarach, sy'n awgrymu effaith ddinistriol y straen a'r yfed ar ei gŵr. Soniodd fel y byddai Richard yn siarad â hi am bump awr gyda'r nos, gan ddwyn perswâd arni, tra'n yfed llond botel o frandi, i ddechrau o'r newydd gydag ef. Wedyn byddai'n ymadael, a ffonio fore trannoeth gan ofyn iddi anghofio popeth a ddywedasai y noson gynt: yr oedd wedi meddwi; nid oedd yn gallu byw heb Elizabeth.

Roedd y sefyllfa briodasol anarferol yn anesmwyth. Fe roddodd Stanley Baker a'i wraig wahoddiad i Richard a Sybil ddod i ginio. Casglodd Richard Sybil o Hampstead, ac yn ystod y cinio yr oedd ef yn ddigon llon, er iddi hi ddangos ychydig o'r straen. Fe ffoniodd Elizabeth bedair gwaith yn ystod y pryd bwyd. Ar ddiwedd y noson, fe aeth Richard â Sybil adre, cyn dychwelyd i'r Dorchester.

Gyda'r flwyddyn newydd fe ddaeth y cyfle i addysgu Elizabeth am un o draddodiadau Cymru, pan aeth y ddau i Gaerdydd am y diwrnod i weld Cymru yn chwarae rygbi yn erbyn Lloegr. Colli fu hanes tîm Clive Rowlands, ac fe drôdd y diwrnod yn sur iawn i Richard ac Elizabeth wedi iddynt ddychwelyd i Paddington. Aethant i fwynhau un diod bach arall mewn tafarn yno, ond roedd yna giang o lanciau yno, ac fe ddechreuwyd ymladd. Yn ôl un adroddiad dechreuodd y trwbwl pan fentrodd un o'r llanciau gega am Elizabeth, a derbyn dwrn gan Richard mewn ymateb. Ymosodwyd yn ffyrnig ar Richard, a chafodd esgid *winklepicker* yn ei lygaid ac yn ei gefn. Er iddo gael sawl damwain arall i'w gefn, byddai Richard ei hun yn olrhain ei drafferthion parhaus â'i gefn i'r achlysur hwn.

Roedd Richard yn methu gweithio am dipyn, a bu'n rhaid iddo ohirio rhaglen yr oedd i'w wneud i'r hen gwmni ITV dros Gymru, TWW. Cynlluniwyd *This World of Wales* gan Wyn Roberts fel dathliad o'r ysgrifau gorau am Gymru yn Saesneg. Roeddent i gael eu hadrodd gan Richard, gyda chyfraniadau gan Gwyn Thomas i glymu'r cyfan at ei gilydd. Er gwaethaf popeth arall a oedd yn digwydd yn ei fywyd ar y pryd, roedd Richard yn awyddus i helpu, ac fe ychwanegodd ei awgrymiadau ei hun, gan ddewis darn o farddoniaeth gan Gerard Manley Hopkins i'w ddarllen.

Recordiwyd cyfraniad Richard mewn stiwdio yn Llundain ar un dydd Sadwrn. Mae Wyn Roberts yn cofio'r achlysur fel un hwyliog, er bod tipyn o stâd ar Richard a oedd wedi bod yn yfed gormod. Roedd Richard yn goractio'n ddychrynllyd mewn rhai darnau, yn enwedig yr adroddiad o farwolaeth Dewi Sant, lle y mae'n trwytho'r darn â sancteiddrwydd cyfiawn sy'n anaddas a braidd yn embaras. Ond mewn darn yr oedd Wyn Roberts wedi'i ddewis yn arbennig – detholiad o *Portrait of the Artist as a Young Dog* lle mae Dylan Thomas yn rhoi disgrifiad arbennig o *hangover* – roedd y perfformiad yn drydanol!

Ym mis Mawrth 1963 fe gwrddodd Richard â Sybil a dweud wrthi o'r diwedd ei fod wedi dod i benderfyniad. Yr oedd wedi dewis Elizabeth, ac roedd am wahanu. (Yn rhyfedd braidd, doedd dim sôn am ysgariad). Yn fuan fe gyhoeddwyd telerau'r gwahanu: roedd ef i ildio bron y cyfan o'i enillion, gan gadw dim ond y tŷ yn Céligny a'i lyfrau. Yn wir, mynnodd Richard gael gwared ar y rhan fwya o'i arian – i'r teulu ac i wahanol achosion da. Yr oedd yn dechrau o'r dechrau eto – dywedodd mewn un cyfweliad, 'Efallai bod arian wedi dod yn rhy bwysig. Efallai ei fod yn rhyw fath o lygredigaeth'. Dichon y byddai'r sinig yn dweud bod rhoi ei arian i ffwrdd yn rhywbeth hawdd i ddyn oedd yn ennill $2 filiwn y flwyddyn, heb unrhyw arwydd y byddai'r llif arian yn peidio. Ond ar ôl ei holl flynyddoedd o ymdrechu i ddod yn gyfoethog, a chan gofio'i ofn o dlodi, mae'n rhaid cymryd hyn fel gweithred ddiffuant ac arwydd pendant cyhoeddus. Roedd ei fyd wedi newid.

Newidodd Sybil ei hamgylchiadau hefyd. Paciodd ei bagiau a symud i Efrog Newydd, lle rhoddodd gefnogaeth i theatr fach ar gyrion Broadway ac agor clwb nos a ddaeth yn llwyddiant mawr. Mewn blynyddoedd i ddod, priododd â cherddor oedd yn chwarae yn y clwb a chael merch arall. Mae'n byw o hyd yn Efrog Newydd, gan gadw'i hatgofion o'i hamser â Richard i'w hunan.

Yn fuan ar ôl gorffen *The VIPs*, dechreuodd Richard ffilmio *Becket* yn stiwdio Pinewood. Cymerodd Richard ran yr Archesgob Thomas à Becket, a Peter O'Toole ran y brenin Henry II. Yn y rhannau eraill roedd sawl actor adnabyddus, gan gynnwys John Gielgud a Donald Wolfit, ac mewn rhan fechan fel Cymraes, Siân Phillips. Y cyfarwyddwr oedd Peter Glenville, a oedd wedi rhoi'r sac i Richard o ddrama *Adventure Story* rhyw 14 blynedd yn gynt.

Roedd y cyfnod ffilmio yn hapus iawn i Richard, a derbyniodd $250,000 am ei gyfraniad. Roedd yn edmygu Peter O'Toole fel actor, ac roedd y ddau ohonynt yn cyd-dynnu'n arbennig o dda. Roedd yntau newydd sefydlu'i hunan fel un o sêr ifanc y sgrîn yn dilyn ei lwyddiant ysgubol fel *Lawrence of Arabia*. Gan fod gan y ddau enw am fod yn wyllt yn eu diod, cytunwyd ar ddechrau'r ffilmio i beidio ag yfed. Er i'r ddau 'syrthio oddi ar y wagen' yn rheolaidd yn ystod y cynhyrchiad, nid oedd y canlyniadau yn rhy ddrwg i neb. Mwynhaodd Elizabeth gwmni'r ddau, yn yfed peintiau gyda Richard a Peter yn y *King's Head*, Shepperton, dros ginio, yn gwerthfawrogi'r cystadlaethau Shakespeare ac yn ymuno yn y teithiau drwy'r tafarndai yn ôl i'r Dorchester. Ysgrifennodd Richard ei hun am y drafferth a gafodd Peter yn yr olygfa lle roedd yn rhaid iddo roi modrwy ar fys Richard. Ar ôl yfed am ddwy noson a diwrnod, disgrifia Richard ymdrechion O'Toole fel *'rather like trying to thread a needle wearing boxing gloves'*.

Fodd bynnag, nid oedd pob sesiwn yfed heb ei ganlyniadau niweidiol. Fe gollodd Richard gyfle arbennig i greu argraff dda ar yr *Ed Sullivan Show* drwy gyrraedd am y cyfweliad oriau'n hwyr ac yn feddw gaib: ni chafodd y sgwrs ei darlledu. Rhoddodd Richard gyfweliad hir, dryslyd, gwallgof mewn mannau, i Kenneth Tynan ar gyfer *Playboy*. Dywedodd ei fod yn credu'n frwd mewn monogami, ac nad oedd erioed wedi bod yn anffyddlon i'w wraig. Cafodd Peter O'Toole hwyl yn dyfynnu darnau o'r cyfweliad i Richard, a gofyn beth ar y ddaear yr oedd yn golygu.

Ond fe greodd Richard argraff arbennig gyda chyfweliad arall a roddodd i John McPhee, un o is-olygyddion y cylchgrawn *Time*. Mae bod ar glawr *Time* yn anrhydedd ac yn ganmoliaeth fawr – ac mae Richard ar glawr rhifyn 26 Ebrill 1963. Diddanwyd McPhee gyda'r straeon arferol – ei blentyndod ym Mhont-rhyd-y-fen a Thai-bach; ei helyntion yfed yn Rhydychen; 'Hamlet a Churchill'; ei dad byth yn llwyddo i weld ei ffilmiau oherwydd bod gormod o dafarndai ar y ffordd; Richard ei hun yn osgoi gweld ei hunan ar y sgrîn, ac yn bychanu'i ffilmiau. Mae Sybil yn derbyn canmoliaeth am ei hymroddiad a'i goddefgarwch: gair Richard i'w disgrifio oedd *'impeccable'*. Ond bellach roedd hi yn Efrog Newydd ac yntau'n cael cyfnodau pan fflangellwyd ef gan euogrwydd.

Mae McPhee yn canmol cymeriad Richard yn y termau mwyaf gwresog, gan ddisgrifio'r effaith a gâi ar bobl wrth adrodd straeon diddan a gwrando'n astud ar yr hyn yr oedd ganddynt hwy i'w ddweud wrtho ef. Yn amlwg fe swynwyd McPhee gan ei bersonoliaeth. Adroddodd Richard stori am sut roedd bechgyn Pont-rhyd-y-fen yn eu profi'u hunain drwy gerdded ar y rheiliau ar y Bont Fawr, 120 o droedfeddi uwchben afon Afan. Tynnwyd llun o McPhee yn cyflawni'r un gamp, a'i ddanfon at Richard.

Yn ystod yr haf fe ddaeth plant Elizabeth i aros yn y Dorchester – Michael a Christopher Wilding, Liza Todd a Maria, merch o'r Almaen a fabwysiadwyd gan Elizabeth yn ystod ei phriodas ag Eddie Fisher. Ar y dechrau, roedd Richard yn llawn sbri, yn darllen i'r plant, yn chwarae gyda nhw a mynd am ambell bicnic. Ond wrth iddo gymryd cyfrifoldebau tadol dros blant Elizabeth, tyfodd ei deimladau o golled ac euogrwydd nad oedd ef bellach yn gweld ei blant ei hun. Honnodd y cylchgrawn *Photoplay* i Richard ffonio Sybil a gofyn iddi ddychwelyd gyda'r plant, am fis. (Mae'n dweud rhywbeth am feddylfryd y cylchgronau Americanaidd fod y stori yma ar y dudalen flaen gyda'r pennawd *'Burton two-timing Liz!'*.)

Wrth sôn am chwarae rhan Becket dywedodd Richard mai dim ond y pedwerydd tro oedd hyn iddo ymdrechu i roi ei orau fel actor ar y sgrîn. O'r blaen, dywed iddo gasglu'r siec, prynu'r Jaguar diweddaraf a rasio'n ôl i'r llwyfan. Y tro hwn, wrth weithio gydag actorion yr oedd yn eu parchu, a chyda chymorth a chefnogaeth Elizabeth, fe deimlai iddo roi perfformiad llwyddiannus. Pan ddaeth y ffilm allan, cytunodd y beirniaid, ac enillodd Richard ac O'Toole enwebiadau *Oscar*. Ond yn y diwedd, allan o'r 13 o enwebiadau ar gyfer *Becket*, yr unig un a dderbyniodd y cerflun bach aur oedd y sgriptiwr.

Yn ystod cyfnod ffilmio *Becket* fe gafwyd *première* y ffilm hirddisgwyliedig, fwyaf costus a fu erioed. Wrth ystyried y cyfrolau o straeon yr oedd y ffilm wedi'u hachosi, mae'n anochel y byddai'r beirniaid â'u cyllyll yn llym pan gawsant eu cyfle o'r diwedd i fynegi barn. Cleopatra ei hun dderbyniodd y brathau gwaethaf; roedd beirniadaeth digon llym ar Antony; ond ar y cyfan, cafodd Cesar glod. Fe ddangoswyd fersiwn o'r ffilm a oedd yn rhedeg am ychydig dros bedair awr yn New York, ac fe dorrwyd 22 munud arall cyn i'r ffilm gyrraedd Prydain. Fe alwodd Mankiewicz y lleihad yn y ffilm yr oedd wedi saethu yn 'llurguniad llwyr' ac yn barodi ar yr hyn yr oedd yn ei fwriadu. Ond yn groes i'r disgwyl, fe enillodd *Cleopatra* yr arian yn ôl yn y diwedd.

Dilynodd *The VIPs* ei chwaer fawr ddrud i'r sinemâu, ac fe lwyddodd y ffilm yn ei phrif bwrpas o wneud elw rhesymol i'r cynhyrchwyr. A chan fod eu cytundebau yn hawlio cyfran o'r enillion, fe wnaeth Richard ac Elizabeth elw o $3 miliwn o'r ffilm.

Erbyn hyn, roedd y ddau gariad a'u *entourage* wedi symud ymlaen i'r lleoliad nesaf yn y syrcas fyd-eang. Roedd Richard wedi derbyn rhan mewn addasiad o ddrama Tennessee Williams, *The Night of the Iguana*. Wrth edrych ar y casgliad hynod o unigolion a oedd i rannu'r profiad o ffilmio, efallai y byddai teitl un arall o weithiau Williams yn fwy addas – *The Glass Menagerie*.

Roedd y cyfarwyddwr, John Huston, yn gymeriad chwedlonol â chanddo ei ffordd ei hun a hiwmor unigryw. Cyflwynodd yntau ddryllau wedi eu goreuro i'r pump prif gymeriad yn y cynhyrchiad, yn ogystal â phedair bwled gydag enwau'r lleill wedi'u cerfio arnynt. Roedd y cyfarwyddwr cynorthwyol â dau ddryll yn ei wregys, a sombrero enfawr ar ei ben: dywedodd ei fod wedi'i wahardd rhag cyfarwyddo ffilmiau ers iddo saethu'i gynhyrchydd saith mlynedd yn gynt. Yn y ffilm chwaraeai Richard ran gweinidog syrthiedig oedd bellach yn tywys bws o wragedd ar daith o gwmpas arfordir Mecsico. Yn cymryd rhan y ferch sy'n arwain y cyn-bregethwr ar gyfeiliorn roedd Sue Lyon, a wnaeth enw iddi hi ei hun drwy gymryd rhan Lolita yn y ffilm enwog. Actores arall â rhan allweddol oedd Ava Gardner, seren oedd yn ofni chwarae cymeriad y wraig hŷn oedd yn colli'i phrydferthwch – dichon ei bod yn ceisio cuddio ei hoedran drwy deithio i'r set ffilmio ar sgis dŵr! Sylwodd rhai fod Ava Gardner yn disgleirio pan oedd Richard o gwmpas – o flaen y camerâu ac oddi ar y set. Fodd bynnag, er nad oedd hi yn y ffilm roedd Elizabeth yn bresennol ar y set bob dydd, yn ffwdanu dros Richard, ac hefyd yn cadw llygad arno. Y brif actores arall oedd Deborah Kerr: fe ddaeth ei gŵr hithau hefyd, awdur a oedd wedi ysgrifennu portread anffafriol iawn o John Huston.

O gofio hyn i gyd, mae'n syndod na ddefnyddiwyd un o'r dryllau oedd wedi'u goreuro!

Fe ddaeth rhyw 130 o newyddiadurwyr i weld y ffilmio, er bod y prif leoliad mewn porthladd anghysbell, cyntefig, o'r enw Puerto Vallarta. Dros y cyfnod fe swynwyd Richard ac Elizabeth gan gymeriad y lle, ac fe brynon nhw dŷ yno fel lloches rhag ffwdan y byd. Ond, yn groes i'w dymuniadau, byddai eu presenoldeb yn helpu i drawsnewid Puerto Vallarta, a throi'r pentre yn gyrchfan poblogaidd i dwristiaid.

Mae'r darlun mwya cyflawn o'r amser yn Puerto Vallarta yn dod oddi wrth ysgrifenyddes a gadwodd ddyddiadur er mwyn ei gyhoeddi. Ei chrynodeb o Richard yw *'A Welshman of infinite variety'*, ac mae hi'n ei ddisgrifio ef mewn sawl sefyllfa wahanol. Mae'n mynd i nofio yn ei drôns; mae'n dysgu Sbaeneg iddo'i hun trwy ddarllen y papur newydd. Yn fwyaf oll, mae'n yfed llawer o gwrw-a-tequila ac yn siarad. Mae'n adrodd straeon am chwaraeon, actio a Chymru; mae'n siarad yn garedig â Liza Todd, ac mae'n diddanu'r cwmni â barddoniaeth. *'The only thing in life is language – not love – not anything else'*. Roedd hyn yn ddigon i wneud i Elizabeth grïo ac encilio – felly ni chlywodd Richard yn dweud: *'It is ridiculous to get married or have a contract of any sort, because you feel tied and you want to get away from it . . . I'm not going to marry Liz. Of course I haven't told her that yet'*.

Nid oedd y ffilmio ei hun heb ei beryglon – cafodd Richard ei losgi gan yr haul, ei gnoi gan *mosquitoes*, a'i lorio gan 110 o foltiau trydan a oedd i ddihuno'r *iguana*. Fe roddwyd sioc i ambell feirniad hefyd gan nerth perfformiad Richard. Dywedodd *Newsweek*, er enghraifft, *'it is thrilling to watch him act well in a good movie, probably for the first time in his career'*. Roedd y beirniaid bron yn unfryd yn eu canmoliaeth ac roedd y ffilm yn rhyfeddol o lwyddiannus o gofio'i bod yn un uchel-ael heb lawer o apêl cyffredinol amlwg.

Ar 5 Rhagfyr 1963, ychydig ddyddiau ar ôl cwblhau'r ffilmio, fe ddaeth priodas Richard a Sybil i ben yn swyddogol. Rhoddodd y llys yn Guadalajara ysgariad i Sybil ar y sail fod ei gŵr wedi'i gadael a'i thrin yn greulon. Aeth Elizabeth i'r llys yn Puerto Vallarta ar 14 Ionawr, yn honni bod Eddie Fisher wedi ei gadael. Rhoddodd y barnwr 21 diwrnod iddo ymateb i'r cyhuddiad – ei ymateb oedd rhoi'r ffidil yn y to, a pheidio â gwastraffu mwy o'i egni ar ei wraig.

Y lle nesaf ar daith ryngwladol Richard ac Elizabeth (a'i phlant a'r *nannies* a'r ysgrifenyddion a'r *minders* a'r gweision a phob un arall o'r teulu estynedig) oedd Toronto, lle roedd Richard eto i geisio'r prawf eithaf o grefft yr actor – Hamlet. Y cyfarwyddwr oedd un o'i gyn-arwyr yn y rôl, sef John Gielgud. Y bwriad oedd perfformio'r ddrama mewn gwisgoedd cyffredin a heb unrhyw olygfeydd, fel petai'r perfformiad yr ymarfer olaf cyn mynd o flaen cynulleidfa.

Roedd yr ymarferion i fod i ffwrdd o lygaid y cyhoedd, ond ysgrifennodd dau o'r cast lyfrau am y cyfnod – un ohonynt wedi tapio'r cwbl â recordydd cudd. Mae'r ddau lyfr yn cynnig darlun o Richard fel un diymhongar, yn gweithio'n galed ac yn cyd-weithio'n arbennig o dda gyda Gielgud. Oddi ar y llwyfan, diddanodd Richard y cwmni â straeon o'r theatr, ac aeth un o'r awduron i drafferthion cyfreithiol wrth gyhoeddi un stori oedd yn anghywir ac yn enllibus.

Roedd Elizabeth wrth ei bodd wedi'i hamgylchu gan griw o actorion a oedd yn ei thrin â pharch, ac roedd hi'n arbennig o falch o dderbyn edmygedd John Gielgud. Roedd parch a chyfeillgarwch enfawr rhwng Richard a Gielgud, er bod eu dehongliadau gwahanol o Hamlet yn arwain at ambell drafodaeth ddwys. Roedd yn rhaid i Richard sefyll ei dir sawl tro yn erbyn cyfarwyddiadau nad oedd yn cytuno â hwy.

Ond wedi pedair wythnos o ymarfer, fe roddwyd rhagflas o'r ddrama i gynulleidfaoedd brwd a beirniadaeth gymysg. Teimlai Elizabeth y straen ar Richard yn cynyddu yn y dyddiau cyn yr agoriad swyddogol, ac fe roddodd wahoddiad i Philip Burton i ddod i roi cymorth i'w ddisgybl-fab. Fe ddaeth yntau (wedi iddo siarad â Sybil a derbyn sêl ei bendith) a mwynhau'r aduniad â Richard, a oedd unwaith eto yn ddisgybl iddo, yn derbyn ei gyngor ar fanylion ei berfformiad. Y drafferth fwyaf a welai Philip oedd i Richard geisio efelychu perfformiad Gielgud yn ormodol, yn hytrach na dilyn ei lwybr ei hunan. Rhoddodd Philip nodiadau manwl iddo mewn sgwrs a aeth ymlaen hyd oriau mân y bore, cyn iddo orfod rhuthro'n ôl i Efrog Newydd lle roedd i gymryd y llw i fod yn ddinesydd Americanaidd. Cafodd Philip alwad ffôn fore trannoeth gan un o'r cast i ddweud cymaint gwell oedd perfformiad Richard.

Gyda'r beirniaid yn gytûn yn eu hadolygiadau gwresog, dywedodd Richard, 'Rwy'n credu fy mod wedi aeddfedu digon fel actor i ddibynnu'n llwyr arnaf fy hunan, a pheidio ag efelychu neb arall.'

Ond er mwyn dod o hyd i'w ddehongliad ei hun, roedd yn dal ag angen arweiniad ei hen athro.

Fe gwblhawyd ysgariad Elizabeth ar 5 Mawrth. Ar 13 Mawrth, hysbysodd y pâr y dyn cyhoeddusrwydd, John Springer, eu bod yn priodi ddydd Sul 15 Mawrth. Aeth awyren â chriw bychan o bobl – Richard, Elizabeth, ei rhieni a John Springer – i Montreal, lle y'u priodwyd yn *suite* 810 yng ngwesty'r Ritz-Carlton gan weinidog Undodaidd.

Ar ôl y perfformiad drannoeth, yn sŵn byddarol y gymeradwyaeth, fe aeth Richard â'i briodferch ar y llwyfan, a benthyca o'r rhan yr oedd newydd ei chwarae: *'I say we will have no more marriages.'*

HAMLET A FAUST

Y cam nesaf ar daith *Hamlet* – fel gyda *Camelot* ychydig dros dair blynedd yn gynt – oedd i Theatr Schubert, Boston. Roedd Richard ac Elizabeth wedi ofni'r croeso a gaent yn yr Unol Daleithiau. Bu beirniadaeth hallt ohonynt o sawl cyfeiriad cyn iddynt briodi, gan gynnwys un ymgais o ddifri gan aelod o'r Gyngres i'w gwahardd rhag cael mynediad i'r wlad oherwydd yr esiampl ddrwg y byddent yn ei rhoi i'r trigolion. Ar y llaw arall, nawr eu bod yn ŵr a gwraig, a fyddai'r diddordeb dibendraw yn eu bywyd preifat yn lleihau? Fe ddaeth yr ateb yn y maes awyr, lle roedd tair mil o ffans yn disgwyl amdanynt, mewn golygfa a oedd yn ymylu ar fod yn derfysg. Roedd cannoedd mwy yn disgwyl o gwmpas y gwesty: cafodd Elizabeth ei gwallt wedi'i dynnu a'i chaethiwo yn erbyn wal, ac roedd yn rhaid i Richard ddyrnu ei ffordd trwy'r dorf i'w hachub.

Er mwyn eu hamddiffyn eu hunain rhag y fath yma o bwysau, bu'n rhaid i'r ddau gefnu ar y cyhoedd a'r peryglon cysylltiedig dros y misoedd a'r blynyddoedd i ddod. Ond yn anochel, roedd hyn yn golygu eu bod hefyd yn ymbellhau oddi wrth lawer o'r pethau roeddent yn eu mwynhau wrth fod yn gymdeithasol. Er bod Elizabeth yn gyfarwydd â chael ei hynysu rhag trafferthion y byd, roedd Richard yn ei elfen mewn tafarn a chwmni da. Ni fyddai'r tyndra yn ymddangos tra bod perthynas y ddau yn ffres, a phob dydd yn dod â rhywbeth newydd i'w bywydau. Yn wir, roeddent yn ymdrechu i fod gyda'i gilydd bob munud oedd yn bosibl. Soniai Richard am ei hudoliaeth hi wrth bob newyddiadurwr a lwyddodd i dorri drwy'r amddiffynfeydd – ei fodlonrwydd ysbrydol â'i wraig, a'i lawenydd yn eu perthynas rywiol. Parhaodd yr elfen hon – fe ddywedodd yn 1971, 'Ers bod gydag Elizabeth, dw i ddim wedi dymuno menyw arall, a dw i ddim wedi *cael* menyw arall.'

Am y tro, felly, nid oedd o bwys eu bod yn cau allan gweddill y byd. Roedd eu mis mêl yn parhau, a'u boddhad yn ei gilydd yn ddiderfyn. Mae'n wir eu bod yn dadlau'n aml ac yn ffyrnig, ond fe honnodd Elizabeth fod hyd yn oed y profiad hwn yn ddymunol.

Fe symudodd *Hamlet* ymlaen yn fuddugoliaethus i Efrog Newydd. Ar 9 Ebrill, ymestynnodd y torfeydd ar hyd *48th Street* o *Broadway* hyd *Eighth Avenue*, ac roedd yn rhaid i'r heddlu gau'r stryd er mwyn i Richard ac Elizabeth gerdded yn ddiogel yr ychydig gamau allan o'r theatr i'r *limousine*.

Fe ddaeth yr orymdaith yn atyniad nosweithiol i'r torfeydd. Gyda chlod mawr gan y beirniaid, a'r theatr yn llawn er gwaetha' prisiau uchel y tocynnau, fe redodd *Hamlet* tan ddechrau mis Awst. Hwn oedd cynhyrchiad hiraf y ddrama ar *Broadway* erioed â Richard yn rhoi 134 o berfformiadau – ac o safbwynt ariannol, hwn oedd y cynhyrchiad mwyaf llwyddiannus o'r ddrama erioed, hefyd.

Gwelodd Elizabeth 40 o'r perfformiadau (bob tro mewn gwisg wahanol) ac roedd hi yno bob noson arall i hebrwng ei gŵr. Fe aeth Elizabeth allan o'i ffordd hefyd i gymodi â phobl bwysig ym mywyd Richard. Roedd Emlyn Williams wedi bod allan o'u cylch oddi ar ei drip aflwyddiannus i Rufain i geisio darbwyllo Richard i ddychwelyd at Sybil: yn Efrog Newydd, fe gafwyd aduniad ac ail-grëwyd y rhwymyn rhyngddynt. Fe wahoddodd Elizabeth sawl brawd a chwaer draw i Efrog Newydd a ffwdanu drostynt. Fe ddaeth Ciss ac Elfed, a phrofi'r cyffro o weld miloedd o edmygwyr yn ceisio llongyfarch Richard. Dywedodd Ciss fod dagrau o lawenydd yn rhedeg i lawr ei hwyneb ac fe drôdd at ei 'brawd bach' a dweud, 'Oh Rich, petae Mam yn cael dy weld di nawr!'

Roedd yr un pwysig arall o orffennol Richard eisoes yn Efrog Newydd. Wedi cymryd dinasyddiaeth Americanaidd, fe fentrodd Philip Burton sefydlu coleg actio, ond cafodd ei hun mewn trafferthion ariannol. Aeth Richard ac Elizabeth ati i'w gynorthwyo trwy gynnig noson o ddarllen barddoniaeth. Fe lanwyd y theatr lle roedd Richard yn llwyddiannus fel Hamlet – 1,500 o seddi – gyda'r gynulleidfa yn talu $100 y pen. Mae darllen barddoniaeth yn gyhoeddus yn peri ofn i lawer o actorion profiadol, ond dyma'r tro cyntaf i Elizabeth ymddangos ar unrhyw lwyfan o flaen cynulleidfa. Felly fe dderbyniodd hi hyfforddiant am sawl wythnos gan y person mwyaf cymwys – Philip Burton ei hun.

Ar 21 Mehefin fe ddaeth y cyfoethog a'r enwog i brofi'r achlysur – a'u cyllyll yn barod am fethiant chwithig. Yn ystod y perfformiad fe sibrydodd y wraig a eisteddai o flaen Emlyn Williams, 'Os na fydd hi'n troi'n wael yn fuan bydd pobl yn dechrau gadael.' I'r gwrthwyneb, fe arhosodd pawb a chafwyd noson gofiadwy o farddoniaeth gan y ddau. Ar un adeg dywedodd Richard, *'I didn't know she was going to be this good!'*

Uchafbwynt y noson oedd y ddau yn darllen Salm 23: yntau yn Gymraeg a hithau yn Saesneg. Hawdd dychmygu Richard yn edrych i lygaid enwog ei wraig a dweud, 'Ie, pe rhodiwn ar hyd glyn cysgod angau, nid ofnaf niwed: canys yr wyt ti gyda mi'.

Fe ffilmiwyd ei berfformiad o *Hamlet* gan ddefnyddio proses arbrofol oedd yn gallu tynnu lluniau yng ngolau'r theatr. Dangoswyd y ffilm yn 1,300 o sinemâu America am ddwy noson i adolygiadau arbennig, er gwaethaf safon amheus y lluniau a'r sain. Mae'n gofnod arbennig ac, wrth gwrs, yr unig gyfle bellach i weld gallu Richard ar y llwyfan. Dywedodd ef ei hun yn gryfach nag arfer nad oedd yn hoffi'r perfformiad – er iddo dderbyn 15% o'r *gross* o $6 miliwn.

Mae tystiolaeth fod Richard yn aflonydd erbyn diwedd rhediad *Hamlet*. Wedi iddo oresgyn y sialens, doedd dim her iddo mewn ailgreu'r un perfformiad noson ar ôl noson. Felly fe newidodd ei ddehongliad yn rheolaidd – gan chwarae Hamlet fel dyn hoyw, er enghraifft, neu drwy ychwanegu dyfyniadau o Marlowe, i weld a sylwai unrhyw un. Yn ôl ei dystiolaeth ei hun, pan ddaeth swyddogion o'r Almaen a oedd yn gyfrifol am gadarnhau mabwysiadu Maria, fe adroddodd yr araith fawr *'To be or not to be'* yn Almaeneg. Plesiwyd yr Almaenwyr, ond fe ddryswyd Polonius a Claudius yn llwyr!

Y prosiect nesaf oedd *The Sandpiper*, a chyflog o $1 miliwn i Elizabeth gyda Richard yn derbyn hanner cymaint. Dewis Elizabeth, a oedd yn ysu am ddychwelyd i wneud ffilm ar ôl ysbaid o ryw ddeunaw mis, oedd hyn. Chwaraeai Richard weinidog yr efengyl (unwaith eto) a ddioddefai o amheuon am ei ffydd (eto) pan mae'n dechrau ar *affair* gyda *femme fatale* (rhan Elizabeth, wrth gwrs). Fel yn rhai o'r ffilmiau roeddent wedi eu gwneud yn barod – ac mewn sawl un i ddod – roedd y plot yn ecsploitio'u sefyllfa bersonol, a digon o gyfle i gynulleidfaoedd ddyfalu ble rhedai'r llinell rhwng ffantasi a realiti. Meddai yntau yn y ffilm, *'I've lost my sense of sin and become one of the world's most accomplished liars'*; meddai hithau, *'Men have been staring at me and rubbing up against me since I was twelve'*.

Lleolwyd y stori yn Big Sur, Califfornia, lle dechreuwyd y ffilmio – ond oherwydd sefyllfa dreth y Burtons, cwblhawyd y rhan fwyaf o'r cynhyrchiad ym Mharis. Felly i ffwrdd â nhw, yr *entourage* o 12, a 136 o fagiau ar draws yr Iwerydd unwaith eto ar y *Queen Elizabeth*.

Ym Mharis, tynnodd y cylchgrawn *Look* ddarlun gonest o'r ddau, sy'n awgrymu'r effaith a gafodd eu henwogrwydd a'u cyfoeth ar eu bywydau. Llogwyd 21 o ystafelloedd yng ngwesty'r Lancaster, dafliad carreg o'r *Champs Elysées*, am $10,000 yr wythnos. (Awgrymodd *Look* fod hyn yn swm rhesymol o gofio'u hanghenion). Roedd ganddynt amserlen hamddenol, yn ddechrau gwaith am 10 o'r gloch – neu yn ddiweddarach os oeddent wedi cael noson hwyr – a chael amser cinio hir. Ar y set roedd Richard yn diddanu pawb gyda straeon am Gymru neu actio neu wleidyddiaeth neu Elizabeth. Wrth gwrs, Elizabeth oedd y testun a wnâi i bawb gymryd sylw – er mwyn i'r gwrandawyr allu dweud wrth eu ffrindiau sut un oedd hi y tu ôl i'r wyneb cyhoeddus. O flaen y camerâu roeddent yn canolbwyntio'n ofalus ac yn gweithio'n gyflym ac yn broffesiynol. Roedd y rhan fwyaf o'u golygfeydd gyda'i gilydd, ac yn drydanol.

Gyda'r nos, yn amlach na pheidio, byddent yn gwrthod gwahoddiadau'r *jet-set* a gwrthod atyniad y theatr neu'r sinema er mwyn aros yn y gwesty gyda'i gilydd. Os oedd rhaid, byddent yn cwrdd â chyfreithwyr, asiantau, cynhyrchwyr neu boendodau eraill i lawr yn y bar. Roedd aros yn y gwesty hefyd yn gyfle iddynt weld y pedwar plentyn a fu mewn gwersi gyda'r tiwtor drwy'r dydd. Ond yn bennaf, roeddent yn ymhyfrydu yng nghwmni ei gilydd. Dywedodd ef wrth y newyddiadurwr: '*We tried to be apart for an hour and a half once, but it didn't work*'; dywedodd hithau: '*I look forward to every moment of our life. I absorb all my vitality from Richard; he has enough for both of us.*' Roedd y ddau yn siarad am ymddeol – ymddiswyddo o'r frenhiniaeth, fel y dywedodd y newyddiadurwr – ac yn rhagweld seibiant hir a diddig, â'r wasg yn gadael llonydd iddynt. Efallai y byddai'n digwydd yn fuan, i roi cyfle iddo ef ysgrifennu mwy o erthyglau, tra ffwdanai hithau o'i gwmpas ac edrych ar ôl y plant.

Yn wir, fe wireddwyd breuddwyd Richard o fod yn awdur gyda chyhoeddi *A Christmas Story* ddiwedd 1964. Yr oedd y stori yn rhannol seiliedig ar ei atgofion ef ei hun o'i blentyndod yn Tai-bach, a'r achlysur pan gafodd ei ddanfon allan o'r tŷ ac yntau'n dechrau ofni fod ei chwaer-fam yn marw; ond o ddychwelyd, darganfodd fod Ciss – a'i babi bach newydd – yn iach. Ysgrifennodd Richard y stori'n wreiddiol ar gyfer cylchgrawn *Glamour*, ond fe welodd cyhoeddwr craff botensial y stori i wneud arian, ac fe'i cyhoeddwyd yn llyfryn bach. Dywedodd Richard fod yr adolygiadau canmoliaethus yn golygu mwy iddo nag unrhyw glod am ei waith ar y llwyfan neu'r sgrîn.

Yn ystod y flwyddyn nesaf, fe gyhoeddwyd llyfryn arall a dyfodd o erthygl a ysgrifennodd Richard i'r cylchgrawn *Vogue* yn disgrifio rhai o'i gyfarfyddiadau cofiadwy ag Elizabeth. Enw'r llyfr oedd *'Meeting Mrs Jenkins'*. Dros y blynyddoedd nesaf cyhoeddwyd llu o erthyglau gan Richard: llawer ohonynt yn sôn am ei wraig enwog, ond eraill yn canolbwyntio ar ei 'gariadon' eraill, sef rygbi, Cymru a'i ferch Kate.

Fel y dangosodd *A Christmas Story*, roedd Cymru'n parhau i fod yn agos at ei galon, ac fe barhaodd Richard i gyfrannu'n hael at achosion Cymreig. Rhoddodd £900 i dalu am gostau teithio gweinidog i fynd allan i'r capel Cymraeg yn Los Angeles, ac, fel y nodwyd eisoes, fe gyfrannodd Richard ac Elizabeth arian mawr a chefnogaeth frwd i Ymddiriedolaeth Theatr Dewi Sant. Ceir enghreifftiau eraill tra gwahanol o'i ymrwymiad i Gymru, fel ei gefnogaeth werthfawr i apêl Aberfan yn 1966 a'i gyfraniad o £1,000 at adeiladu cartref newydd i glwb Rygbi Llundain yn 1968.

Wedi gorffen *The Sandpiper* – a fu'n llwyddiant ariannol ysgubol tra chwynai'r beirniaid am ddiffyg dynfder y stori – *The Spy Who Came in from the Cold* oedd y fenter nesaf. Dechreuwyd ffilmio yn Llundain – yn ôl i'r Dorchester felly – cyn symud i Ddulyn. Roedd y cyfan yn aduniad anghyffyrddus a lletchwith gyda Claire Bloom. Mae'n anochel mai Elizabeth gafodd y bai am fod mor genfigennus nes iddi wrthod gadael Richard allan o'i golwg am eiliad. Fe ddysgodd Claire Bloom yn gyflym sut i ddynwared ei galwad wichlyd 'Richard'. Gyda pherthynas wenwynig rhwng y ddwy, doedd ddim dewis gyda Richard ond ochri gyda'i wraig, ac ymbellhau oddi wrth ei gyd-seren.

Yn ogystal, roedd anghytundeb rhwng Richard a'r cyfarwyddwr, Martin Ritt, ynglŷn â sut i chwarae'i ran, Alec Leamas. Mae ef yn ysbïwr sydd wedi blino â'r busnes, ond sy'n cytuno cymryd un aseiniad olaf a fyddai'n profi'n angheuol iddo. Roedd Ritt yn awyddus i bortreadu'r cymeriad fel dyn anhysbys, di-liw – dehongliad a olygai y byddai'n rhaid i Richard ddileu pob rhinwedd yr oedd yn enwog amdani. Dim swyn; dim presenoldeb grymus; dim atyniad rhywiol. Mae disgrifiadau o Richard yn ystod y ffilmio yn awgrymu ei fod wedi cymryd rhai o agweddau negyddol ei gymeriad i'w fywyd oddi ar y set. Er na fu erioed yn *method actor*, yr oedd yn dod i uniaethu'n gryf â'i ran wrth roi ei berfformiadau gorau. Ac roedd hwn yn un o'r gorau oll.

Nid oedd y ffilmio yn gyfnod hapus, felly, gyda'r tensiwn rhwng Richard a'r cyfarwyddwr; rhwng Richard-ac-Elizabeth a Claire Bloom; a rhwng Richard, ei ran a'r botel. Roedd Alec Leamas yn yfed er mwyn dianc rhag ei fywyd di-liw, ac felly fe yfodd Richard tra'n gweithio er mwyn cyflwyno'r portread cywir, ac fe yfodd oddi ar y set er mwyn ceisio dianc rhag Leamas. Mae adroddiadau am ddadleuon ffyrnig rhwng Richard ac Elizabeth, ac er i Elizabeth honni ei bod yn mwynhau'r tensiwn, nid oedd gweiddi ar ei gilydd mewn mannau cyhoeddus yn argoeli'n dda am eu dyfodol gyda'i gilydd.

Wedi cwblhau *Spy*, roedd cyfle am ddeufis o wyliau ar y *Riviera* ac yn Gstaad, cyn dechrau ar eu prosiect nesaf. Ers amser ffilmio *The Sandpiper* yng Nghaliffornia, roedd trafodaethau wedi parhau ynglŷn â chynhyrchiad *Who's Afraid of Virginia Woolf?* Yn gyntaf fe wahoddwyd Elizabeth i chwarae Martha, y brif wraig yn nrama Edward Albee: dywedodd Richard fod yn *rhaid* iddi hi gymryd y rhan i rwystro neb arall rhag ei chymryd. Yn ei thro, fe awgrymodd hithau y dylai Richard gymryd rhan George, gŵr sydd o dan fys bawd ei wraig! Yn y diwedd, fe gytunodd y ddau i ymddangos ar gyflog o dros $1 miliwn iddi hi a $750,000 iddo ef. Roedd dewis y cyfarwyddwr yn nwylo'r ddau, a'u hawgrym oedd Mike Nichols, gŵr a chanddo enw da am ei waith gyda dramâu ysgafn yn y theatr, ond nad oedd ag unrhyw brofiad y tu ôl i'r camerâu. Roedd eu penderfyniad mentrus yn un campus.

Erbyn mis Gorffennaf 1965 roedd y Burtons yn ôl yn Hollywood er mwyn dechrau ar *Virginia Woolf.* Cychwynnwyd gyda thair wythnos o ymarferion cyn i'r camerâu droi – rhywbeth anarferol yr oedd Nichols yn mynnu ei wneud. Fe dreuliwyd mis yn y stiwdio, gyda phob moethusrwydd y gallai'r cynhyrchydd feddwl amdano (gan gynnwys beiciau i'w cludo o'u hystafelloedd coluro i'r set), a gan aros mewn tŷ yn Beverly Hills gyda dau bwll nofio. Wedyn fe hedfanodd y cynhyrchiad ar draws America i Northampton, Massachusetts, tref golegol fechan. Yno, bu argyfwng bychan pan fynnodd Richard ac Elizabeth newid y tŷ oedd wedi'i logi ar eu cyfer oherwydd diffyg preifatrwydd, ac i arbed storm fe aberthodd Nichols ei dŷ ei hun.

Fe ddathlwyd pen-blwydd Richard yn 40 oed ym mis Tachwedd ar y set yn Hollywood, wrth i saethu'r ffilm gymryd yn hirach na'r disgwyl. Roedd ffordd Nichols o weithredu yn cymryd amser ac ymroddiad, wrth i bob golygfa gael ei dadansoddi, a'r cast yn gorfod canolbwyntio ar yr hyn nas dywedwyd yn y sgyrsiau yn ogystal â'r deialog ei hun. Weithiau byddai'r cyfarwyddwr yn mynnu dwsinau o *takes* cyn iddo ddatgan ei fodlonrwydd; weithiau byddai'r straen o ymddwyn yn gythreulig tuag at ei gilydd yn ormod i'r actorion. Cawn sôn am y dadlau ffyrnig, treiddgar rhwng George a Martha ar y set yn parhau rhwng Richard ac Elizabeth wedi i'r ffilmio orffen am y diwrnod.

Yn y diwedd fe or-redodd y cynhyrchiad bump wythnos, gan orffen ar 13 Ragfyr, gyda George a Martha yn melltithio'i gilydd tan yr olygfa olaf. Er i gytundebau Richard ac Elizabeth nodi taliadau o $175,000 rhyngddynt am unrhyw or-amser, fe gytunodd y ddau i weithio'r pythefnos cyntaf am ddim, a derbyn treuliau estynedig yn unig am y tair wythnos ddilynol. Mae'n siŵr y gwyddent y byddai'u haberth yn talu'i ffordd, ac wrth ystyried yr adolygiadau a gafodd y ffilm, roedd y cyfan yn werth yr ymdrech. Canmolwyd Richard yn arbennig am wneud y cymeriad mor gredadwy. Tosturiodd y cynulleidfaoedd wrth y gŵr o dan lach ei wraig a llawenhau pan lwyddodd i ddial arni.

Haeddodd y ffilm ei 14 enwebiad ar gyfer gwobrau *Oscar*, gyda'r pedwar aelod o'r cast yn cael eu henwi. Yn ngwanwyn 1967 fe fyddai'r ddwy ferch, ynghyd â phedwar gweithiwr arall ar y ffilm (y dyn camera, a chynllunwyr y set, y celf a'r gwisgoedd) yn ennill eu cerfluniau bach aur. Ond am yr ail flwyddyn yn olynol – wedi enwebiad ar gyfer ei bortread o'r ysbïwr Alec Leamas – byddai Richard yn cael ei siomi. Yn 1966, Lee Marvin enillodd dlws yr actor gorau; yn 1967, cyfaill i Richard, Paul Scofield, aeth â'r wobr am ei berfformiad fel Syr Thomas More yn *A Man for All Seasons* – y ffilm hon hefyd a enillodd y wobr am ffilm orau'r flwyddyn ac nid *Woolf*. Ond er gwaethaf methiant yr Academi i roi'r brif wobr iddi, fe ddeuai *Woolf* i gael ei hystyried yn un o ffilmiau pwysicaf y degawd. Yn gyffredinol, ystyrid y ffilm yr un orau a wnaeth Richard ac Elizabeth ar y cyd, a'r rhan fwyaf o feirniaid yn nodi mai ei berfformiad ef yw'r un mwyaf cyfareddol, a'i gymorth ef ar y sgrîn sy'n tynnu'r gorau allan ohoni hi.

Ym mis Chwefror 1966 dychwelodd y Burtons i Loegr, ac i Rydychen, lle'r oedd Nevill Coghill wedi aros bron i ddwy flynedd i gyfarwyddo Richard yn *Dr Faustus*. Roedd y cynhyrchiad o ddrama glasurol Marlowe er budd cronfa apêl theatr y Brifysgol. Cymerodd Richard y brif rôl ac Elizabeth rôl Helen o Droea – rhan heb ddim i'w ddweud. Dichon y bydd rhai yn sylwi ar yr eironi yn y castio: Richard yn dynwared dyn sydd wedi gwerthu ei enaid er mwyn cyfoeth a grym; Elizabeth yn chwarae'r ferch brydferthaf yn y byd – a'r un sy'n sicrhau damnedigaeth Faust. Yn sicr, roedd llawer o sylwebyddion wedi tynnu'r gymhariaeth a deuai hyn yn thema gyfarwydd mewn cyfweliadau yn y blynyddoedd i ddod. Ar y llaw arall, roedd eraill yn canmol gweithred Richard ac Elizabeth ac yn ei gweld fel cyfraniad gwerthfawr a diffuant gan Richard tuag at ei *alma mater*.

Ni adawodd Richard ond deg diwrnod ar gyfer ymarfer y rhan anodd hon, ac nid oedd yn hollol lithrig yn yr areithiau hir erbyn i'r wythnos o berfformiadau ddechrau. Cymysg oedd yr adolygiadau – gyda'r Athro Coghill yn rhoi'r bai ar sbeit y beirniaid. Ond doedd dim dwywaith am farn y *Western Mail* o'r ddrama: *'Burton in his greatest role'*, meddai'r pennawd. Yn ôl yr adroddiad hwn, roedd Elizabeth yn chwarae'i rhan ag urddas prydferth, a gydag athrylith Richard roedd mawredd yr araith olaf yn llenwi'r theatr ag arswyd. Un cysylltiad Cymreig arall i'w nodi yn y ddrama oedd presenoldeb Gwydion Thomas, mab y bardd R S Thomas, yn y cast.

Fe gamodd y Burtons o chwarae yng ngwaith un dramodydd o oes Elizabeth I i waith un arall, sef un o gomedïau Shakespeare. Er gwaethaf addewid Richard na fyddai byth yn dychwelyd i Rufain, dyna lle dathlwyd ail ben-blwydd eu priodas ar 15 Mawrth. Roeddent yn chwarae Petruchio a Katharina yn addasiad Franco Zeffirelli o *The Taming of the Shrew*. Hon oedd ffilm fawr gyntaf Zeffirelli a oedd yn adnabyddus fel arlunydd a chyfarwyddwr opera. Ar y dechrau bu peth anghydweld ynglŷn â gwisgoedd a dull Zeffirelli o weithredu. Ond yn fuan wedi i'r camerâu ddechrau troi, fe dyfodd parch a chyd-ddealltwriaeth rhyngddynt.

Wrth gwrs, roedd Richard yn ei elfen yn chwarae Shakespeare, ac yn enwedig mewn rôl gwrywaidd cryf. Petruchio yw'r dihiryn sy'n derbyn yr her o geisio gwareiddio'r gecren sarhaus, Katharina. Roedd Richard yn gymorth i Elizabeth, a oedd, wrth gwrs, yn llai cyfarwydd ag actio Shakespeare. Cofiodd Zefferelli iddi gadw pawb i aros ar y set, ond wedyn rhoi perfformiad penigamp ar y cynnig cyntaf.

Mae adroddiadau o Rufain yn dangos fod y cynhyrchiad yn dipyn o hwyl. Sicrhaodd Richard rannau ar gyfer hen gyfeillion – Michael Hordern o'r *Old Vic* a Victor Spinetti o Gwm, Glyn Ebwy. Ymwelodd brawd Richard, David, a fwynhaodd fynd bob dydd i weld y ddau wrth eu gwaith ar y ffilm. Roedd y rhan fwyaf o'i atgofion yn rhai hapus – fe synnodd glywed Elizabeth yn canu 'Ar Lan y Môr' mewn Cymraeg perffaith. Un cwmwl du ar y gorwel oedd perthynas Richard â'r ddiod, ac fe nododd David fod ei frawd yn ymddangos yn ddiamynedd ac yn gwerylgar.

Atgofion melys sydd gan Victor Spinetti o'r cyfnod, ac o'i berthynas â Richard ac Elizabeth. Pwysleisia haelioni ei gyfaill – rhinwedd a amlygodd ei hun mewn sawl gwahanol ffordd.

> Ysgrifennes i stori fer pan oedden ni'n gwneud *The Taming of the Shrew*: roeddwn i yn fy stafell wisgo yn ystod rhyw oedi gyda'r cynhyrchiad, ac fe eisteddes i lawr ac ysgrifennu stori. Doeddwn i ddim yn bwriadu gwneud, ond fe weles i'r ddelwedd hon yn fy nychymyg ac fe ddisgrifies i beth weles i. Ac fe es i i mewn i stafell wisgo Richard ac roedd e ac Elizabeth yno, ac meddwn i, '*I've just written a story.*' Nawr byddai rhan fwyaf o bobl wedi dweud, '*So what!*' ond mae'n dweud llawer am y dyn fod Richard wedi dweud, '*Read it to us.*' Felly eisteddes i lawr a darllen y stori, ac medde fe, 'Dylet ti gael hwnna wedi'i gyhoeddi.' '*Come off it,*' medde fi, ond dwedodd e, 'Dere 'mlaen, fe gawn ni fet. Rwy newydd ysgrifennu erthygl, stori fach, a rwy'n ei danfon i ffwrdd i gael ei chyhoeddi. Nawr, beth pe bai'r un cyntaf i gael ei waith wedi'i gyhoeddi yn cael cas o *Dom Perignon* gan y llall.' Ac fe'm heriodd i i ddanfon y stori i ffwrdd ac fe wnes i a chafodd ei chyhoeddi yng nghylchgrawn *Harpers & Queen*. A gan fod fy stori i wedi'i chyhoeddi gyntaf, fe ges i fy nghas o *champagne*. Ac roedd y cyfan oherwydd haelioni Richard yn y lle cynta yn dweud wrtha'i i ddarllen fy stori.

Mae gan Victor Spinetti stori hefyd sy'n dangos pa mor bwysig oedd cerdd dda i Richard.

> Ei gyfaill gorau oedd ei fag o lyfrau. Pryd bynnag yr oedd saib yn y ffilmio, byddai Richard yn dweud, '*Let's have some poetry shall we?*' Un tro cofiaf ef yn dechrau gyda darn gan Dylan Thomas, a dilynodd Cyril Cusack gyda darn gan W B Yeats a Michael Horden gyda darn gan John Betjeman, ac wedyn adroddes i farddoniaeth yr oeddwn i wedi'i ysgrifennu fy hunan. Darn ydoedd o'r enw, '*On Looking out of a Bedsitter*'. Roedd yn cyfleu fy nheimladau wrth edrych allan o fy ffenest pan oedd storom fawr y tu allan a minnau'n teimlo mai diwrnod ar gyfer angladd oedd hwn. A phan orffenes i, medde Richard, 'Dduw mawr, dyna Gymru i chi! Pwy ysgrifennodd y darn?' 'Fi!', meddwn i, a gofynnodd imi ysgrifennu'r darn allan iddo, ac fe wnes.

140

Y diwrnod canlynol roeddem ni mewn parti a roddwyd gan actores Eidalaidd. Gofynnodd i Richard adrodd ychydig o farddoniaeth i'r gwesteion. Ac fe gododd yntau ac adrodd fy ngherdd. Roedd wedi'i dysgu dros nos. A gofynnwyd iddo, 'Pwy a ysgrifennodd honna?' Ac fe bwyntiodd ata'i a dweud, *'That Welsh bastard over there'*. Nawr o'r blaen, byddai Richard yn cyfeirio ata'i yn ddigon cyfeillgar fel *'A bloody Eye-tie – You're not Welsh, you're a bloody Bracchi shop'*. Ond wedi ysgrifennu'r gerdd hon, roeddwn i nawr, o'r diwedd ac yn swyddogol, yn Gymro!

Ni dderbyniodd Richard nac Elizabeth unrhyw gyflog am eu rhannau yn y ffilm – i'r gwrthwyneb, fe roddodd y ddau eu harian eu hunain i mewn i'r fenter. Ond fe sicrhawyd y byddent yn derbyn rhan sylweddol o'r elw – penderfyniad a fyddai'n broffidiol iawn iddynt yn yr achos hwn. Canmolwyd Richard gan y beirniaid (*Newsweek: 'the perfect Petruchio'*) ac roedd y ffilm yn llwyddiant gyda'r cyhoedd, oedd yn gallu uniaethu â'r fersiwn ysgafn, gellwerus o Shakespeare a gynigiwyd.

A hwythau'n dal yn Rhufain, aeth Richard i weithio y tu ôl i'r camera fel cyfarwyddwr am yr unig dro, mewn fersiwn ffilm o *Dr Faustus*. Defnyddiwyd yr un cast â'r wythnos yn Rhydychen, ac fe gymerodd Nevill Coghill gredyd fel cyd-gyfarwyddwr. Roedd y profiad yn ddigon i Richard benderfynu na fyddai byth yn cyfarwyddo eto, oherwydd pwysau'r gwaith. Sylwodd rhai beirniaid nad oedd Richard yn ddigon profiadol i droi drama anodd yn ffilm ddiddorol.

Richard ac Elizabeth dalodd am gynhyrchu'r ffilm, gan glustnodi unrhyw elw tuag at gronfa theatr y *Playhouse* yn Rhydychen. Ond mae'n ymddangos eu bod wedi sylweddoli'n gynnar na fyddai'r cynhyrchiad yn un masnachol. Pan gafodd y ffilm ei dangos (i gynulleidfaoedd bychain) fe sylwodd y beirniaid caredig ar gryfder actio Richard, a'i allu i gyfleu mawredd y drasiedi ym marddoniaeth Marlowe. Fe gwynodd y gweddill fod y Burtons yn disgwyl i bobl dalu i fynd i weld eu *'home movies'*. Roedd rhai o'r adolygiadau yn gas tu hwnt: dywedodd y *New York Times* *'It is of an awfulness that bends the mind'*.

Tra oeddent yn Rhufain, cafodd hen gyfaill, John Morgan, gyfweliad â Richard ar gyfer rhaglen *Panorama* am Gymru. Yn ogystal fe wnaeth Richard un o'r cyfweliadau mwyaf gonest a meddylgar a roddodd erioed. Yr holwr oedd ei gyfaill Kenneth Tynan, y beirniad oedd wedi adnabod ei gryfderau mewn sawl adolygiad coeth. Bu Richard yn trafod ei ddawn actio yn gall, gan olrhain y dylanwadau a fu arno a sôn am ba gyfyngiadau a welai ar ei ddawn.

Talodd Richard deyrnged i sawl un a roddodd gymorth iddo trwy ei yrfa, gan gynnwys yr enwau cyfarwydd – Emlyn Williams, Nevill Coghill, John Gielgud – a hefyd un enw efallai na ddisgwylid, sef Elizabeth Taylor. Ei wraig gafodd y clod am wneud iddo sylweddoli y dylai fod yn gynnil â symudiadau a ddangosir ar sgrîn 30 troedfedd o led.

Yn naturiol, cafodd ei gefndir Cymreig y sylw priodol:

> Rwy'n fab i löwr o Gymro, a byddai rhywun yn disgwyl imi fod fwya cartrefol yn chwarae gwerinwyr – pobl y pridd – ond mewn gwirionedd rwy lawer yn hapusach yn chwarae tywysogion a brenhinoedd. Nawr 'dwy ddim yn gwybod a yw hyn yn datgelu o'r is-ymwybod beth garwn i fod, ond yn bendant 'dwy byth yn wir yn gyffyrddus yn chwarae pobl o ddosbarth y gweithwyr.

Cyfyngiad arall ar ei waith oedd ei fod yn gyndyn o chwarae rhannau rhamantus. Er iddo gael ei gydnabod fel actor rhywiol, ni fyddai byth yn chwarae cymeriad fel Romeo, er enghraifft, oherwydd byddai y tu hwnt i'w allu i actio cusanu rhywun ar y llwyfan. Roedd yn gas ganddo gael ei gyffwrdd ar y llwyfan neu ar y set, ac felly dyna paham roedd yn well ganddo actio gyda'i wraig.

Fe nodwyd eisoes yn y llyfr hwn yr hyn a ddywedodd rhai o gyd-actorion Richard am ei hunanoldeb ar y llwyfan, ac mae'r pwnc hwn yn codi pan nododd Tynan ei duedd i fod ar wahân i weddill y cast:

> Mae'n wir fy mod i bron â theimlo ar y llwyfan fod yn rhaid i bob dyn ofalu drosto'i hunan. 'Dwy ddim yn credu fod neb arall eisiau dy helpu, hyd yn oed drwy ingoedd y noson gynta a'r nerfusrwydd – mae'n rhaid i ti edrych ar dy ôl dy hunan. Ac rwy'n credu bod rhinwedd unigrwydd, ac unigedd – y syniad yna o gludo stafell breifat dy hunan gyda thi – rwy'n credu bod hwnnw gyda phob actor, er ei bod yn ymddangos weithiau fod y rhinwedd hon gyda fi yn fwy na'r lleill. Pan rwy'n mynd mâs ar y llwyfan, rwy'n brwydro yn erbyn y byd; mae'n rhaid imi guro'r byd; ac hyd y gallaf mae'n rhaid imi fod y gorau.

Felly yn 1966 roedd Richard yn glynu wrth y cymhelliad i fod y gorau. Ond y tristwch i Tynan a gweddill beirniaid y theatr oedd na fyddai dawn Richard i'w gweld ar y llwyfan am ddegawd wedi'r wythnos o *Doctor Faustus* yn Rhydychen. Er gwaethaf yr holl sôn am dechneg actio ar y llwyfan, dywedodd Richard nad oedd yn gweld eisiau her y gynulleidfa fyw. Yn wir, roedd meddwl am wynebu cynulleidfa eto yn peri dychryn iddo, ond *oherwydd* ei ofn, byddai rhaid mynd yn ôl rywdro.

Tybiai Richard y byddai'n barod mewn rhyw bum mlynedd i ddelio â'r rhan yr oedd yn chwenychu ei chwarae fwyaf, sef King Lear. Ond ni fyddai byth eto yn actio Shakespeare, ar y llwyfan nac ar y sgrîn.

Byddai methiant Richard i ddychwelyd i wynebu cynulleidfaoedd y *West End* yn diflasu beirniaid uchel-ael Llundain a'u suro yn ei erbyn. Roedd y rhain, wrth gwrs, wedi gwrthwynebu penderfyniad Richard i fynd i Hollywood yn ôl yn 1952, a'r symud rai blynyddoedd yn ddiweddarach i'r Swistir. Dyma'r lleisiau a fyddai'n bloeddio ar ddiwedd ei oes fod Richard wedi 'gwerthu allan', fel petai wedi torri rhyw addewid i ymddangos mewn theatrau parchus yn unig. Fe flinodd Richard ar y beirniad hyn a fynnai ei gymharu'n ddiddiwedd â Faust, ac fe wylltiwyd Elizabeth gan yr awgrym fod ei gŵr wedi bradychu ei dalent. Ac yn y cyfnod hwn roedd tystiolaeth y *box office* yn ffafriol iddynt: os anwybyddir methiant ffilm *Doctor Faustus*, roedd Richard wedi cael saith o ffilmiau proffidol yn olynol ers *Cleopatra* (wyth os cynhwysir y ffilm o *Hamlet*). Ni allent wybod bryd hynny fod y cyfnod euraidd ar fin dod i ben.

PERYGLON ENWOGRWYDD

BLWYDDYN newydd, cyfandir newydd! Ym mis Ionawr 1967 roedd y Burtons yn Cotonou, prifddinas Dahomey (Benin yn ddiweddarach). Y ffilm oedd *The Comedians*, stori Graham Greene am grŵp o alltudion yn Haiti a addaswyd o'r nofel gan yr awdur ei hun. Roedd enw Greene yn ddigon i ddarbwyllo Richard i gytuno ar unwaith. Peter Glenville *(Becket)* oedd y cyfarwyddwr unwaith eto. Roedd y cast yn un cryf iawn: yn ogystal â Richard (Mr Brown, perchennog gwesty llwm) ac Elizabeth (ei gariad, gwraig i lysgennad) roedd Alec Guiness, Peter Ustinov a Lillian Gish. Dyma'r tro cyntaf i Richard dderbyn mwy o arian na'i wraig: $750,000 iddo ef; $500,000 iddi hi.

Nid oedd yn bosibl ffilmio yn Haiti, a oedd yn dal o dan ddwrn creulon yr unben Papa Doc, felly penderfynodd Glenville ar Dahomey a oedd yn rhannu'r un naws a'r un fath o bensaerniaeth trefedigaethol Ffrengig. Roedd dyfodiad y criw ffilmio yn hwb mawr i economi'r wlad dlawd. Roedd gan y Burtons lwfans wythnosol ar gyfer 'treuliau' o filoedd o ddoleri: roedd hynny'n prynu llawer o *champagne* yn Cotonou.

Mae un stori a ddaeth yn un o ffefrynnau Richard yn deillio o'r cyfnod hwn. Ryw ddiwrnod roedd Elizabeth yn ffonio'r tafarndai yn y ddinas i geisio dod o hyd i'w gŵr. Galwodd hi un bar a gofyn amdano. *'Who?'* meddai'r llais yr ochr arall i'r ffôn. *'Richard Burton'*, meddai hithau, *'is he in your bar?'*. Daeth yr ateb, *'Is he black or white, madam?'*

Roedd Alec Guinness yn hen ffrind, a oedd wedi edmygu Richard ers ei ddyddiau cynnar ar y llwyfan yn Llundain. Fe gydweithiodd y ddau yn dda, er i Guinness fethu â chydweld â'r *entourage* bob tro, neu efallai y dylid eu galw yn *hangers-on*. Soniodd yntau am gymorth a roddodd Richard iddo mewn un olygfa hir pan oedd ei gymeriad ef (Guinness) yn cyffesu ei fod wedi twyllo. Y cyfan roedd rhaid i Richard ei wneud oedd gwrando, a hynny allan o olwg y camera, ond fe'i gwnaeth gyda chymaint o gydymdeimlad, nes bod Guinness yn mynnu mai dyma'r gefnogaeth orau a gafodd erioed gan gyd-actor.

Wedi dau fis yng ngwres llaith gorllewin Affrica, fe orffennwyd ffilmio *The Comedians* mewn amgylchiadau llawer mwy dymunol, yn ne Ffrainc. Fe brynodd Richard ac Elizabeth y symbol anghenrheidiol ar gyfer dau gyfoethog ar y *Riviera* – llong hwylio 130 o droedfeddi, 279 o dunelli, â saith ystafell wely. Pris: £75,000. (Nododd Richard yn ei ddyddiadur y byddent yn arbed arian ar eu biliau gwesty pe gwnaent ddefnydd helaeth o'r llong!). Ailenwyd y llong bleser yn *Kalizma*, ar ôl y tair merch, Kate, Liza a Maria.

Cyfrannodd Richard £100,000 tuag at ymgais John Morgan i ennill trwydded teledu annibynnol Cymru a'r Gorllewin: byddai'r cais yn llwyddiannus ac yn arwain at sefydlu cwmni teledu Harlech (HTV yn ddiweddarach).

Roedd Richard yn disgwyl i'r ffilm fod yn llwyddiant gyda'r beirniaid gan ennill elw rhesymol yn y fargen, ond fe'i siomwyd ar y ddau gyfrif. Beirniadwyd ef am gynnig yr un perfformiad ag a roddodd yn *The Spy who came in from the Cold*: dyn gwrth-arwrol, dyn oedd wedi colli'i ffydd. Cafodd sgript Graham Greene feirniadaeth am fod yn rhy llac, ac nid oedd llawer o bobl yn barod i eistedd trwy dros ddwy awr a hanner o ffilm anfoddhaol. Un o brif drafferthion y ffilm yw bod golygfeydd Richard ac Elizabeth yn arafu'r ffilm ac yn newid ei chyfeiriad. Un funud mae'r sylw ar y we o lygredd sy'n cwmpasu cymeriadau'r stori, ond y funud nesaf mae'r pwyslais yn newid ac rydym yn gwylio melodrama rhamantus gyda'r ddau gariad yn teimlo'n rhwystredig. Mae'r ffilm yn enghraifft gynnar o'r duedd a fyddai'n amlygu'i hun fwyfwy, sef cymeriadau hysbys y 'Burtons' yn gwrthdaro â thrywydd y ffilm.

Gyda'r gwanwyn yn dod, daeth amser yr *Oscars* unwaith eto. Fe enwebwyd y pedwar aelod o gast *Virginia Woolf* am Wobrau'r Academi, ond gan ei fod eisoes wedi derbyn pedwar enwebiad aflwyddiannus, fe berswadiwyd Elizabeth i beidio â thrafferthu mynd i'r seremoni. Felly, fe enillodd Elizabeth ei hail *Oscar* yn ei habsenoldeb.

Daeth anrhydeddau eraill i'r film fel rhyw fath o gysur: gwobr yr actor gorau gan BAFTA, a dewis *The Taming of the Shrew* ar gyfer y *Royal Command Performance* 1967. Cododd yr achlysur filoedd o bunnoedd ar gyfer y *Television Benevolent Fund* ac fe ddathlodd Richard yr achlysur gyda'r teulu yn y cyntaf mewn cyfres o bartïoedd enfawr. Aeth cant a hanner o Gymru i'r Dorchester. Wrth gwrs y tu ôl i'r gwariant afradlon hwn roedd negeseuau clir. Roedd wedi cyrraedd pinacl ei yrfa o safbwynt ariannol; roedd ef a'i wraig yn cael eu derbyn yn agored gan ei deulu; roedd yn dangos nad oedd wedi anghofio'i wreiddiau.

Gyda'r ddau yn enwog y tu hwnt i bob rheswm, roeddent yn ymddwyn fel y disgwylid i bobl tra chyfoethog ymddwyn. Llifai arian fel dŵr i mewn i'w cyfrifon banc a'u cwmnïau a'u mentrau – ac fe lifai allan yr un mor gyflym. Yn ariannol, felly, roedd y ddau mewn sefyllfa lle na allent fethu, ond tra bod y cyffyrddiad Midas hwn yn golygu fod popeth yr oeddent yn dod yn agos ato yn codi yn ei werth, roedd hefyd yn golygu newid ym mywyd a phersonoliaeth Richard, ac nid bob tro er gwell. Gofynnwyd iddo sawl gwaith sut y roedd yn mwynhau ei enwogrwydd ac roedd ei atebion yn canolbwyntio ar y pethau positif: 'Rwy'n eitha hoff o fod yn enwog . . . mae iddo ei fanteision: mae gennych gyfoeth a moethau a'r sêt orau mewn bwyty a'r sêt orau mewn awyren. Cewch eich trin fel rhyw fath o hanner-duw, sy'n eitha dymunol – i fi beth bynnag, er nad yw'n sefyllfa'n rhy dda i'r *ego*.'

Ond er i'r sylwadau hyn ymddangos yn ddiffuant, ni soniodd lawer am yr anfanteision, o gael sylw parhaol gan y wasg a'r cyhoedd, a phreifatrwydd ond yn atgof. Ceir adroddiadau am Richard ac Elizabeth yn edrych i lawr o'u balconi yng ngwesty'r Regency, Efrog Newydd, yn gwylio'r cyplau yn y parc yn cerdded law-yn-llaw, a'r rhieni yn cerdded gyda'u plant, gan sylweddoli na allent hwy fyth flasu'r pleserau syml hynny.

Boom! oedd y ffilm nesaf i'r ddau – addasiad gan Tennessee Williams o'i ddrama aflwyddiannus *The Milk Train Doesn't Stop Here Any More*. Adroddir hanes Flora Goforth, y wraig gyfoethocaf yn y byd ond yn agos at farw, a'i pherthynas â bardd tlawd a adnabyddir fel 'angel marwolaeth'. Er mai thema'r ffilm oedd gwagedd cyfoeth bydol roedd blys Elizabeth am emwaith yn golygu nad oedd yn fodlon gwisgo gemau ffug. Felly bu rhaid i'r cynhyrchwyr berswadio'r gemydd enwog o Rufain, Bulgari, i fenthyca gemwaith go iawn iddynt, gyda gwarchodwyr arfog yn gofalu amdanynt drwy'r amser.

Roedd yn rhaid bodloni dymuniadau eraill Elizabeth hefyd. Sylwodd y cyfarwyddwr, Jospeh Losey, mai hi oedd yn trefnu bywyd Richard. Ar un achlysur, pan oedd Losey wedi'i berswadio i ffilmio

146

golygfa yn gynnar yn y bore, daeth Elizabeth ato a dweud, *'I hear you're trying to call Richard at 5.30 am. I don't think so'*. A dyna ddiwedd ar y mater.

Ym mlynyddoedd cynnar perthynas Richard ac Elizabeth, mae'n amlwg ei bod hi wedi cael dylanwad buddiol iawn ar ei berfformiadau ar y sgrîn. Yn bennaf, gwnaeth iddo ystyried actio mewn ffilm fel crefft, ac nid fel rhywbeth i ennill cyflog da yn hawdd. Hefyd, roedd ganddi lygad da ar gyfer dewis sgriptiau a fyddai'n llwyddiannus. Ond mae'n bosibl dehongli *Boom!* fel trobwynt yn safon ei dylanwad ar yrfa Richard. Gan ei bod hi'n anfodlon i ymroi i'r broses o gynhyrchu'r ffilm, byddai'r ffilm ei hunan yn naturiol yn dioddef, gan fod y cyfarwyddwr yn gorfod cyfaddawdu. Hefyd – ac yn fwy sylfaenol – nid oedd yn taro fod y ddau yn ymddangos yn y ffilm yn y lle cyntaf. Ar gyfer y ffilm *Boom!* roedd hi'n rhy ifanc, neu e'n rhy hen – beth bynnag, nid oeddent yn iawn gyda'i gilydd.

Wedi cwblhau *Boom!* rhoddodd Richard berfformiad cameo yn *Candy*, ffilm a saethwyd yn Rhufain. Dyma un o'r dewisiadau rhyfeddaf yn ei yrfa – chwaraeai fardd o Gymro, gyda'r enw ffug-Albanaidd McPhisto, meddwyn anllad sy'n byrlymu o emynau a barddoniaeth. Credai pawb fod y rhan wedi'i seilio ar Dylan Thomas, felly dyma Richard yn sarhau un o'i ffrindiau – un o'i arwyr – ac yn bychanu rhai o'r pethau a oedd unwaith yn annwyl iddo. Roedd y mwyafrif o'r beirniaid yn casáu'r ffilm ac yn feirniadol o berfformiad Richard – *'Richard Burton, as a poet-seducer, gives a firm, delighted, irrefutable demonstration of his lack of any comic talent whatsoever.' (New York Times)* – er bod *Variety* yn gallu gweld y jôc: *'Burton succeeds by lampooning his own style. He gives an outstanding comedy performance.'*

Ddechrau 1968 fe ddechreuodd Richard ar un o'r ffilmiau a fyddai'n fwyaf proffidiol iddo. Stori gan Alistair MacLean o'r Ail Ryfel Byd yw *Where Eagles Dare*. Mae'n llawn o orchestion beiddgar, anghredadwy. Cychwynnwyd ffilmio ar leoliad yn Awstria cyn i'r saethu symud i stiwdios Elstree. Roedd Elizabeth yn gweithio gerllaw ar *Secret Ceremony* – fe fynnai eu cytundebau fod yn rhaid iddynt weithio'n agos at ei gilydd, fel eu bod yn gallu cwrdd am ginio bob dydd.

Ond roedd yr ymdrechion hyn i sicrhau rhyw fath o normalrwydd yn eu bywyd yn cael eu tanseilio gan eu sefyllfa unigryw fel dau o sêr enwoca'r byd. Roedd Elizabeth wedi hen gyfarwyddo â chael *entourage* sylweddol o'i chwmpas er mwyn ei hamddiffyn rhag trafferthion bob dydd; ac fe ddechreuodd Richard hefyd guddio y tu ôl i res o gynorthwy-wyr. Roedd yr ofnau am ddiogelwch y plant rhag herwgipwyr yn ddealladwy tra oedd y teulu yn Dahomey ac ar ynys Sardinia, ond arweiniodd at eu hawydd i'w hynysu eu hunain rhag holl beryglon y byd.

Canlyniad naturiol y broses yma oedd i Richard gael ei wahanu oddi wrth ei hen gyfeillion. Nododd Alec Guinness ei fod wedi gadael negeseuau a hyd yn oed danfon anrhegion at Richard heb gael unrhyw gydnabyddiaeth, a phan gyfarfu'r ddau yn ddiweddarach yr oedd yn amlwg nad oedd Richard wedi derbyn unrhyw neges nac anrheg. Fe gymharodd Robert Hardy y cylch o *sycophants* o gwmpas y Burtons i *'the court of a minor German prince'*: pan glywodd Richard hyn, ei unig sylw oedd, *"Bugger 'minor'"*.

Wrth gwrs, roedd yr holl asiantiaid, cyfreithwyr ac ysgrifenyddion yn fuddiol i gadw trefn ar yrfa broffesiynol Richard. Trwy gydol y 1950au mae enghreifftiau o Richard yn trafod cynlluniau na fyddai'n eu cyflawni, neu a fyddai'n digwydd gyda rhywun arall; ond newidiodd hyn unwaith y daeth o dan adain *entourage* Elizabeth. Er enghraifft, tra'n ffilmio *The Sandpiper*, roedd y ddau yn gwybod beth fyddai eu tair ffilm nesaf. Yn rhannol, i Elizabeth ei hun yr oedd y diolch, oherwydd fel plentyn y stiwdios, roedd ganddi drwyn am sgript dda, ac fe allai ddadlau dros fanylion cytundeb yn ffyrnig ac yn fanwl. At hyn, mae'n amlwg fod rhai o'r *entourage* hefyd yn gwneud rhywbeth i ennill eu harian.

Fodd bynnag, gyda chymaint o'r canlynwyr yn ymladd am ei glust ef, neu'i chlust hi, roedd brwydrau sbeitlyd yn anochel. Cymharodd Victor Spinetti'r sefyllfa i lys brenhinol, gyda checru a chynllwyn ymhlith y deiliaid:

> Roedd llawer o bobl yn eu herbyn. Lle bynnag y cewch chi frenin a brenhines, bob amser mae 'na weision o'u cwmpas sy'n awchu am eu meddiannu. Roedd gan Richard ac Elizabeth y math yna o bobl yn eu mysg. Roeddwn i'n gallu'i weld gyda'm llygaid craff Cymreig – gallwn i weld y bobl yn cynllwynio i sicrhau eu safleoedd hwy eu hunain. Roedd yn drist iawn.
>
> Ac nid oedd hyn yn digwydd ar ei hochr hi'n unig: roedd gan Richard bobl wrth ei ochr a oedd yn ymladd â'i gilydd am feddiant ohono. Tra'n gwneud *The Taming of the Shrew*, dwedes i wrtho fe: 'Nid Petruchio a Katherina y'ch chi'ch dau ond Othello a Desdemona.

Dylech chi fod yn ofalus, oherwydd rwy'n gallu gweld Iago wrth y dwsin, yn ysu i ddod rhyngddoch chi'ch dau.'

Mae'n ymddangos o'i nodiadau yn ei ddyddiadur ryw dair blynedd yn ddiweddarach nad oedd Richard ei hunan yn fodlon â'r sefyllfa. Mae'n dweud fod y rhan fwyaf o'r *entourage* yn ddianghenraid o'i safbwynt ef, a bod eu cwmni yn ei flino. Ond, yn rhyfedd, ni allai ddianc rhag y sefyllfa. Mae'n amlwg fod Elizabeth yn teimlo fod yn rhaid iddi hi gael ei chysgodi rhag helbulon, ac felly fe rwystrwyd y ddau rhag mwynhau rhai o bleserau cyffredin bywyd.

Yn y cyd-destun hwn, roedd hi'n hawdd i Richard dramgwyddo pobl heb fod yn ymwybodol o hynny. Mae Kenneth Griffith yn rhoi un enghraifft. Digwyddodd iddo gwrdd â Richard ac Elizabeth mewn caffe yn Portofino yn haf 1966 a chael ei daro gan eu cyfeillgarwch:

Oherwydd un o'r trafferthion sy'n glwm â chyfoeth ac enwogrwydd yw sut i aros yn ddyn neu ddynes 'normal', ond roedden nhw wedi cadw'r elfen yna, ac roedd hynny'n fy nghalonogi.

Ond y tro nesa i'n llwybrau ni groesi oedd pan wnaeth ef – efallai heb wybod – beri imi golli cyfle i actio mewn ffilm. A dweud y gwir, digwyddodd hyn ddwywaith. Roeddwn i wedi actio mewn ffilm ar gyfer rhyw gwmni llwyddiannus Americanaidd, ac fe ofynnon nhw i fi fod yn eu ffilm nesaf, i'w alw *Where Eagles Dare*. Grêt! Chi'n gwybod, fel Richard roeddwn i'n ennill fy mara menyn drwy wneud rwtsh gan amla! Yr unig wahaniaeth oedd ei fod e'n cael ei dalu miliynau tra fy mod i'n ennill ychydig filoedd. Yn fy achos i, gan fy mod i'n priodi mor aml a chael plant a chael ysgariad, roedd yn rhaid i fi wneud rwtsh go iawn – hynny yw, rwtsh rhad. Weithiau roeddwn yn gwneud chwe ffilm y flwyddyn er mwyn ennill bywoliaeth.

Felly teimles i'r byw pan ddwedodd y cwmni wrtha'i yn ddiweddarach, 'Mae'n flin iawn gennyn ni, ond mae Richard Burton eisiau rhywun arall'. Beth roeddwn i'n gweld ei eisiau fwyaf oedd yr arian. Doeddwn i ddim yn credu fod unrhyw beth personol o'i ochr ef: roedd am roi'r rhan i ryw ffrind, ac roedd ganddo ddigon o ddylanwad ar y cwmni i gael ei ffordd ei hun. Rwy'n amau a wyddai ef fod y rhan wedi'i haddo imi.

Ac ailadroddwyd yr hanes rywdro arall. Dwy ddim yn cofio pa ffilm – mae'n well gen i anghofio am bethau fel hyn. Roeddwn i'n siomedig ar y pryd, ond eto 'dwy ddim yn meddwl ei fod e'n ymwybodol o'r sefyllfa. Mae'n siŵr taw gwneud cymwynas ag un o'i gyfeillion agos yr oedd e . . . Beth bynnag, roedd ein perthynas yn dra gwahanol erbyn diwedd ei oes.

149

Yn wir, roedd Richard wedi sicrhau rhannau i sawl un o'i gyfeillion Cymreig yn *Where Eagles Dare*. Mae Donald Houston, William Squire a Brook Williams (mab Emlyn) yn ymuno â Richard a Clint Eastwood yn y ffilm sy'n adrodd hanes ymgais i achub swyddog pwysig yn y fyddin rhag yr Almaenwyr.

Cyflog Richard am y ffilm oedd $1 miliwn, ynghyd â lwfans enfawr am ei dreuliau a chyfran sylweddol o'r elw. Roedd hefyd yn benderfyniad craff i recriwtio Clint Eastwood ar gyfer y ffilm – actor ifanc ag iddo enw da a'i ganlynwyr yn cynyddu. Fe allai'r penderfyniad fod wedi peryglu sefyllfa Richard, gan ei fod yn ei roi ei hun mewn cystadleuaeth uniongyrchol â seren oedd ar ei ffordd i fyny: i Clint Eastwood, hon fyddai'r ffilm olaf lle cafodd ail *billing*. Ond fe ddatblygodd y ddau berthynas gweithio agos ac effeithiol.

Gan fod hon yn fwy ei fath ef o ffilm, roedd Eastwood yn gwarchod Richard. Mewn un olygfa roedd yn rhaid i'r ddau ruthro i lawr heol droellog rewllyd ar feic modur â *side-car*, gan aros bob yn hyn a hyn i glymu darnau o ddeinameit ar bolion ar hyd y ffordd. Roedd yr olygfa i'w ffilmio yn gynnar un prynhawn, ac nid oedd Richard yn ymddangos yn rhy gadarn ar ei draed. Edrychai'n ddrwgdybus ar yr hen feic. 'Rwyt ti *yn* gallu reidio'r peth 'ma, on'd wyt ti?' gofynnodd y cyfarwyddwr. Atebodd Richard gyda rhyw sŵn amhendant. Fe gamodd Clint i'r adwy drwy awgrymu y dylai ef yrru, a Richard eistedd yn y *side-car*.

Tra'n rhyfeddu at faint roedd Richard yn gallu'i yfed heb amharu'n ormodol ar ei berfformiad, byddai Clint Eastwood yn edrych arno fel enghraifft o sut i beidio â delio â bod yn seren. Gwelodd ddyn â thalent enfawr ganddo yn dewis maldod a blysiau tymor byr o flaen ei fuddiannau tymor-hir.

Roedd ffordd o fyw y Burtons, eu cyfoeth a'r cyhoeddusrwydd yr oedd hwnnw'n ei ddenu, i gyd yn amharu ar eu gyrfaoedd proffesiynol. Roedd eu bywydau preifat o fwy o ddiddordeb i'r cyhoedd na'u ffilmiau.

Yn fuan ar ôl cyrraedd Llundain, fe logodd Richard ac Elizabeth ail long bleser, y *Beatrice*, 191 o dunelli, tra oedd y *Kalizma* yn cael ei hadnewyddu. Defnyddiwyd y llong fel cartref i'r cŵn, gan fod y rheolau cwarantîn yn gwahardd yr anifeiliaid rhag troedio ar dir Prydain. Bu'r stori hon yn y papurau am wythnosau, wrth i sylwebyddion hunangyfiawn gael dweud eu dweud, ac aelodau seneddol lwyddo i gael eu henwau yn y newyddion trwy ofyn cwestiynau yn y senedd.

Ar ôl i'w ddwy ffilm ddiweddaraf (*Dr Faustus* a *The Comedians*) fethu yn ariannol a gyda'r beirniaid, fe ddaeth *Boom!* allan ym mis Mai 1968, a chyflawni'r triawd o fethiannau. Roedd yr adolygiadau yn druenus, ac yn aml yn beirniadu'r ddau yn gas ac yn bersonol. Awgrymodd *Time* fod Richard ac Elizabeth wedi rhoi'r gorau i actio, a'u bod bellach ond â diddordeb mewn diddanu: roedd yr adolygiad yn galw'r ffilm yn '*self-indulgent*', '*feckless*' ac '*amateur*'. Mynegodd sawl un y farn fod y ddau yn ddirmygus o'u cynulleidfa. Yn yr un mis, adroddai'r papurau hanes anrheg ddiweddaraf Richard i Elizabeth: diamwnt 'Krupp' 33.1 carat a gostiodd $305,000. Yn agoriad swyddogol y cwmni newydd Teledu Harlech, cafodd yr em lawer mwy o sylw na chynlluniau'r cwmni ar gyfer ei raglenni. Y perygl amlwg oedd fod Richard yn cael ei gydnabod yn fwy am ei afradlonedd â'i arian nag am ei berfformiadau ar y sgrîn.

Fe barhaodd y gwaith o ffilmio *Where Eagles Dare* yn y stiwdio tan fis Mai, ac fe aeth Richard â Clint o amgylch nifer o'i hoff dafarndai yn Llundain. Fe dalodd Clint y pwyth yn ôl trwy ofalu fod Richard yn cyrraedd ar y set ar amser ac mewn cyflwr i weithio. Weithiau roedd y driniaeth ffafriol a gafodd Richard yn amlwg ar y sgrîn: mewn un olygfa fe welir y ddau yn dringo muriau'r castell yn yr Almaen, gan ddefnyddio rhaffau. Tra bod Clint yn dangos ymdrech y dringo yn ei wyneb, mae Richard yn gwneud hynny'n ddi-ffwdan – oherwydd roedd ef yn cael ei godi gan beiriant!

Ymhlith edmygwyr y ffilm y mae'r cyfarwyddwr Quentin Tarantino, sy'n crynhoi'r cyfan yn goeth fel '*a bunch-of-guys-on-a-mission movie*'. 'Ni fyddai Eastwood ond yn sefyll ar dop y grisiau ac aros i'r Nazis ymgasglu, ac wedyn yn eu saethu nhw i gyd'. Efallai fod rhai o'r beirniaid yn cymryd y ffilm ormod o ddifri – *Time*, er enghraifft, yn galw'r ffilm yn '*Mission Ridiculous*' ac yn dweud ei bod yn drist gweld Richard mewn rôl mor brennaidd. Beth bynnag am farn y drwgdybwyr, roedd y ffilm yn llwyddiant ysgubol yn ariannol.

Prosiect nesaf Richard oedd y ffilm *Laughter in the Dark*, allan o lyfr gan Nabokov, awdur yr oedd yn ei edmygu'n fawr. Ond ym mis Gorffennaf fe gafodd Richard y sac o'r ffilm mewn amgylchiadau digon amheus. Wedi iddo gytuno gweithio ar ddydd Sul, cyrhaeddodd Richard hanner awr yn hwyr yn y bore ac fe gafodd ei ddwrdio gan y cyfarwyddwr, Tony Richardson, a hynny o flaen Liza, a oedd wedi dod i weld ei llys-dad wrth ei waith. Arweiniodd hyn at ffrae, ac roedd Richard allan o'r ffilm. Mae rhyw awgrym nad oedd Richardson am weld Richard yn y rhan yn y lle cyntaf, gan fod Nicol Williamson wedi cymryd y rôl yn syth ar ôl y ffrae.

Ond fe aeth pethau o ddrwg i waeth yn ddiweddarach yn y mis. Tynnwyd croth Elizabeth, ac fe ddioddefodd yn enbyd wedi'r llawdriniaeth. Wrth gymryd yr ystafell nesaf at ei wraig yn yr ysbyty, gallai Richard glywed ei dolefau truenus, ac yntau'n gwbl ddirym i'w helpu. Yn waeth, roedd y cyffuriau oedd i leddfu'i phoen yn gwneud iddi ddrysu, ac fe drôdd hi'n hynod o gas tuag at ei gŵr. Roedd y cyfan yn hunllef i Richard, na wnaeth ddim ond derbyn yr atgasedd a disgwyl iddi wella.

Tra'i bod hi dal yn sâl fe ddaeth newyddion fod ei arddwr yn Céligny wedi'i grogi'i hun yn *Le Pays de Galles* ar 23 Gorffennaf. Roedd yntau hefyd wedi dioddef o drafferthion meddyliol oddi ar farwolaeth ei wraig 12 mlynedd yn gynt, ac ar fin ymddeol i gartref i'r henoed drannoeth. Fe aeth Richard a chriw bychan i Genefa ar gyfer yr angladd. Wedyn, buwyd yn mwynhau bwyd a digon o win mewn caffe ger yr orsaf yn Céligny.

Aeth Ifor ymlaen i agor y tŷ. Yn ddiweddarach, a'r tŷ yn dal mewn tywyllwch, fe ddarganfu Richard ei frawd hŷn a'i wddf wedi'i dorri ac wedi'i barlysu o'i wddf i lawr. Yn ogystal â'r galar, fe deimlodd Richard fynydd o euogrwydd. Ef oedd yn gyfrifol fod ei frawd yn y fath sefyllfa. Ef oedd yn gyfrifol ei fod yn Céligny yn y lle cyntaf; ef a ganiataodd – neu a orchmynnodd – fod Ifor i fynd ar ei ben ei hun i'r tŷ tywyll ac felly ef oedd yn gyfrifol am yr anffawd a ddygodd deimladau ei frawd.

Mae'r bywgraffiad o'i frawd gan Graham – ac, i raddau, yr un gan David – yn lled-awgrymu fod mwy o euogrwydd ar ysgwyddau Richard. Y ddamcaniaeth a awgrymir yw mai ef a achosodd y ddamwain yn uniongyrchol trwy chwarae rhyw dric ar ei frawd ond bod rhywbeth wedi mynd o'i le. Cafodd y papurau tabloid lawer o hwyl gyda hyn – gan beri cryn loes o fewn y teulu.

O gofio'r holl amser aeth heibio ers y digwyddiad, mae'n amlwg na fydd byth sicrwydd am sut y digwyddodd y ddamwain. Ni siaradodd Ifor erioed am y peth: roedd yn teimlo cymaint o gywilydd o'i sefyllfa – y dyn a fu mor gadarn wedi'i ddedfrydu i fod yn ddiymadferth. Ar ei orchymyn ni hysbyswyd neb o'r teulu o'i sefyllfa am sawl wythnos. Pan aeth Verdun a Hilda i'w weld o'r diwedd yn ysbyty Stoke Mandeville, roedd Ifor yn anfodlon eu bod nhw'n cael ei weld mewn cyflwr mor druenus.

Cred Verdun mai'r eglurhad syml o'r ddamwain yw'r un cywir. Mae ef yn gyfarwydd â'r tŷ yn Celigny, a disgrifia'r stepen, dim ond dwy fodfedd o uchder, gerllaw'r fan lle roedd allwedd y tŷ wedi'i chuddio. Awgryma fod Ifor wedi dal ei sowdl ar y stepen ddiniwed, syrthio a thorri ei wddf.

Gan deimlo cyfrifoldeb am dynged ei frawd, fe enciliodd Richard. Wedi'r ddamwain, dywed Graham iddo ddiflannu dros dro, yn methu â wynebu'i wraig na'i deulu. Cyffesodd Richard yn ei ddyddiadur yn ddiweddarach yn y flwyddyn ei fod yn teimlo'n fwy cyffyrddus ym Mharis nag yn Llundain, oherwydd ei fod yn ofni cwrdd â'r teulu. Er nad oedd yr un ohonynt yn ei feio tra bu fyw, mae'n amlwg i deimladau Richard o euogrwydd gael eu sylwi gan ei deulu.

Yn ogystal, roedd cyflwr truenus Ifor yn atgoffa Richard mewn ffordd greulon am freuder bywyd. Gyda'i frawd cadarn yn awr wedi'i gaethiwo mewn cadair olwyn, yn yr un modd â'u tadcu, roedd cysgod angau yn llawer rhy agos. Ac yntau'n gyfarwydd â blasu moethau hyfrytaf bywyd, roedd cael ei atgoffa am ei feidroldeb yn sioc. O hyn ymlaen, mae sawl sylw ganddo yn awgrymu fod düwch, a thynged anochel Ifor, yn pwyso'n drwm arno. Weithiau yr unig gysur iddo oedd y botel; droeon eraill byddai'r ddiod yn cynyddu ei ofidiau. Yr oedd y cylch yn gylch dieflig.

DECHRAU'R DIFLASDOD

ERBYN diwedd haf 1968 roedd Richard ac Elizabeth yn ôl o flaen y camerâu. Chwaraeodd Elizabeth yn *The Only Game in Town* gyda Warren Beatty tra ymddangosodd Richard gyda'i hen gyfaill Rex Harrison yn *Staircase*, ffilm am ddau farbwr hoyw canol oed. Yn waeth fyth, roedd Richard yn chwarae cymeriad oedd yn foel ac yn Sais. Er i'r naill ffilm gael ei lleoli yn Las Vegas a'r llall yn Llundain, golygai sefyllfa dreth y Burtons fod yn well ganddynt ffilmio ym Mharis, ac felly dyna sut y bu.

Gyda chyflogau'r ddau yn $1.25 miliwn yr un (gyda'r treuliau'n ychwanegol, wrth gwrs), roedd y Burtons yn cymysgu â chrachach ac enwogion Ewrop yn ystod hydref 1968. Mae nodiadau Richard ei hun o'r cyfnod yn cofnodi bywyd cymdeithasol rhyfeddol i fab glöwr o Gymru. Treuliodd benwythnosau yng nghwmni Baron Guy a Marie-Helene de Rothschild (pryd y diddanodd ef ac Elizabeth y cwmni gyda'u deuawd 'Ar Lan y Môr'), a bu rhaid iddo geisio cysuro Maria Callas pan drôdd ei chariad, Aristotle Onassis, ei sylw at Jacqueline Kennedy. Fe yfodd Richard ormod mewn cinio yng nghartref Dug a Duges Windsor gan fod cwmni'r aristocratiaid yn ei flino, ac yn ei feddwdod fe gododd y Dduges a'i chwyrlïo o gwmpas y llawr mewn dawns wyllt.

Ar y dechrau roedd Richard yn bositif iawn am y ffilm, er iddo ddweud nad oedd ef a Rex Harrison ond wedi cymryd y rhannau hoyw fel rhyw fath o branc – 'Fe wna' i'r ffilm, os wnei di hi . . .' Rhoddodd Richard sawl cyfweliad lle pwysleisiai nad oedd yn ddyn hoyw – rhywbeth na fyddai neb a ŵyr ei hanes yn ei amau. 'Mae'n rhaid i rywun sefydlu'i hun fel dyn go iawn, cyn gallu mentro chwarae gwrywgydiwr. Rwyf wedi bod yn paratoi ar gyfer y rôl hon am y rhan fwyaf o'm hoes.' Ond nid oedd saethu'r ffilm yn gymaint o hwyl, ac fe nododd Richard yn ei ddyddiadur ei fod yn blino â'r holl fusnes, a bod ei berthynas â'r cyfarwyddwr yn dioddef. Roedd y ffilm orffenedig yn aflwyddiannus, efallai oherwydd i neges y ffilm (am unigrwydd a phwysigrwydd cariad mewn bywyd) gael ei wanhau gan Richard a Rex yn ymddwyn fel dwy hen fenyw.

Fe barhaodd ei hudoliaeth gydag Elizabeth, wrth gwrs, a oedd yn dal yn un o'r merched â'r galw mwyaf am ei ffotograff yn y byd. Ar ei phenblwydd yn 37 oed, ar 27 Chwefror 1969, rhoddodd ei gŵr *La Peregrina* iddi – perl a roddwyd unwaith gan y brenin Philip o Sbaen i Mari Tudur.

Wedi'r Nadolig yn Gstaad roedd yn rhaid dychwelyd i Baris er mwyn cwblhau ffilm Elizabeth, *The Only Game in Town.* Roedd Elizabeth yn dioddef yn barhaol gyda'i hiechyd, a hithau heb gael adferiad llwyr ar ôl y llawdriniaeth a gafodd. Felly ar ôl gorffen ei ffilm, fe enciliodd y ddau i Mecsico er mwyn hwyluso'i gwellhad. Yno fe ddarllenodd Richard bentwr o lyfrau, a cheisio gwireddu'i freuddwyd o fod yn awdur.

Ddiwedd mis Mawrth, wrth ymlacio yn y *villa* yn Puerto Vallarta, fe ysgrifennodd Richard ddarn hir – rhyw 2,500 o eiriau – am Gymru ar gyfer y cylchgrawn poblogaidd Americanaidd, *Look.* Fe'i cyhoeddwyd wythnos cyn yr Arwisgiad ac roedd i ymddangos gyda dwy erthygl arall yn ymwneud â Chymru. Roedd portread sacarîn o'r Tywysog (*'The greatest problem in writing about Charles is that he seems almost too nice for words'*) a saith tudalen o luniau prydferth gan Arglwydd Snowdon cyn erthygl Richard: *'Who cares about Wales? I care.'*

Mae Richard wrth ei fodd yn ysgrifennu am Gymru, gan gyfeirio at sawl peth arall sy'n annwyl iddo. Er enghraifft, mae dau gyfeiriad at Shakespeare, y cyntaf yn sôn amdano'n rhoi'r geiriau celwyddog, *'I am Welsh you know, good countrymen,'* ar dafod Henry V, a'r ail yn ymgais i hawlio ychydig o'r clod am athrylith Shakespeare i Gymru. Honnir mai Cymro oedd athro William bach yn ysgol ramadeg Stratford – neb llai na gŵr o'r enw Thomas Jenkins! Mae'n crybwyll hefyd enwau dau fardd o Gymru – Dylan Thomas a Dafydd ap Gwilym.

Ond y trysor sy'n hawlio'r prif sylw yw'r iaith Gymraeg. Mae'n egluro yn gyntaf i'w ddarllenwyr mai iaith wahanol i'r Saesneg ydyw, ac yn mynd ymlaen i roi dehongliad cymdeithasol-wleidyddol o sut y cyrhaeddodd yr iaith y fath gyflwr lle na siaredir hi gan ond 28% o'r boblogaeth. Ac mae'r dadansoddiad yn cael ei roi gyda thipyn o hiwmor: *'Another subtle and devastating ploy was to inculcate by nudge and nod the idea that the speaking of Welsh was uncouth and fit only for the* 'brwnt', *for the illiterate low-brow peasant, who defecated in the gutter, kept chickens in the living room, and ducks in the bath – if he had one'.* Dyw Richard ddim yn gwadu mawredd yr iaith y mae'n ysgrifennu ynddi – i'r gwrthwyneb, mae'n canmol y Saesneg am ei geirfa enfawr a'i gallu i feithrin barddoniaeth sy'n syfrdanu'r darllenydd. Ond mae'n well ganddo ef, Richard Burton, ddarllen y Beibl Cymraeg, sy'n rhagori hyd yn oed ar gyfieithiad y Brenin James. *'Our lyric poets, virtually untranslatable, are as great as the greatest English poets'.* Mae'n poeni am ddyfodol y Gymraeg, gan gydnabod ei euogrwydd am beidio â'i throsglwyddo i'w blant. *'The world's greatest and most widely known language is fighting, and has been fighting, a battle against one of the greatest and least-known tongues'.* Ond mae'n edrych ar yr ochr bositif ynglŷn â'r dyfodol, wrth ddyfynnu Hen Ŵr Pencader, a'r geiriau i Henry II a ddyfynnwyd gan Giraldus Cambrensis. 'O bydded i'r heniaith barhau' yw neges glir a diamau yr erthygl.

Ac i orffen y darn, yn eistedd wrth ei deipiadur yn hwyr y nos ym Mecsico, cofiai'r Cymro alltud am ei dad yn eistedd y tu allan i'r *Miner's Arms* yn fodlon-feddw gyda'i gyd-löwyr, a'r haul yn machlud dros Fae Abertawe.

'Pwy sy fel ni?' gofynnai.

'Neb', yw'r ateb.

'Pwy sy fel fi?'

'Neb'.

Er i Richard fod yn ymwelydd anghyson â Chymru yn ystod y cyfnod hwn, nid oedd y wlad byth yn bell o'i feddyliau. Un arwydd allanol o'i deyrngarwch oedd baner y Ddraig Goch, 15 troedfedd wrth 10 troedfedd, a âi gydag ef ar ei deithiau. (Pan ddiflannodd y faner o'i westy yng Nghaint tra oedd saethu ei ffilm nesaf, cyhoeddwyd y stori gan y *Western Mail* o dan y pennawd, *'English nick Burton's flag'*). Derbyniodd gynnig i leisio'r rhagarweiniad i Arwisgiad y Tywysog Charles ar gyfer ITV, ac er na allai fod yn bresennol yng Nghaernarfon oherwydd ymrwymiadau ffilmio, roedd ei sylwadau cenedlatholgar iach yn wrthbwynt trawiadol i ystrydebau breniniaethol Wynford Vaughan Thomas.

Y ffilm a rwystrodd Richard rhag mynd i Gaernarfon oedd *Anne of the Thousand Days*, hanes y garwriaeth rhwng Henry VIII ac Anne Boleyn. Fe gymerodd Richard ran y brenin am dâl o $1,250,000. Cynigiodd Elizabeth chwarae rhan Anne Boleyn, ond mynnodd y cynhyrchydd mai Genevieve Bujold fyddai'n chwarae'r ferch. Roedd yn rhaid i Richard ddweud wrth Elizabeth am hyn: fe ddehonglodd hithau'r newyddion fel arwydd fod ei hieuenctid wedi dod i ben. Er iddi gymryd rôl fechan di-gredyd yn y ffilm, bu saib o ddwy flynedd cyn iddi gymryd rhan arall.

Roedd Richard ac Elizabeth yn dal yn feddiannol iawn o'i gilydd, ac roedd unrhyw awgrym o anffyddlondeb y naill yn ddigon i sicrhau dicter yn y llall. Tra oedd yn ffilmio *Anne of the Thousand Days* fe gafodd y wasg ddigon o gyfle i awgrymu bod Richard yn cael affêr gyda Bujold – rhywbeth yr oedd e'n ei wadu'n gryf. I rai sylwebyddion, mae'r amser yma'n dynodi dechrau cyfnod newydd, llai hapus, ym mherthynas Richard ac Elizabeth. Ond i'r gwrthwyneb, mae'n ymddangos fod eu perthynas â'i gilydd o hyd yn ddigon cadarn, a'r diflastod yn bell i ffwrdd: beth ddaeth gyntaf oedd dirywiad yn eu perthynas â'r wasg. Roedd y ddau yn ymddangos yn amharod i ddelio â newidiadau proffesiynol a chymdeithasol, ac felly fe ddaethant yn dargedi hawdd ar gyfer newyddiadurwyr diog.

Roedd Hollywood ei hun yn newid: 1969 oedd blwyddyn *Easy Rider*, ac roedd y saith prif stiwdio a'r 'hen' sêr mewn perygl o gael eu gadael ar ôl wrth i dalent a syniadau newydd dreiddio drwy'r diwydiant. Cafodd pump o'r stiwdios golledion o $85 miliwn rhyngddynt. Gyda rhyw 70% o ffilmiau yn gwneud colled, roedd yn rhaid darganfod ffyrdd o wneud ffilmiau'n fwy rhad.

Ond tra bod Richard ac Elizabeth eisoes wedi derbyn rhai o'r newidiadau ariannol – er enghraifft, cytuno i dderbyn cyfran o'r elw yn lle gwarant o dâl enfawr – nid oedd elfennau eraill o'r newidiau wrth eu bodd. Roedd Richard yn ddirmygus o *Easy Rider*, gan alw neges y ffilm yn wan iawn, ac yn priodoli llwyddiant y ffilm i'w cherddoriaeth boblogaidd. Roedd perygl i'w gŵynion wneud iddo ymddangos yn hen ddyn chwerw. Nid oedd Richard chwaith yn cyd-fynd â'r noethni a ddaeth yn gyffredin mewn ffilmiau.

Felly, roedd y byd yn newid, a chwestiynau'n codi ynglŷn â'u gallu i addasu i'r amgylchiadau newydd. Ar ddechrau'r chwedegau, roedd y ddau wedi bod ar y blaen – er enghraifft yn sefydlu rheolau newydd ynglŷn ag ymddygiad rhywiol. Ond roedd hi'n amser maith ers helyntion *Cleopatra*, ac roedd y wasg boblogaidd yn dechrau blino ar straeon am y ddau yn cyhoeddi'u cariad diddiwedd ac yn gorganmol ei gilydd.

Felly ar ddiwedd y degawd fe welwyd agwedd y papurau a'r

cylchgronau tuag atynt yn dechrau newid. Ni ddigwyddodd hyn dros nos, ond fe ddeuai'n fwyfwy amlwg dros y blynyddoedd nesaf. Er enghraifft, enwyd y ddau – yn unigol – ar restr o *'bores'* yr oes gan y cylchgrawn *Time* ym mis Gorffennaf 1970. Mae'r cylchgronau ysgafn a'r *tabloids* yn enwog am eu hanwadalwch ynglŷn â phwy maent yn ei hoffi'r wythnos hon, ac am y ffordd maent yn gallu troi ar y bobl hynny sydd, yn eu tyb hwy, wedi tramgwyddo mewn rhyw ffordd neu'i gilydd.

Un peth a gadwai fleiddiaid y wasg yn hapus oedd yr afradlonedd: gweithred ddi-hid i ychwanegu at y chwedloniaeth o gwmpas y Burtons. Dyna'n union beth digwyddodd ym mis Hydref 1969, pan brynodd Richard ddiamwnt ddruta'r byd – modfedd o hyd ac o led, 69.42 carat, $1,100,000 – arwydd o'i gariad a fyddai'n sicrhau lle Richard yn y *Guinness Book of Records* am ddeng mlynedd.

Fe werthwyd yr em mewn arwerthiant yn Efrog Newydd i'r gemydd Cartiers am $1,050,000, wedi i Richard osod uchafswm i'w gynrychiolydd o $1 miliwn. (Nododd Richard gyda phleser bod Aristotle Onassis wedi tynnu allan o'r arwerthiant ar $700,000). Clywodd Richard ei fod wedi colli'r ddiamwnt pan oeddent yn aros yng ngwesty'r *Bell* tra'n ymweld ag Ifor yn yr ysbyty. Fe wylltiodd ac mewn galwad i America o far cyhoeddus y gwesty mynnodd gael y ddiamwnt i Elizabeth. Cymerodd y gemydd yr elw cyflym, ar yr amod bod y ddiamwnt yn cael ei ddangos yn gyntaf yn Chicago ac Efrog Newydd. A thra bod y torfeydd yn tagu'r strydoedd yn ysu i weld yr em, barn sylwebyddion cenfigennus oedd bod y cyfan yn ddi-chwaeth.

Mewn gwrthgyferbyniad trawiadol i'r wyneb afradus yr oedd Richard yn ei ddangos i'r cyhoedd, ceir hanes ei ymwneud â Roger Addison, Cymro a oedd yn glaf yn ysbyty Stoke Mandeville gydag Ifor. Parlyswyd ef wrth chwarae rygbi dros Bont-y-pŵl. Ymwelodd Richard ac Elizabeth ag ef ddwy waith, gan roi £300 iddo, digwyddiad a wnaeth argraff ddofn ar Addison.

Dychwelodd Burton i Puerto Vallarta, gan sôn am dreulio 1970 i gyd yno – a gan fod y cynigion i logi doniau Richard yn llai niferus nag o'r blaen, fe ddaeth sibrydion eu bod yn ystyried ymddeol. Roedd ambell ddyfyniad gan Richard yn y wasg yn cryfhau'r argraff hon: 'Edrychwch ar fy nghyfoedion – Olivier, Gielgud, Scofield a Richardson. Maen nhw'n dwli ar actio. Fi, rwy'n wahanol. Y rhan fwyaf o'r amser dyw actio ond yn ddiflasdod imi'.

Yn y chwe blynedd ers i Richard ac Elizabeth brynu tŷ yn Puerto Vallarta, roedd y pentre â phoblogaeth o 6,000 wedi tyfu i fod yn dref o 26,000. Fe dyfodd eu cartref hefyd, wedi i Richard brynu'r tŷ gyferbyn a chysylltu'r ddau gyda phont dros y stryd cul. Bwriad Richard oedd cael rhywle mwy preifat iddo weithio ar y llyfr roedd yn gobeithio ei ysgrifennu.

Ond tra oedd yn segur ym Mecsico, fe ddaeth yr yfed yn fwy o broblem, er iddo wrthod cydnabod hyn ar y dechrau. I wneud pethau'n waeth, roedd bechgyn Elizabeth a oedd yn eu harddegau – Michael a Christopher Wilding – yn achosi trafferthion. Wedi i Michael gael ei wahardd gan ysgol fonedd Millfield, penderfynodd Elizabeth ddanfon y ddau frawd i ysgol yn Hawaii. Fodd bynnag, fe gyfarfu Michael â merch yno, ac fe aeth y ddau ar daith i India. Felly mynnodd Richard fod Christopher yn ymuno â nhw yn Puerto Vallarta, ac fe gyflogodd diwtor i ofalu am addysg Christopher, Liza a Maria.

Yn ogystal â hyn, roedd ei berthynas ag Elizabeth yn dechrau dangos creithiau eu hamser tymhestlog gyda'i gilydd. Hyd yma, roedd eu chwe blynedd o briodas wedi bod yn orlawn: corwynt o waith a gweithgareddau, teithio, cymdeithasu a diddanu. Ond bellach roeddent wedi penderfynu galw 'stop' am y tro, a gweld a allent newid cyfeiriad.

Roedd hi bron yn 38 oed, ac yn gorfod wynebu'r ffaith na fyddai byth eto yn chwarae merch ifanc ar y sgrîn. Felly, roedd yr unig fywyd a'r unig yrfa yr oedd hi'n ei nabod wedi colli ei swyn.

Roedd e'n 44, ac yn dod i gredu ei fod wedi cyflawni popeth yr oedd eisiau ei wneud fel actor. Yr oedd wedi cyflawni'r gamp o fod yn actor enwoca'r byd, ond wedi dod i gydnabod mai rhinwedd dauwynebog yw enwogrwydd. Roedd ei enwogrwydd yn gwahardd cymaint o fân bleserau bywyd, ac nid oedd yr elfennau proffidiol yn talu'n ddigonol am y golled. Mae'n bosib fod Richard wedi'i sefydlu ei hun fel actor gorau'r byd yng nghanol y chwedegau – ond beirniadaeth hollol oddrychol fyddai unrhyw ddatganiad o'r fath. Ond erbyn diwedd y chwedegau, yr oedd wedi troi ei gefn ar y cymhelliad i fod 'y gorau', ac yn fodlon derbyn perfformiadau israddol, a gwneud cyn lleied ag y byddai'r cyfarwyddwr yn ei ganiatáu. Mae adroddiadau fod ei gyd-actorion ar *Anne of the Thousand Days* wedi synnu pan ymddangosodd Richard ar y set yn gwisgo dim ond rhan uchaf ei wisg frenhinol, a'i goesau mewn trywsus cyffredin. Eglurodd iddo beidio â thrafferthu rhoi'r wisg gyfan amdano, gan mai dim ond lluniau o'i wyneb oedd eu angen yn yr olygfa hon. Cyrhaeddodd Richard y nod o fod yr actor cyfoethoca'r byd, ond tra ymgasglai'r miliynau yn y banc, fe gollodd ei awch i ennill arian yn ddi-baid. Roedd yn dal i barchu arian, a'r moethusrwydd y mae arian yn gallu'i brynu, ac fe daliodd i gynnal achosion da gyda'i arian, gan fod yn hael i'w deulu ac i res o elusennau. Ond ar yr un pryd, gofidiai am ba hyd y byddai eu miliynau'n para pe na bai ef ac Elizabeth yn gwneud unrhyw ffilmiau eraill. A fyddent yn gallu byw bywyd moethus ar yr incwm o'u hen ffilmiau, eu buddsoddiadau ac unrhywbeth a ddeuai o'i ysgrifennu yntau?

Ond er bod y ffigurau'n dangos y gallent ymddeol o'r sgrîn, ac ymddiswyddo o'u safle fel teulu brenhinol byd y ffilmiau, nid oedd y llwybr at ganol oed tawel mor hawdd â hynny. Nid oedd y saib yn Puerto Vallarta yn gyfle i ffoi'n llwyr rhag trafferthion y byd: yn hytrach, fe ddaeth trafferthion y byd i'w haelwyd. Nodwyd problemau'r plant yn barod; roedd Elizabeth hefyd yn dioddef o afiechyd eto (problem poenus â chlwyf y marchogion neu *piles* y tro hwn); ac er bod Richard yn cario'i deipiadur o gwmpas y tŷ, mae'n aneglur faint o waith a wnâi ar ei lyfr. Nodai'r tiwtor ei fod yn ysgrifennu am ddwy neu dair awr bob bore, ond yn amlach na pheidio, y byddai'n gwasgu'r rhan fwyaf o'r tudalennau yn beli bychain a'u taflu ar y llawr. Pan gododd y tiwtor un o'r peli a'i agor, darganfu fod y dudalen yn wag.

Er gwaethaf bwriad y saib, mae Richard yn edifarhau yn ei lyfr nodiadau na chafodd ef ac Elizbaeth unrhyw amser ar eu pennau eu hunan gyda'i gilydd. A phan oeddent yng nghwmni pobl eraill, roedd y cweryla'n ddi-baid.

Erbyn mis Mawrth, roedd Richard yn barod i ffrwydro. Roedd ef ac Elizabeth wedi teithio i Hollywood, er mwyn gwella siawns Richard i ennill Oscar am ei berfformiad fel Harri VIII – ei chweched enwebiad. Felly, fe ymddangosodd y ddau ar y sioeau siarad, a rhoi cyfweliadau i newyddiadurwyr. Yn anffodus, y tu allan i glwb nos yn Hollywood fe roddodd y ddau berfformiad a fyddai'n deilwng o olygfa yn *Who's Afraid of Virginia Woolf?* Roedd Richard wedi cael gormod i yfed, ac fe ddechreuodd sarhau ei wraig, a dechreuodd hithau grio a gweiddi'n ôl. Gadawodd hi, gan ddweud ei bod wedi cael digon o'i feddwdod: a phan gyrhaeddodd Richard yn ôl i'w byngalo yn y Beverly Hills Hotel yn ddiweddarach, roedd Elizabeth wedi cloi'r drws, ac yn gwrthod gadael iddo ddod i mewn. Ar ôl methu â chicio'r drws i mewn, bu'n rhaid i Richard dreulio'r noson mewn ystafell arall.

Y diwrnod canlynol, daeth Elizabeth o hyd i'w gŵr yn yfed yn y Polo Lounge – hoff fan cyfarfod yr Hollywood *glitterati*. Ei chyfarchiad iddo oedd slap ar ei wyneb. Addawodd Richard beidio ag yfed am dri mis, a chadwodd at ei air. Roedd e'n sobr ac yn siomedig wrth wylio'r Oscar yn mynd i John Wayne am ei berfformiad yn *True Grit*.

Ychydig wythnosau wedyn dychwelodd y ddau i Los Angeles er mwyn trïo rhywbeth nad oeddent wedi ei wneud o'r blaen: ymddangos mewn *sitcom*. Roedd y ddau ohonynt a'r fodrwy yn *Here's Lucy*, sioe Lucille Ball. Er i'r rhaglen droi allan yn llwyddiannus, nid oedd yn achlysur hapus i Richard, ac anghytunodd yn sylfaenol â ffordd Lucille o weithio. Roedd hi a'i chriw yn ymarfer, ymarfer, ymarfer nes bod pob dim y ffordd y dymunai hi iddo fod. Roedd Richard yn gyfarwydd â dibynnu ar ei dalent naturiol, gan wybod fod ei berfformiad yn tarddu o rywle dwfn y tu mewn iddo ac yn perthyn iddo ef yn unig. Felly, roedd ailadrodd ei berfformiad nes i bopeth fod yn dderbyniol yn groes i'w ffordd o weithredu.

Yn syth wedi'r *sitcom*, fe aeth Elizabeth i'r ysbyty i gael triniaeth ar glwyf y marchogion: ei 28ain llawdriniaeth. Un canlyniad o'i hymweliadau rheolaidd ag ysbytai oedd ei dibyniaeth cynyddol ar gyffuriau. Trwy gydol ei hoes, bob tro yr oedd mewn poen byddai meddyg yn cynnig rhyw bilsen i'w leddfu. Bellach, roedd yn rhaid i'w meddyg geisio lleihau ei dibyniaeth ar gyffuriau trwy ostwng y dôs, gyda'r canlyniad ei bod yn dioddef yn aruthrol gan y boen wedi'r lawdriniaeth. Roedd Richard yn gymorth mawr trwy ei hadferiad, yn gyson wrth ei hochr, ac yn gadarn yn ei benderfyniad i'w chadw hi rhag y cyffuriau ac yntau'i hun rhag y ddiod.

Roedd Richard yn cadw ei hun yn brysur yn ysgrifennu: tudalennau yn ei lyfrau nodiadau (llawer am Elizabeth a'i hafiechyd; syniadau athronyddol a straeon o'i orffennol) a hefyd ddarnau ar gyfer eu cyhoeddi. Gan fod ei gyfnod i ffwrdd o actio yn dod i ben, roedd hefyd yn darllen sgriptiau a thrafod prosiectau'r dyfodol. Roedd yn amlwg iddynt na fu'r seibiant yn eu gyrfaoedd yn llwyddiant. Ni ysgrifennodd ei lyfr, a'r unig erthygl sy'n haeddu sylw o'r cyfnod hwn yw'r darn am rygbi a baratowyd i Cliff Morgan. Ni ddarganfu heddwch iddo'i hun ac Elizabeth ond yn hytrach roedd yr un pwysau â chynt yn gwasgu arnynt. Yr elfen fwyaf positif oedd iechyd Richard: heb y ddiod yr oedd yn colli pwysau ac yn teimlo'n iachach. Roedd hefyd yn gallu bod yn gymorth cadarn i'w wraig.

Mae'r llyfrau nodiadau yn dangos yn amlwg fod Richard yn edrych ymlaen at ddychwelyd i fyd y ffilmiau. Roedd ganddo freuddwyd uchelgeisiol i greu ffilm allan o hanes *Don Quixote*, gydag yntau yn y brif ran ac efallai Dustin Hoffman yn chwarae rhan ei gynorthwy-ydd. Ond yr hyn a ddaeth i fod oedd prosiect llawer llai mentrus, *Raid on Rommel*. Roedd Richard yn ymwybodol nad oedd y ffilm yn glasur o unrhyw fath, ond roedd y cyflog yn rhy dda i'w anwybyddu. Roedd y ffilm yn gwneud defnydd helaeth o'r llu o luniau oedd dros ben ar ôl ffilm *Tobruk* yn 1966, ac felly doedd yr amserlen ddim ond yn galw am ei bresenoldeb am 21 diwrnod. Derbyniodd Richard dâl bychan a chyfran o elw'r ffilm, gan ddisgwyl ennill $1m hyd yn oed os nad oedd y ffilm ond yn llwyddiant cymhedrol. Fe sicrhaodd hefyd ran – a chyflog da – i Brook Williams.

Ar ddechrau Gorffennaf, fe gychwynnodd Richard ei waith ar *Raid on Rommel* yn yr anialwch ym Mecsico. Ar ôl wythnos fe ymunodd Elizabeth â'r criw, a threulio llawer o amser yn ei gwmni ar wres y set. Fe gadwodd Richard oddi ar y diod, er gwaetha'r anghysur o fyw yn yr anialwch gyda gwraig oedd yn creu anesmwythyd gyda'i hyfed.

Gan fod y ffilm wedi'i gwneud mor rhad, fe wnaeth elw rhesymol i Richard a'r cynhyrchwyr. Ond unwaith eto, ni phlesiai'r ffilm y beirniaid. Roedd rhai yn bigog ac yn bersonol yn eu cwynion (*Newsweek: 'Why does Richard Burton do it? Does Liz need some new rocks? Are they sending* all *the kids to boarding schools? Or is it plain greed?'*).

Fe ddaw arwydd arall o'r ffordd yr oedd y wasg wedi dechrau troi ar Richard ac Elizabeth yn y cylchgrawn Americanaidd poblogaidd, *Look*. Gynt bu hwn yn hael ei ganmoliaeth o'r Burtons, gyda phenawdau megis *'King and Queen'* (1965) a *'Why they're never dull'* (1967). Ond ym mis Mehefin 1970, er mai llun dymunol o'r ddau sydd ar y clawr, mae'r geiriau y tu mewn yn wawdlyd. Y 'stori' yw fod Richard wedi prynu cot ffwr werth $125,000 i Elizabeth. Mae'r awdur yn ailenwi'r ddau yn *'Big Giver'* a *'Big Getter'* ac yn rhestru'r diamwntiau mae ef wedi eu rhoi iddi, gan nodi pris bob un. A bellach mae 42 minc wedi marw i wneud cot iddi. Ai cenfigen neu bryder am hawliau anifeiliaid sydd y tu ôl i eiriau'r awdur pan mae'n galw Elizabeth yn *'a fading movie queen who has much and wants more'*?

Heblaw am y ffasiynau anffodus, mae'r ddau ohonynt yn edrych yn rhyfeddol o dda yn lluniau'r erthygl, ac er gwaetha gwendidau'r ffilm *Raid on Rommel* mae Richard ei hun â golwg iach arno. Ond ar y trên draw i Efrog Newydd wedi cwblhau'r ffilmio, fe ddechreuodd Richard yfed eto. Roedd Elizabeth yn ei gyhuddo o fod yn ddiflas pan nad oedd yn yfed. Mae'n deg ystyried hyn yn drobwynt allweddol yn eu perthynas, ac ym mywyd Richard. Ar y daith drên dechreuodd y llithriad anochel i'r clinig.

Doedd Elizabeth ei hun ddim yn gallu rhoi'r gorau i yfed yr adeg hon; a hithau'n gwella ar ôl ei thriniaeth boenus, ac yn ceisio goresgyn ei chwant am gyffuriau, fe fyddai'n ormod disgwyl iddi wrthod cysur alcohol hefyd. Ond nid oedd cyfuno Elizabeth feddw â Richard sobr yn gymysgedd hapus. Roedd hi'n gwerylgar ond nid oedd gan Richard heb ei ddiod yr awydd i weiddi'n ôl arni. Yn ogystal, roeddent yn methu'n lân â chael unrhyw amser ar eu pen eu hunain, ac roedd pwysau presenoldeb eraill yn ysgogiad i ddechrau dadlau.

Felly fe ddaeth y demtasiwn yn gryfach na'r rhesymau i beidio ag yfed. Ychydig bach ar y dechrau, ond wedi iddo ymdrechu mor galed i gyrraedd y man lle roedd yn fodlon rhoi'r gorau i alcohol yn gyfangwbl, roedd un cwymp yn arwain yn anochel at ddirywiad, a hen batrymau o ymddygiad yn ailddechrau.

Fe ddychwelodd Richard ac Elizabeth i Brydain ar y *QE2* ar gyfer ei ffilm nesa. Roedd yn dychwelyd i'r Dorchester ac at y botel – vodka, a llawer ohono. Richard oedd y *Villain* yn nheitl y ffilm: dyn treisgar, sadistig, arweinydd gang oedd yn amlwg wedi'i seilio ar gang y brodyr Kray – hyd at obsesiwn yr arweinydd â'i fam a'i wrwgydiaeth dominyddol. Dywedodd Richard mai hwn oedd y cymeriad dideimlad cyntaf iddo chwarae.

Mewn cyfweliadau o'r cyfnod y mae'n sôn am ei awydd i ddychwelyd i'r llwyfan, yn enwedig er mwyn chwarae King Lear. Yn y cyfnod hwn hefyd roedd Laurence Olivier (a oedd erbyn hyn yn Arglwydd Olivier) yn ysgrifennu ato i ofyn a oedd ganddo ddiddordeb mewn cymryd gofal o'r *National Theatre* ar ei ôl. Galwodd y *Times* ef yn 'fab afradlon ein traddodiad actio clasurol'. Mewn cyfweliad, fe gyfeiriodd yntau at stamina Gielgud, Richardson ac Olivier, ac fe ddywedodd y byddai'n rhaid iddo wneud rhywbeth arbennig yn y pum mlynedd nesaf er mwyn cyrraedd yr un lefel â hwy.

Felly, roedd Richard yn mynd trwy gyfnod anodd yn ei fywyd

proffesiynol. Yr oedd wedi methu yn ei ymgais i newid cyfeiriad er mwyn bod yn awdur. Yr oedd yn amlwg yn hiraethu am y clod a gafodd ar y llwyfan, ond ni chodai unrhyw gynlluniau pendant o'i siarad am y theatr. Yn lle mentro'n ôl i'r llwyfan, lle y byddai'n dinoethi'i hun noswaith ar ôl noswaith – a hynny am wobr ariannol pitw yn ei dermau ef – dewisodd ddangos ei ddawn actio mewn nifer o ffilmiau gwan. Roedd y gallu i wneud dewisiadau doeth a ddaeth dan gyngor Elizabeth wedi hen ddiflannu.

Yn ei fywyd personol, ymddengys ei fod yn diflasu ac yn anfodloni dros amser. Lle dylid gweld llawenydd, yng nghanol y bywyd *jet-set*, gellir synhwyro gwacter.

Ond tra casglai'r cymylau du ar y gorwel, roedd digon o gyfnodau heulog o hyd yn ei fywyd. Priododd Michael Wilding, mab Elizabeth, ym mis Hydref, ac fe ddaeth anrhydedd ar ben-blwydd Richard yn 45 oed pan dderbyniodd y CBE oddi wrth y Frenhines Elizabeth. Yn ei hebrwng i Balas Buckingham roedd y ddwy wraig bwysicaf yn ei fywyd: Ciss ac Elizabeth.

CYSGOD Y BEDD

YSGRIFENNODD y tiwtor a gyflogwyd i ofalu am blant y Burtons – ac a dreuliodd dri mis wrth y gwaith ar ddechrau 1970 – am ei sgwrs gyntaf â Richard. Yn ystod y sgwrs adroddodd 12 stanza o farddoniaeth gan William Dunbar, bardd y Canol-oesoedd o iseldiroedd yr Alban. Yn y darn, *'Lament for the Makers'*, y byrdwn yw *'Timor Mortis Conturbat Me'* – 'Mae ofn marwolaeth yn fy mharlysu'. Yn ei sgwrs â John Morgan ar gyfer ei raglen deledu, *'The Making of Milk Wood'*, dyfynnodd Richard y gerdd eto, wrth adrodd hanes am ei gyfaill a'i arwr, Dylan Thomas . . .

> Rwy'n cofio un achlysur pan oeddwn i a Dylan mewn tafarn debyg i hon, pan adroddais i gerdd wrtho fe – ac meddwn i, 'Mae'n gerdd syfrdanol . . .'
>
> > *Unto the death goes all estates*
> > *Princes prelates and potestates*
> > *Both rich & poor of all degree*
> > *Timor Mortis Conturbat Me*

Aeth ymlaen am sawl pennill, yn adrodd y gerdd soniarus mewn acen feddal Albanaidd, gan ddod yn ôl dro ar ôl tro at y llinell ddi-gyfaddawd *Timor Mortis Conturbat Me*. Ac ar ôl llinell olaf y gerdd mae'r stori'n gorffen:

> ac roedd yna rhyw dawelwch llethol, ac meddai Dylan, 'Pryd ysgrifennais i hwnna?'

Mae'n danddweud aruthrol i awgrymu fod Richard yn brolio yn ei berthynas â Dylan Thomas ac yn hoff iawn o adrodd straeon amdano. Mae ei ddyfyniadau mewn amryw o gyfweliadau – gyda Michael Parkinson, John Morgan ac eraill – yn dangos yn glir bod ganddo barch uchel, yn ymylu ar fod yn eilunaddoliaeth o'i arwr.

Wrth John Morgan: 'Fyddwn i ddim yn esgus bod gennyf hyd yn

oed gydnabyddiaeth â'i fath eithriadol ef o athrylith . . . hyd yn oed pan oedd yn ceisio ysgrifennu'n wael, doedd e ddim yn gallu.'

Wrth Ronnie Williams, a ofynnodd iddo a oedd Dylan yn fewnblyg ynteu'n allblyg: 'Y ddau, rwy'n meddwl, yn dibynnu ar ba amser o'r dydd oedd hi. Fe arhosodd gyda fi yn Llundain un tro, ac yn gynnar yn y bore roedd yn greadur swil iawn, ac wedyn erbyn amser cinio gwelwyd gŵr tra gwahanol, yn fwy byrlymus, ac erbyn chwech y nos roedd yn ddyn a fyddai'n dawnsio'n noeth yn y strydoedd, ac erbyn deg y nos, byddech yn ei godi o'r llawr a'i gludo adre. Felly roedd yn gymlethdod o lawer o bethau.'

Yn y trên ar y ffordd i Abergwaun, mewn cyfweliad â Michael Lloyd-Williams: 'Rwy'n dal i fethu credu ei fod wedi marw. Mae hynny o hyd yn rhoi arswyd imi – roedd yn ymddangos imi ei fod yn anfarwol.'

Ac wrth Michael Parkinson, safbwynt hollol wahanol ar farwolaeth Dylan: 'Bu'n ceisio'i farwolaeth ei hun, ac fe'i darganfu, sydd ddim yn drychineb llwyr.'

Yn ôl, unwaith eto, felly, at bwnc marwolaeth. Mae'r ddau gyfweliad olaf hyn yn awgrymu pryder am farwolaeth. Yn ogystal, yn y cyfweliad a roddodd i Michael Lloyd-Williams, gellir synhwyro fod arogl diod ar ei anadl.

> Roedd Dylan, fel pob athrylith, yn ddyn anodd ddod yn agos ato – yn wir, roedd e'n gallu bod yn greulon iawn. Ac mewn sawl ffordd yr oedd yn ddyn drwg, ac mewn sawl ffordd yr oedd yn ddyn llawn egwyddor: mae'n anodd ddweud beth i feddwl am un oedd yn athrylith mor gyflawn.

Ochr yn ochr â'r sylwadau am farwolaeth, soniodd hefyd am yr elfen rywiol sydd yn rhedeg trwy stori Llaregyb.

> Credaf ei bod yn glir nad oedd Dylan wedi arolygu'r sgript yn fanwl – efallai bod hynny'n ymddangos yn rhyfygus ar fy rhan – ond mae'n ymddangos i mi fod y cyfan yn ymwneud â chrefydd a marwolaeth, ac â rhyw. Mae'r ddau beth wedi'u gwau'n ddi-dor drwy'r cyfan. 'Dwy wir ddim yn gwybod oherwydd rwy'n edmygu Dylan Thomas gymaint nes nad wy'n gymwys i roi beirniadaeth ddiragfarn.

Fe ddaeth yn ôl at y syniad yma nad oedd y gwaith yn orffenedig yn ei gyfweliad â John Morgan:

Pan ddarllenais i *Under Milk Wood* am y tro cynta, ces i fy syfrdanu – neu, yn hytrach, pan glywais i e am y tro cynta, oherwydd roedd Dylan yn ei ddyfynnu cyn iddo'i ysgrifennu. Ac rwy'n sicr pe bai wedi byw, y byddai wedi'i ailysgrifennu gyda'r bwriad o'i gyflwyno ar ffilm neu ar y llwyfan, ond yn anffodus ni ddigwyddodd hynny.

Mae rhywun yn cael y teimlad fod popeth am ffilm *Under Milk Wood* wedi'i drefnu ar frys, bron â bod ar hap a damwain. Y cyfarwyddwr oedd Andrew Sinclair, dyn darllengar, nofelydd ac arbenigwr ar waith Dylan Thomas – ond nid oedd ei rinweddau yn cynnwys bod yn gyfarwyddwr ffilm. Roedd dewis gwneud ffilm allan o ddrama ar gyfer lleisiau yn benderfyniad dadleuol a achosodd dipyn o gecru cyn i'r ffilmio ddechrau. Ond wedi i Richard gyhoeddi ei fod yn awyddus i wneud y ffilm, fe'i clymwyd wrth y cynhyrchiad, er gwaethaf cyngor rheolwr ei faterion busnes na ddylid bod yn rhan o'r prosiect. Fe gymerodd ran y Llais Cyntaf (fel yn narllediad cyntaf y ddrama): derbyniodd dâl bychan – dim ond digon i dalu am ei dreuliau – ac addewid am gyfran sylweddol o'r enillion.

Un arall a gymerodd ran am ei dreuliau a chyfran o'r enillion oedd Peter O'Toole fel Capten Cat. Ei wraig, Siân Phillips, oedd Mrs Ogmore-Pritchard; cymerodd Elizabeth Taylor ran Rosie Probert.

Ar gyfer rhan yr Ail Lais, rhoddwyd prawf sgrîn i'r digrifwr Ryan Davies ryw bythefnos cyn i'r ffilmio ddechrau. Dywedodd wrth *Y Cymro*, 'Mi ês yn ddigon diniwed a gobeithio cael rhan fach. Doedd gen i ddim syniad y byddwn yn cael rhan yr Ail Lais a chwarae mor agos i Richard Burton. Rydw i wedi bod yn y seithfed nen ers hynny.' Yn ystod y ffilmio fe ddaeth y ddau yn ffrindiau da.

Penderfynodd Andrew Sinclair beidio â chael y ddau Lais i adrodd eu llinellau i'r camera, ac felly fe welir y ddau ohonynt yn camu'n fud gyda'i gilydd drwy strydoedd a chaeau Llaregyb.

Penderfynwyd ar Gwm, Abergwaun, fel lleoliad y ffilmio oherwydd tebygrwydd y rhes o dai ar y cei i ddarlun gan Dylan Thomas o sut edrychai Llaregyb yn ei ddychymyg. Yr oedd wedi aros yn Abergwaun ar gyfer Eisteddfod 1936 ac yn amlwg wedi nodi'r olygfa o feini'r Eisteddfod ar draws harbwr Cwm. Yn naturiol, fe wylltiwyd trigolion Talacharn gan benderfyniad Andrew Sinclair, a buont yn uchel eu cloch am ffolineb ffilmio yn unrhywle heblaw'r dref lle'r ymsefydlodd Dylan am flynyddoedd olaf ei oes. Dywedodd porthfaer y dref ei fod 'mor wirion â ffilmio *The Dubliners* yn Birmingham!'

Neilltuwyd y rhan fwyaf o ddalen flaen rhifyn 10 Chwefror *Y Cymro* i luniau ac erthygl am y ffilm, o dan y pennawd '"Siarad Cymraeg? Wrth gwrs fy mod i" – Richard Burton'.

'Ydych chi'n dal i siarad Cymraeg?' 'Siarad Cymraeg! Wrth gwrs fy mod i', meddai, fel petawn i wedi holi cwestiwn twp. A chan droi at y dyrfa niferus a lanwai far y Dinas Arms dywedodd gyda gwen, 'A phetai hanner y diawliaid yma sy'n medru Cymraeg yn ei siarad â mi, byddwn yn siarad mwy'.

Richard Burton, yr actor enwocaf – a chyda'r cyfoethocaf medd rhai – yn y byd. Ond anodd iawn fyddai credu hynny fore dydd Iau ym mar y Dinas Arms pan gafodd seibiant o ffilmio *Dan y Wenallt*. Cymysgodd yn hollol rydd a hamddenol â'r cannoedd a dyrrodd o amgylch y dafarn i gael cip arno.

Cyfeiria'r darn nesaf yn yr erthygl at gyfweliad a roddwyd ar raglen *Wales Today*, pan gafodd y cyflwynydd, Ronnie Williams sgwrs ychydig yn lletchwith â Richard a Ryan. Roedd Richard yn amharod i siarad Cymraeg yn y cyfweliad, a doedd Ronnie na Ryan ddim cweit yn gwybod beth i drafod gyda Richard:

Yn dilyn y cyfweliad ar 'Cymru Heno' ddau ddiwrnod yn gynharach clywid llawer o feirniadu ar gloffni ei Gymraeg. Ond rhaid bod y cyfnod byr a dreuliodd ymysg Cymry Abergwaun wedi ystwytho ei iaith gryn dipyn. A rhaid bod ei gyd-actor Ryan Davies wedi gwneud ei ran yn hyn o beth. Ar y setiau yn, ac o amgylch, Cwm, Abergwaun, tra'n disgwyl i'r camerau rolio, Cymraeg oedd ymron bob gair rhyngddynt. A Chymraeg fu pob gair o'r sgwrs hir rhyndddo ef a'i hen gyfaill T H Evans, y cyn-brifathro o Gastell Newydd Emlyn a gymerodd ran wreiddiol y Parch Eli Jenkins yn y cynhyrchiad cyntaf o ddrama Dylan yn y West End yn Llundain yn 1956. Hoffai RB yn fawr weld ei hen gyfaill yn derbyn yr un rhan yn y ffilm, ond er bod T H wedi gorfod rhoi heibio'r rhan ers tro bellach oherwydd afiechyd cytunodd i dderbyn rhan fach yn y ffilm.

Y prif bwnc rhwng y ddau actor a'r ddau gyfaill . . . oedd hen bregethwyr Cymru – Phillip Jones, Edward Matthews a J. Caerau Rees, gyda T H a Richard Burton yn eu dynwared bob yn ail.

I'r sawl nad yw ond yn gyfarwydd â straeon am Richard fel cnaf meddw, syndod fydd darllen amdano'n cymryd diléit yn hen gewri'r ffydd.

Erbyn i'r papur gael ei gyhoeddi, roedd Richard eisoes wedi dychwelyd i Lundain. Ni ddaeth Elizabeth Taylor i Abergwaun (er gwaethaf beth ddywed sawl adroddiad ers hynny), ond cwblhaodd ei gwaith ar y ffilm yn y stiwdio yn Llundain. Fodd bynnag, fe ddaeth gweddill yr actorion yn eu tro, bob un yn ymddangos am ddiwrnod neu hanner diwrnod o waith, cyn ddiflannu ar y trên yn ôl i Lundain. Roedd dau actor, Aubrey Richards a Dafydd Havard, wedi ymddangos gyda Richard yn ei ffilm Gymreig arall, ym mhentre dychmygol Dolwyn, a hefyd yn y darllediad cyntaf o *Under Milk Wood*. Yn wir, Richard a awgrymodd Dafydd ar gyfer ei ran fel Lord Cut-Glass yn y ffilm.

Dychwelodd Richard i Abergwaun ar gyfer mwy o olygfeydd, a bu rhaid i'r *Ship Inn* aros ar agor drwy'r nos i geisio lleddfu syched y criw ffilmio; ceir plac yng Nghlwb Rygbi Abergwaun sy'n nodi lle'r eisteddai Richard i fwynhau ei beint.

Roedd gwaith i'w gael i rai a drigai yn Cwm, gan gynnwys George Bateman. Ei swydd iawn oedd postmon, ond yr oedd ar gael oherwydd bod gweithwyr Swyddfa'r Post ar streic ar y pryd.

> Roeddwn i'n gweithio ar y ffilm dros gyfnod o saith wythnos, gan fwyaf yn sefyll i mewn dros Richard Burton yn ei olygfeydd i gyd. Fe alwod dyn yn y tŷ a chynnig y swydd i mi, yn talu £3 y dydd, ac ar y dechrau roeddwn i'n meddwl fod rhywun yn tynnu fy nghoes. Ond na, fe es i i lawr i'r *Bay Hotel* bob bore, a bydden nhw'n rhoi *make-up* arna'i, rhywbeth i stopio fy wyneb rhag disgleirio, a rhoi cot frown imi, yr un peth ag roedd Richard yn ei wisgo. A byddwn innau a Bryan Brookes, a oedd yn sefyll i mewn am Ryan Davies, yn sefyll o flaen y camerâu a mynd trwy'r symudiadau dro ar ôl tro nes bod y technegwyr yn hapus, ac wedyn byddai Richard a Ryan yn dod ar y set.
>
> Ces i'r cyfle i gwrdd â llawer o'r sêr – roedd Ryan Davies yn wir gymeriad, ac roedd Richard Burton yn ŵr bonheddig go iawn. Roeddech chi'n gallu cael siarad ag e a chael sgwrs arbennig – ac roedd yntau wir yn hoffi Abergwaun.
>
> Roedd y cyfan yn dipyn o gyffro imi. Roeddwn innau mewn un olygfa – o bell, gyda Glynis Johns – a ches i fy nghyfweld ar raglen deledu hefyd. Wedyn ar ddiwedd y ffilmio, roedd y streic wedi dod i ben hefyd, ac felly fe es i'n ôl i'm gwaith.

Er gwaethaf yr amserlen gyfyng a'r ffaith nad oedd ond cyfran fechan o'r cast yn bresennol ar unrhyw adeg, mae'n amlwg i'r ffilmio fod yn hwyl. Yn y cyfweliad teledu rhwng John Morgan a Richard a Ryan, mae'r actorion yn chwerthin ac yn hwyliog. Honnodd Richard ei fod â theimlad cryf y byddai'r ffilm yn gweithio, er iddo gyfaddef iddo fod mewn sawl ffilm o'r blaen y cafodd fwynhad o'u gwneud ond a fethodd yn llwyr gyda'r cyhoedd.

Ond y drafferth fwyaf gafodd y ffilm oedd sicrhau unrhyw gynulleidfa i'w gwylio. Ni ryddhawyd y ffilm yn gyffredinol, ac felly dim ond pobl a wnaeth ymdrech arbennig i'w gweld gafodd y cyfle i feirniadu'r cyfanwaith. Y teimlad cyffredinol oedd iddi fod yn anfoddhaol, a'r delweddau ar y sgrîn heb ychwanegu llawer at yr hyn fyddai'r dychymyg yn ei greu wrth wrando ar gampwaith Dylan. Efallai bod diffyg profiad y cyfarwyddwr a chyfyngderau'r gyllideb yn amlwg; neu efallai na ddylid fod wedi mentro ar rywbeth mor uchelgeisiol yn y lle cyntaf. Er hynny, o safbwynt heddiw mae edrych ar y ffilm yn ffordd ddymunol o dreulio awr a hanner yn gwrando ar leisiau hyfryd a delweddau pleserus. Roedd y ffilm yn fethiant yn ariannol, ond nid yw'r ffilm yn ddi-werth.

Trwy 1971, cafodd Richard lawer o afiechyd. Dywedodd wrth John Morgan fel jôc fod ei asgwrn cefn wedi torri, ond roedd ei hen flinder â'i gefn wedi ailgodi, ac arthritis ei fraich cynddrwg rai ddyddiau nes iddo fethu â theipo â'i law chwith. Hefyd, cafodd Elizabeth gyfres o anhwylderau a oedd yn mynnu sylw. Ac roedd Ifor yn gwaethygu. Arferai Richard fynd i'w weld pan oedd chwaraeon ar y teledu, rhag i'r ddau orfod wynebu ei gilydd, yn chwilio'n anesmwyth am bethau i'w dweud.

Wedi i'w gyfnod o weithio ym Mhrydain ddod i ben, fe deithiodd y Burtons i Fecsico ar gyfer y ffilm y mae rhai beirniaid yn ei hystyried fel yr un waethaf a wnaeth y ddau gyda'i gilydd erioed: *Hammersmith is Out*. Roedd Richard yn chwarae dyn yn dioddef o salwch meddwl ac Elizabeth yn weinyddes benfelen. Peter Ustinov oedd y cyfarwyddwr, ac roedd y stori wedi'i seilio ar hanes Faust.

Methiant oedd y ffilm, ac ymddangosai i'w cynulleidfa fel petai'r Burtons yn gwneud ffilmiau ar gyfer arian yn unig, cyn symud ymlaen at y brosiect wan nesaf. Yn wir, y drychineb nesaf ar gynllun gwaith Richard oedd *The Battle of Sutjeska*, hanes Marshal Tito, unben Iwgoslafia, ond gan fod y sgript yn cynnwys 250 tudalen o Serbo-Croat, doedd ddim modd gwybod beth ydoedd.

Cynigiwyd y rhan i Richard am ei fod yn edrych yn debyg i Tito, yn enwedig yn ei berfformiad fel pennaeth y *commandos* yn *Where Eagles Dare*. Derbyniodd Richard ar sail y ffaith fod Tito yn ddyn mawr, ac yn un o arwyr yr Ail Ryfel Byd. Felly fe aeth y *Kalizma* i fôr yr Adriatic ac fe gyfarfu Richard ac Elizabeth â Tito a'i wraig. Cafodd Richard ei daro gan esmwythyd eu bywyd, a'i alw'n fwy moethus nag unrhywbeth roedd wedi'i weld o'r blaen. Ond yn fuan fe flinodd ar y peth, yn enwedig gan fod *protocol* yn golygu fod yn rhaid iddo ef siarad â Mrs Tito tra bod Elizabeth yn sgwrsio gyda'r Arlywydd. Fe welodd Richard ddigon i brofi'r hen ymadrodd *'power corrupts'* gan nodi'r awyrgylch o arswyd oedd o gwmpas Tito, ac fe brofodd eiliadau o ddigrifwch du hefyd. Tito (yn siarad yn Saesneg) yn dweud: *'I was very glad when my grandmother died'*; ac wrth i Elizabeth holi pam, Tito yn ateb, *'Because it meant she stopped beating me.'*

Roedd y ffilm ei hun wedi'i noddi gan lywodraeth Iwgoslafia, ond roedd y cynhyrchiad yn anrhefn llwyr. Roedd Richard yn synnu o ddeall fod yr actor roedd yn gweithio gydag ef fwyaf yn bwriadu siarad ei linellau yn Serbo-Croat, gan nad oedd yn medru'r Saesneg. Fe nododd yn ei ddyddiadur, *'We can, I think, write this film off before we start.'*

Roedd cyfarwyddwyr ac awduron yn mynd a dod ar *The Battle of Sutjeska*, ac fe redodd y cynhyrchiad allan o arian cyn cwblhau'r ffilmio. Felly fe aeth Richard ymlaen at ei brosiect nesaf – o un milwr comiwnyddol at un arall. Roedd Richard wedi derbyn y brif ran yn *The Assassination of Trotsky*, gyda Joseph Losey wrth y llyw. Yr oedd gan Richard barch mawr at Losey, er gwaethaf methiant llwyr *Boom*, ond yn anffodus roedd yntau wedi colli gafael ar ei dalent wrth droi at y botel. Unwaith eto trôdd prosiect a edrychai ar bapur mor deilwng ac uchelgeisiol yn ffars llwyr.

Fe lofruddiwyd Trotsky ym Mecsico, ond roedd sensoriaid Mecsico yn gofalu nad oedd dim byd annymunol yn y sgript – dywedir i'r golygfeydd orfod derbyn sêl bendith yr Arlywydd ei hun. Felly dim ond y golygfeydd allanol angenrheidiol a ffilmiwyd ym Mecsico, cyn cilio i Rufain lle'r oedd replica o dŷ Trotsky wedi'i godi ar gyfer y golygfeydd mewnol. Roedd y cyfarwyddwr yn ansicr o'i hunan, ac yn ychwanegu darnau estynedig o areithiau Trotsky i mewn i'r sgript – rhywbeth a oedd yn sicr o foddi'r ffilm o dan domen o eiriau. I goroni'r cyfan, roedd Richard unwaith eto yn actio gyda phobl nad oeddent yn medru Saesneg – mae'n nodi yn ei ddyddiadur iddo feddwl iddo gefnu ar y ffolineb hwnnw yn Iwgoslafia.

Roedd ymateb anffafriol i'r pump ffilm a saethwyd rhwng hydref 1970 a diwedd 1971 – *Villain, Milk Wood, Hammersmith, Sujetska* a

Trotsky. Roedd yn rhaid ailddybio'r lleisiau ar *Villain* ar gyfer y farchnad Americanaidd gan fod yr acenion *cockney* yn annealladwy yno; fe ofynnodd adolygiad yn y *New York Times, 'Whatever happened to Richard Burton?'*. Roedd *Milk Wood* yn ymgais deg i drosglwyddo delweddau Dylan Thomas i'r sgrîn, ond ni ellid ystyried y fenter yn ddewis masnachol da. Geiriau angharedig yn unig a welwyd am berfformiadau Richard ac Elizabeth yn *Hammersmith*. Lliniarwyd y feirniadaeth am *Sujetska* gan y ffaith na ryddhawyd y ffilm am flwyddyn arall a chan mai ond ychydig iawn o bobl a'i gwelodd.

Eto, nid oedd y rhes o ffilmiau sigledig wedi amharu'n ormodol ar boblogrwydd Richard. Ar ddiwedd 1971, roedd arolwg blynyddol gan y *Motion Picture Herald* o gynulleidfaoedd yn datgan mai Richard oedd yr actor mwyaf poblogaidd ym Mhrydain – uwchben Steve McQueen, Dustin Hoffman, Michael Caine ac Oliver Reed.

Ar ôl ymweliad ag America, er mwyn i Elizabeth edrych ar ôl ei mam sâl, y cam nesaf ar y daith rhyngwladol oedd Hwngari, lle cymerodd Richard ran *Bluebeard*. Y ffilm hon yw dewis Graham ar gyfer y teitl 'Ffilm waethaf Richard Burton'. Mae'n galw'r ffilm yn 'bornograffi', ond os felly, mae'n ymgais wan iawn ac yn fethiant hyd yn oed yn y maes hwnnw hefyd.

Yr un achlysur o'r cyfnod hwn sy'n cael sylw ym mhob llyfr am Richard yw'r parti mawr – neu, yn fwy cywir, y cyfres o bartïon mawr – i ddathlu pen-blwydd Elizabeth yn 40 oed. Mae'n haeddu cymaint o sylw am ei fod yn ddigwyddiad y tu hwnt o afradlon, gyda chymaint o dystion yn adrodd eu hatgofion a'u sylwadau, ac am ei fod yn nodi diwedd oes aur y Burtons. Ar ôl y strafagansa hon, doedd dim llawer ar ôl yn y briodas i ddiddanu'r cyhoedd – onibai fod pobl genfigenus yn mwynhau gwylio'u bywydau yn chwalu'n ddarnau.

Dechreuodd y dathlu i'r teulu o Gymru gyda *limousines* yn eu cludo i ddal y trên yn Aberafan, a *limousines* o Paddington i'r Dorchester am noson, cyn teithio ar jet Trident, 150 o seddi, oedd wedi'i llogi'n arbennig i gludo gwesteion i'r parti. Er mai bwriad yr achlysur oedd dathlu pen-blwydd Elizabeth, mae'n ymddangos fod y Cymry'n chwerthin ac yn canu'n uwch na'r gweddill. Mewn gwirionedd roedd 'na bedwar parti – *cocktails* wrth gyrraedd, y dathliad mawr, parti dros frecwast hwyr fore trannoeth a pharti ffarwel yn yr hwyr. Cynhaliwyd y prif barti mewn ystafell a oedd wedi'i haddurno fel selar – roedd yn rhaid i Richard egluro i Ciss na ddylid glanhau'r gwe pryf cop, gan eu bod wedi'u rhoi yno'n arbennig. Anrheg Richard i Elizabeth oedd diamwnt lliw lemwn, siâp calon, a fu unwaith ym meddiant y dyn a gododd y Taj Mahal, gyda'r arysgrifen: *Eternal Love till death.*

Pan feirniadwyd y cyfan fel gormodedd gwastraffus, fe gyhoeddodd Richard ac Elizabeth y byddent yn rhoi swm o arian yn cyfateb i werth y gemwaith i un elusen, a gwerth cost y partïon i elusen arall.

Ryw bythefnos wedi'r parti, fe ddathlodd y ddau wythfed penblwydd eu priodas, ac fe nododd Richard yn ei lyfr nodiadau iddynt fod yn ffyddlon i'w gilydd – rhinwedd ddigon prin yn eu busnes nhw. A ddylid credu'r datganiad hwn? Dylem gofio fod Richard wedi ystyried ei fod yn ffyddlon i Sybil: er gwaethaf ei gyfathrach rywiol gyda channoedd o ferched eraill, yr oedd yn ffyddlon iddi yn ei feddwl. Ond, ar y llaw arall, dyn bas, gwan sy'n dweud celwydd wrth ei ddyddiadur ei hun. Felly fe all y darllenydd gymryd gair Richard: er gwaethaf pob temtasiwn, roedd yn ffyddlon i'w wraig.

Ond yn fuan wedyn, diflannodd y llawenydd, yr optimistiaeth a'r hyder. Bu farw Ifor ar 21 Mawrth. Pan glywodd Richard y newyddion, chwalwyd ei fyd yn ddarnau. Ni allai wneud dim ond yfed yn ddi-baid ac Elizabeth a drefnodd yr angladd yn Lloegr. Peidiodd Richard ag ysgrifennu gair yn ei lyfr nodiadau am wyth mlynedd, ac aeth y cynllun i dreulio tymor yn dysgu yn Rhydychen i'r gwellt hefyd. Diflanodd yr hen *joie de vive*, a fu ar drai ers tipyn ac yn ei lle daeth y *Timor Mortis*. Unig arf Richard rhag ei bruddglwyf oedd y botel.

ATYNIAD Y DIBYN

PAN ddychwelodd Richard i set *Bluebeard*, roedd y cyfarwyddwr, Edward Dmytryk yn synnu at y newid ynddo. Roedd ei alar a'i euogrwydd yn amlwg yn ei wyneb. Roedd y cyfuniad o iselder ysbryd a'r ddiod yn dihuno cythreuliaid ynddo, a gollyngodd y rhain yn rhydd ar ei wraig. Gwelodd y cyfarwyddwr ef yn cael ei gario o'r Rolls Royce i'w ystafell wisgo ac i'r set, a dim ond ymdrechion dau gynorthwy-ydd a'i cadwai'n unionsyth. Weithiau âi Richard i'w waith gyda *vodka* a sudd oren yn ei law – doedd Dmytryk erioed wedi gweld actor yn dechrau yfed mor gynnar. Er gwaetha'i addewidion i'r plant, a oedd yn ei weld yn ei ladd ei hunan o flaen eu llygaid, fe barhaodd Richard i leddfu ei gythreuliaid trwy geisio eu boddi.

Ac yn y cyfnod tywyll yma, roedd nwydau eraill i'w bodloni. Ac yntau'n feddw yn actio gyda merched prydferth noeth, fe anghofiodd yn llwyr am y chweched gorchymyn. Anghofiodd hefyd am ysbïwyr ei wraig. Ar un achlysur pan oedd Elizabeth yn ystyried fod Richard yn gor-wneud un olygfa gyda Nathalie Delon, hedfanodd hithau i Rufain i gael cinio cyfeillgar gyda Aristotle Onassis. Am bump o'r gloch y bore, mae'n debyg i Elizabeth ffonio ei gŵr yn Budapest a gweiddi: *'Get that woman out of my bed!'*.

Mae cyfweliadau o'r cyfnod hwn yn dangos fod Richard wedi'i ddadrithio gan fywyd yn gyffredinol a chan actio'n benodol. Daeth y syniad unwaith eto am roi'r gorau i'r syrcas actio er mwyn treulio mwy o amser fel cymrawd anrhydeddus yn Rhydychen, neu am roi ei enw ymlaen i gymryd gofal am y Theatr Genedlaethol pan fyddai Olivier yn ymddeol.

Ond i'r gwrthwyneb, yr hyn a wnaeth oedd ymddangos mewn mwy o ffilmiau gwan. Tua diwedd 1972, fe wireddwyd ei addewid i wneud rhywbeth ar gyfer Teledu Harlech. Roedd John Osborne wedi ei wahodd i ysgrifennu sgript ffilm i'r sianel gyda Richard ac Elizabeth yn chwarae'r prif rannau. Eu hawgrym hwy oedd ei fod yn ysgrifennu hanes dirywiad priodas a'i leoli naill ai yn Ne Ffrainc neu ym Mecsico

– dau leoliad cyfleus iddynt hwy gyda ffilmio'n bosibl gerllaw'r *Kalizma* neu eu tŷ yn Puerta Vallarta. Ond fe anwybyddodd Osborne yr awgrym hwn ac fe ddaeth y sgript â'r stori wedi'i lleoli ym Mhrydain. Felly, fe gymerodd awdur arall y syniad a'i weithio i mewn i ddau sgript a oedd yn adrodd hanes ysgariad o'r ddau safbwynt – *Divorce His* a *Divorce Hers* – â'r stori'n cael cefndir Eidalaidd.

Dywedodd y cyfarwyddwr mai'r cynhyrchiad oedd y profiad gwaethaf yn ei fywyd. Roedd Waris Hussein yn gyfarwyddwr ifanc a chanddo enw da, ond roedd yn amlwg ei fod allan o'i ddyfnder wrth orfod ymdopi â gofynion gormodol y Burtons gyda'i gilydd. Roedd ffilm flaenorol Elizabeth wedi gor-redeg tair wythnos, a golyga'i hyn fod yn rhaid iddi adael Prydain yn syth neu wynebu bil enfawr gan ddyn y dreth. Felly, roedd yn rhaid rhoi'r gorau i'r cynllun gwreiddiol o ffilmio mewn stiwdio ym Mryste, a threfnu stiwdio addas ym Munich.

Dechreuodd y saethu gydag wythnos yn Rhufain, lle lleolwyd y stori ar ei newydd wedd, i ffilmio golygfeydd allanol Richard. Cofia'r cyfarwyddwr i bopeth fynd yn esmwyth nes i Elizabeth gyrraedd ddau ddiwrnod yn gynt na'r disgwyl. Yr effaith gyntaf oedd dinistrio'r distawrwydd ar y set, wrth i lu o *papparazzi* a thorfeydd chwilfrydig gyrraedd gyda hi. Yr ail effaith, ac efallai'r un mwyaf trist, oedd i Richard droi am gysur at y botel. Felly pan dawelodd pethau ddigon i ailddechrau ar y ffilmio – golygfa syml o Richard yn cerdded i lawr y stryd – ni allai gerdded yn syth.

O hyn ymlaen, dengys y dystiolaeth fod y ddau yn gweithredu'n lletchwith ac yn amhroffesiynol, a'u bod yn cydweithio'n wael – yn broffesiynol ac ar lefel bersonol. Mae'r cyfarwyddwr yn adrodd hanes cinio iddo ei gael gyda'r ddau, pan fuont yn cecru a thaflu ensyniadau gwawdlyd at ei gilydd. Tyst arall i'r anhapusrwydd oedd Graham, a ymunodd â'i frawd ar gyfer ei ben-blwydd yn 47 oed. Dywed Graham i Richard orffen cyfnod 'sych' drwy lyncu llond gwydr o gwrw, ac wedyn taro'i ddwrn ar y bwrdd gan floeddio am *champagne.* Gadawodd Elizabeth y ddau frawd a'r botel o *Dom Perignon*, ac fe droes y sgwrs rhwng y ddau yn gystadleuaeth gweiddi gwawdiau, yn y Gymraeg a'r Saesneg. Ysgrifennodd Richard lythyr i ymddiheuro i'w frawd fore trannoeth – a hynny, hefyd, yn y ddwy iaith.

Wrth gwrs, mae dwy ochr i bob stori, ac ni welai ymwelwyr eraill ond wynebau llawen a phâr hapus. Ymwelodd Victor Spinetti â'r set a mwynhau cinio godidog a straeon siriol yn llifo fel y gwin. Dywedodd y cynhyrchydd ar ran HTV fod y ddau'n ymddangos ar y set wedi paratoi'n drylwyr ac yn canolbwyntio'n broffesiynol ar eu gwaith.

Pan ddarlledwyd y gwaith ar deledu ym Mhrydain ac America fe dderbyniodd groeso brwdfrydig gan y papurau *tabloid*, a fwynhaodd y lleoliadau atyniadol a'r olwg a gawsant o fyd y cyfoethog. Cafwyd adolygiadau gwael gan ohebwyr difrifol a feirniadodd y sgript ddiflas a'r perfformiadau prennaidd. Ceisiodd y *Western Mail* roi'r bai ar eraill yn hytrach nag ar Richard ac Elizabeth, ond roedd *Divorce His, Divorce Hers* yn deillio o'u hawgrym hwy, a phetasai'r ffilm wedi bod yn llwyddiant, hwy fyddai'n derbyn y clod. Mae'n rhaid iddynt hwy gymryd y bai am fethiant y prosiect.

Rhufain unwaith eto oedd y lleoliad ar gyfer y prosiect nesaf: Richard yn chwarae swyddog y Natsïaid yn *Massacre in Rome*. Seiliwyd y ffilm ar stori wir, sef dienyddiad gwystlon Eidalaidd i ddial am weithredoedd y *Resistance*. Ni fu'r ffilm yn llwyddiant, gyda'r beirniaid na'r cyhoedd. Mae'r sgript yn or-llenyddol, yn llawn areithiau hir athronyddol ar natur dynoliaeth, ond mae'r ffilm yn cadw'r tensiwn i fynd ac yn dal diddordeb y gwylwyr. Mae gan Richard y swyddogaeth anodd o bortreadu cyrnol yr SS fel dyn llawn cydymdeimlad, ac mae'n llwyddo y rhan fwya o'r amser i'w wneud yn greadur dynol wrth gyfleu tyndra mewnol milwr sy'n cael ei wthio i ddilyn gorchmynion dieflig.

Wedi gorffen y ffilm hon, ym mis Mai roedd Richard yn segur yn Cortina, tra bod Elizabeth yn gwneud ffilm yr oedd yntau yn ei chasáu yn agored – *Ash Wednesday*. Iddo ef, oedd hon yn ddim ond stori am bobl gyfoethog ddiog, y bobl waethaf oll yn ei farn ef. Roedd rheswm arall yn cyfrif am ei anesmwythyd: dyma'r tro cyntaf iddo ef fod yn segur tra bod Elizabeth yn gweithio. Fe freuddwydiodd am gynlluniau uchelgeisiol – er enghraifft, ffilm am *Don Quixote* unwaith eto. Ond y cyfan a wnaeth oedd yfed ei hun i iselder ysbryd.

Erbyn i Elizabeth orffen y ffilm, roedd y brwydrau priodasol wedi cyrraedd uchafbwynt, yn gasach ac yn gryfach nag o'r blaen. Pan geisiodd Elizabeth dra-arglwyddiaethu arno, fe droes yntau'n lletchwith tuag ati. Roedd y briodas wedi dechrau chwalu'n ddarnau pan hedfanodd Elizabeth o Cortina i Los Angeles, gan adael ei gŵr ar ôl. Mae'n siŵr ei bod hi'n disgwyl iddo ddilyn cyn gynted ag y codai o'i dymer ddu, ond ni wnaeth.

Pan deithiodd Richard i America, fe aeth i ben arall y wlad, gan ymneilltuo i fwthyn gwesteion yng nghartref ei gyfreithwr, Aaron

Frosch, ar Long Island. Tra oedd yno, ffoniodd Elizabeth ac erfyn arni i ddod ato. Fe gydsyniodd hithau, ond iddo gadw rhag y ddiod, ac fe gytunodd yntau. Ond pan gyfarfu'r ddau ym maes awyr Efrog Newydd, roedd yn amlwg ei fod wedi bod yn yfed drwy'r dydd. Fe wylltiodd hyn Elizabeth, ac erbyn i'r car gludo'r ddau i'r bwthyn, roedd yr aduniad ar ben. Gorchmynodd Richard i'w wraig adael, ac fe wylodd hi'r holl ffordd i westy'r *Regency* yn Manhattan.

Ar 4 Orffennaf, cyhoeddwyd datganiad gan Elizabeth, wedi'i ysgrifennu yn ei llaw ei hun ar bapur y gwesty, yn cadarnhau iddi wahanu oddi wrth ei gŵr. *'I am convinced it would be a good and constructive idea if Richard and I separated for a while.'* Roedd y datganiad yn rhyfedd o agored am ei theimladau, gan geisio edrych yn ddwfn i beth aeth o'i le â'u perthynas. Tybed a oeddent wedi caru'i gilydd *ormod*? Roeddent wedi bod ym mhocedi'i gilydd yn ddi-baid. Credai fod y pwysau yma wedi rhwystro *dros dro* eu gallu i gyfathrebu â'i gilydd. Yn bendifaddau, roedd y datganiad yn gri o'r galon, a'r bwriad oedd agor y ffordd ar gyfer aduniad parhaol rhyngddynt. *'I believe with all my heart that the separation will ultimately bring us back to where we should be – and that is together.'* Ei geiriau olaf oedd dymuniad ar i'w cefnogwyr ffyddlon ddymuno'n dda iddynt a gweddïo drostynt.

Creodd y datganiad benawdau mawr ledled y byd, a bu'n rhaid i'r golygyddion symud straeon am Nixon a Watergate o'r neilltu er mwyn creu lle ar gyfer y gwahanu.

Y bore trannoeth, roedd newyddiadurwyr yn aros wrth ddrws Richard yn Long Island. Roedd yntau wedi ei baratoi ei hun yn ei ffordd arferol – *vodka* a sudd oren – ond roedd yn dal i ymddangos yn ofnus pan wynebodd y wasg. Y neges a roddai oedd ei fod ef a'i wraig yn caru ei gilydd, ac wedi ymrwymo'n llwyr i'w gilydd. *'I don't even consider that Elizabeth and I are separated. It is just that our private and professional interests are keeping us apart.'* Ar y llaw arall, yr oedd yn cynnig cymhariaeth o ddau ddarn o ddeinameit yn cael eu taro yn erbyn ei gilydd yn ddi-baid – byddai ffrwydriad yn siŵr o ddigwydd rywbryd. Yn ogystal, fe wnaeth sylwadau anffafriol am Elizabeth yn gyhoeddus: 'Does gen i ond 24 awr y dydd. Mae Elizabeth yn chwilio drwy'r amser am drafferthion o ryw fath neu'i gilydd . . . ac mae'n disgwyl imi ollwng popeth arall i ddelio â'r trafferthion hyn. Alla'i ddim!'

Roedd datganiad Richard fod ymrwymiadau gwaith yn eu cadw ar wahân yn hollol wir yr adeg honno. Hedfanodd Richard i Moscow ar gyfer *première* The Battle of Sutjeska, lle dywedodd wrth y wasg rai o'r straeon am ei dlodi pan oedd yn grwt yn y meysydd glo, a'i fod yn gomiwnydd yn ei galon. Er i'r ffilm ennill gwobr ar gyfer y 'ffilm wrth-Ffasgaidd orau' yn yr Ŵyl Ffilmiau, roedd beirniaid gweddill y byd yn gweld y ffilm fel gwastraff amser. Oddi yno hedfanodd Richard i Rufain, i ffilmio *The Voyage* gyda Sophia Loren, a gynhyrchwyd gan ei gŵr, Carlo Ponti. Roedd hi wedi darparu encil tawel i Richard yn ei chartref hi ei hun, a chymerodd y cyfle i geisio meistroli ei ddibyniaeth ar alcohol. Ychwanegwyd meddyg at yr *entourage* i oruchwylio'r broses, ond ni pharhaodd yn hir. Doedd Richard ddim yn derbyn ei fod yn alcoholig: yn ei dyb ei hun, roedd yn meddwi o bryd i'w gilydd, a dyna'i gyd.

Ond gydag yfed Richard yn ymddangos o dan reolaeth, fe ddaeth cyfle am aduniad ag Elizabeth. Fe ddaeth hi i Rufain ar gyfer ei ffilm *The Driver's Seat*, ac er iddi logi *suite* yng ngwesty'r *Grand* fe dreuliodd ei hamser gyda Richard yn nhŷ Sophia Loren. Ond methiant fu'r ymgais ar ôl dim ond naw diwrnod: heb ddiod, roedd Richard yn anesmwyth, ac fe drôdd ar Elizabeth.

Felly, o'i hystafelloedd yn y *Grand*, fe roes Elizabeth gyfarwyddiadau i'w chyfreithiwr i ddechrau'r broses ysgariad yn y Swistir. Am y tro cyntaf, fe siaradodd Richard yn gyhoeddus am ysgariad. Yn fuan ymddangosodd rhywun i gysuro Elizabeth: gwerthwr ceir, yn wreiddiol o'r Iseldiroedd, a oedd wedi gwneud ei ffortiwn yn Los Angeles. Dywed Henry Wynberg mai cyd-ddigwyddiad oedd iddo ymddangos yn yr un gwesty ag Elizabeth: cytunai bron pawb arall mai cynllwyn ydoedd pan ddechreuodd ei hebrwng hi yn ystod ei chyfnod anodd. Ac yn wir yr oedd hi'n dioddef – roedd ar goll heb Richard ond yn methu byw gydag ef. Mae'n ymddangos fod Wynberg wedi gorfod dioddef llawer o'i chyfnodau blin a chynhyrfus.

Roedd cyfnod saethu *The Voyage* yn ddigon tymhestlog hefyd. Cafodd y cynhyrchiad llawer o oedi cyn diwedd y daith: salwch y cyfarwyddwr, anfodlonrwydd Marcello Mastroianni â'i drydydd safle ar y *bill*, sibrydion am berthynas Richard â Sophia Loren, dychweliad Richard at y botel, a dychweliad Richard at ei wraig.

Fe ddaeth yr aduniad rhwng y ddau wedi galwad ffôn gan Elizabeth o ysbyty yn Los Angeles ym mis Tachwedd 1973. Hwn oedd eu sgwrs gyntaf ers iddi ei adael yn Rhufain. Roedd am iddo ef

– ac ef yn unig – i fod wrth ei hochr cyn iddi gael llawdriniaeth ar syst ar yr ofari. Gyda chaniatâd y cynhyrchydd, fe hedfanodd Richard yn syth i Galiffornia. Roedd Wynberg wrth wely Elizabeth pan gyrhaeddodd yr ysbyty, ond cafwyd gwared ohono'n gyflym, a threuliodd Richard y noson mewn gwely wrth ochr Elizabeth.

Ddau ddiwrnod yn ddiweddarach, yn ôl ei addewid, fe ddychwelodd i'r Eidal i barhau gyda'i waith ar y ffilm. Yn fuan wedyn, ymunodd Elizabeth â Richard yn Naples, lle cwblhaodd y ffilm yn gymharol sobr. Cadarnhawyd y cymodi dros y Nadolig, pan dreuliodd y ddau y gwyliau gyda'i gilydd yn Gstaad, ac fe roddodd Richard ddiamwnt 39 carat i Elizabeth.

Ond wedi i'r ddau ddychwelyd i Puerto Vallarta ym mis Ionawr, fe ddychwelodd yr hen ddadlau ffyrnig, ac ailddechreuodd perthynas Richard â'r botel. Roedd ei brosiect nesaf, *The Klansman*, yn un arall o'i ffilmiau echrydus, ac roedd ei berfformiad oddi ar y camerâu yn ddychrynllyd hefyd. Roedd yn chwarae rôl gŵr bonheddig o dde'r Unol Daleithiau yn coleddu safbwynt gwleidyddol rhyddfrydol sy'n cael ei ddal yng nghanol trafferthion hiliol. Yn y brif ran arall, siryf sy'n ceisio cadw trefn, roedd *hell-raiser* arall, Lee Marvin. Hawdd dweud wrth edrych yn ôl fod y cyfuniad o'r ddau yfwr trwm yn un anffodus.

Roedd ymddygiad y ddau y tu hwnt o amhroffesiynol. Saethwyd y ffilm ar leoliad mewn tref fechan o'r enw Oroville yng ngogledd California. Dywedodd Marvin fod y lle yn ddigon i yrru unrhyw un at ddiod. Ymddangosodd Richard yn feddw ar y diwrnod cyntaf, ac arhosodd yn feddw trwy gydol y cynhyrchiad. Herciai ei gymeriad yn y ffilm ond nid act oedd hyn ond ôl y *sciatica* a'r *gout* a oedd yn ganlyniad i'w yfed.

Roedd y cyfnod hwn yn dynodi'r diwedd ar yr ymgais i gymodi ag Elizabeth. Roedd sawl peth wedi cyfrannu at chwalu'r briodas. Pan ymwelodd Elizabeth â lleoliad y ffilmio, darganfu fod Richard wedi prynu modrwy gwerth $450 i weinyddes leol 18 oed, a oedd, meddai ef, yn ei atgoffa o'i ferch ei hun. Roedd hefyd wedi prynu anrhegion i sawl actores yn y cynhyrchiad. Ond yr un a oedd wedi dal ei lygaid fwyaf oedd Jeanne Bell – y ferch ddu gyntaf i ymddangos ar dudalen ganol y cylchgrawn *Playboy*.

Erbyn i Elizabeth benderfynu mai digon oedd digon, a diflannu i ddiogelwch y *Beverly Hills Hotel*, roedd arferion yfed Richard a Marvin wedi mynd cynddrwg nes bod rhaid i'r cyfarwyddwr saethu'r rhan fwyaf o'r golygfeydd yn y bore, cyn bod ei sêr yn feddw gaib. Fe ddaeth fulturiaid y wasg i gofnodi dirywiad actor enwog a fu unwaith yn athrylith. Doedd dim rhaid i'r gohebwyr ofyn llawer o gwestiynau treiddgar, oherwydd roedd Richard yn agor ei galon gyda sylwadau dryslyd o dan anaesthetig y *vodka*. Roedd diod a Chymru yn bynciau y soniai amdanynt yn gyson: 'Roedd fy nhad yn yfwr, ac rydw i'n yfwr, ac mae Lee Marvin yn yfwr. Y lle rwy'n hoffi fwyaf yn yr holl fyd yw yn ôl yn fy mhentre yng Nghymru, i lawr yn y dafarn yn sefyll gyda'r glöwyr yn yfed peintiau ac adrodd straeon. Mae dyn yn yfed oherwydd fod bywyd yn fawr ac mae'n eich dallu. Mae ei grafangau arnoch o bob cyfeiriad drwy'r amser, ac mae'n rhaid i chi ei leddfu. Barddoniaeth a diod yw'r pethau gorau yn y byd. Heblaw merched. A hoffai unrhywun glywed barddoniaeth?'

Pan alwodd un gohebydd arno i ddweud rhywbeth am Gymru cafwyd un datganiad rhyfedd, swreal a phrydferth, sy'n werth ei ddyfynnu'n llawn:

> Well, in Wales we subsisted mostly on trout, which we poached from a stream. We would take an enormous grand piano down and place it on the bank, and then someone would play the Moonlight Sonata which, of course, makes trout rise to the surface. Then we would bash the buggers on the head with a banana. One Welshman became so stout on trout and bananas that when he died they couldn't get him out of his cottage to bury him.

Flynyddoedd wedi ei farwolaeth, dyfynnodd y *Wales on Sunday* y darn gwallgof hwn fel tystiolaeth o gymaint yr oedd wedi ymbellhau oddi wrth Gymru. Ond i'r gwrthwyneb, mae'n nodi pa mor fyw yn ei feddwl oedd ei lencyndod yng Nghymru. Yn ei gof, roedd Pont-rhyd-y-fen a Thai-bach yn byrlymu â chymeriadau unigryw, heb eu hail. Yr unig ffordd o gyfleu ei falchder diderfyn o'i wlad a'i phobl oedd gor-ddweud. Nid sarhâd ar y werin bobl oedd y dyfyniad, ond hiwmor direidus Richard yn mynegi ei hun.

Ar set y ffilm, roedd perfformiad ac ymddygiad Richard yn mynd o ddrwg i waeth. Dywedodd un o aelodau'r criw fod Richard yn cyflawni hunanladdiad, yn gorfforol ac yn broffesiynol. Ac Elizabeth yn bell i ffwrdd – dywed un adroddiad ei bod wedi hedfan i Hawaii – fe ddaeth llu o sibrydion amdano ef a rhai o ferched Oroville. Darganfu loches dros dro yng ngwely un o *extras* y ffilm, gwraig 33 oed â chanddi ŵr a thri o blant. Pan deithiodd Richard yn ei *limousine* gyda hi i Los Angeles, lle'r oedd i recordio'i lais ar gyfer albwm *The Little Prince*, fe ddilynodd ei gŵr dig yn ei *pick-up truck*. Wedi cyrraedd Los Angeles, fe ddanfonwyd y wraig yn ôl i Oroville yn syth.

Yn naturiol, roedd y ffilm ei hun yn fethiant llwyr. Mae'r adolygiadau yn wenwynig – mor wael bod rhaid chwerthin amdanynt. Dyma beth dywedodd *Variety*, prif bapur y diwydiant ffilmiau: 'The Klansman *is a perfect example of screen trash that almost invites derision. . . . Richard Burton's performance is as phoney as his southern accent. There's not a shred of quality, dignity, relevance or impact in this yahoo-orientated bunk.* Paramount *hasn't had its name on a fetid carcass like this in well over a year*'

Yn syth wedi'r diwrnod olaf o ffilmio, derbyniwyd Richard i Ysbyty Sant Ioan yn Santa Monica, Califfornia. Dywedodd ei ysgrifenyddes deyrngar, Valerie Douglas, ei fod wedi mynd i fewn oherwydd ei *'influenzal tracheobronchitis'*, ond doedd neb yn amau beth oedd y drafferth go iawn. Fe ddywedodd y doctoriaid wrth Richard y byddai'n marw mewn pythefnos onibai ei fod yn rhoi'r gorau i'r ddiod – ei ymateb oedd, 'Mae'n ddifyr eich bod chi'n meddwl y galla'i gael fy lladd mor hawdd'.

Ond roedd y profiad yn un anodd. Yn ôl ei dystiolaeth ei hun, roedd yn methu'n lan â chysgu.

Byddwn i'n mynd i gysgu am 45 munud, ac wedyn byddwn yn cael hunllef – yr un hunllef bob tro ac wedyn byddwn i ar ddihun eto. Roeddwn i'n breuddwydio am fy mrawd hîn Ifor a gafodd ei barlysu mewn damwain yn y Swistir yn 1968 ac a oedd yn methu symud nes iddo farw yn Llundain bedair blynedd yn ddiweddarach. Roeddwn i bob amser yn gweld Ifor yn fyw ac yn berffaith ffit yn fy mreuddwydion, ac yno yn yr ystafell gyda fi.

PERTHNASAU DROS DRO

TREULIODD Richard tua chwech wythnos yn yr ysbyty. Ffoniodd Elizabeth o bryd i'w gilydd (o'i lloches yn y *Beverly Hills Hotel*), ond deallodd Richard y byddai hi'n parhau gyda threfniadau'r ysgariad. Cyhoeddodd y wasg ar 25 Ebrill 1974, y byddai'r ysgariad yn digwydd yn y Swistir.

Cafodd Richard aduniad lletchwith gyda Susan Strasberg, a oedd â'i merch yn yr un ysbyty. Roedd yntau'n mynd am dro gyda chymorth dau gynorthwy-ydd, ei ddwylo yn ysgwyd, ei wyneb yn welw a chylchoedd duon o dan ei lygaid. Roedd y cyfarfod yn fyr ac yn anesmwyth gan nad oedd yntau'n ei hadnabod ar y cychwyn. Dim ond mân sgwrsio fu rhyngddynt.

Tua diwedd mis Mai, fe ddychwelodd Richard i Puerto Vallarta i geisio adfer ei iechyd: ar yr un pryd roedd Elizabeth a Wynberg yn hwylio ar fôr y Canoldir ar y *Kalizma*, ac yn mwynhau lletygarwch brenhinol y Tywysog Rainier a'r Dywysoges Grace yn Monaco.

Ymwelodd y cynhyrchydd a chyfarwyddwr ei brosiect nesaf â Richard yn Mecsico. Hanes Winston Churchill yn y blynyddoedd cyn yr Ail Ryfel Byd oedd *Walk with Destiny*. Nid oedd yr olwg arno yn argyhoeddi ei westeion y byddai'n gallu chwarae'r rhan, a phan benderfynodd Richard greu argraff arnynt trwy actio rhan o'r sgript, fe syrthiodd i gysgu ar ganol brawddeg.

Ar 26 Fehefin 1974, fe wnaethpwyd yr ysgariad yn derfynol. Nid oedd Richard yn bresennol yn y llys yn Saanen yn y Swistir, ac roedd tystysgrif meddygol yn egluro'i absenoldeb. Dywedodd Elizabeth wrth y barnwr fod y gwahaniaethau rhyngddynt yn anadferadwy. Felly, wedi deng mlynedd gythryblus, roedd priodas fwyaf cyhoeddus yr oes ar ben.

Y diwrnod canlynol roedd Richard yn Efrog Newydd, yn paratoi ar gyfer hwylio i Ewrop, yn ôl i *Le Pays de Galles* am fwy o adferiad. Tra oedd yn ymlacio yn Céligny, ymwelodd cyfarwyddwr ffilm deledu *Brief Encounter* – ailgread o glasur 1946. Roedd y cynhyrchiad eisoes wedi dechrau ffilmio yn Hampshire, ond roedd yr actor a oedd i gymryd y brif ran, Robert Shaw, wedi'i rwystro gan waith ychwanegol ar y ffilm *Jaws*. Sophia Loren oedd yn cymryd y brif ran fenywaidd, ac awgrymodd hi Richard fel eilydd. Er bod Richard yn gallu gweld nad oedd llawer o bwynt ailwneud rhywbeth a oedd wedi bod yn llwyddiant ysgubol y tro cyntaf, cytunodd i gymryd y rhan er mwyn helpu ei ffrind. Yn ogystal, roedd y cyflog o £200,000 yn atyniad, yn enwedig gan fod Elizabeth, yn dilyn ysgariad wedi cael y rhan fwyaf o'r eiddo yr oeddent wedi ei ddal ar y cyd.

Tra oedd ffilmio ar leoliad ger Winchester, roedd Richard yn cadw'n heini drwy reidio'i feic bob bore cyn brecwast. Dywedodd wrth y rhai a ddaeth i wneud cyfweliad ag ef ei fod yn cadw oddi ar y ddiod, ac yr oeddent i gyd yn nodi ei fod yn llawn egni a chynlluniau ar gyfer y dyfodol. Soniodd am ddychwelyd i'r llwyfan, efallai'n chwarae Falstaff yn y *National*, neu'n ail-greu Othello neu'n rhoi cynnig ar King Lear. Roedd yn sôn llawer am ei ran nesaf fel Churchill, *'a fascinating man'*, gan ddweud ei fod yn ymchwilio'n drylwyr i sicrhau dilysrwydd ei berfformiad. Mae'n amlwg fod gohebydd y *South Wales Echo* yn credu fod Richard yn ffynnu nawr ei fod wedi gwahanu ag Elizabeth: roedd yn fwy iach ac yn fwy miniog, ac yn gallu bod yn ef ei hunan. Ar y llaw arall, gofynnodd gohebydd y *Times* a oedd yn rhagweld aduniad ag Elizabeth ac atebodd Richard, *'I expect so. We are flesh of one flesh, bone of one bone!'*

Ond wedi i *Brief Encounter* ddod i ben, fe ddechreuodd Richard ar gyfathrach fer â'r Dywysoges Elizabeth o Iwgoslafia. Roedd hi'n hen gyfaill o'r dyddiau pan oedd y Burtons yn cymysgu â haenen uchaf cymdeithas. Y tro hwn cafodd Richard wahoddiad i hebrwng yr Elizabeth hon i de gyda Lady Clementine Churchill, a oedd yn hapus iawn mai ef fyddai'n chwarae rhan ei gŵr yn *Walk with Destiny*. Dair wythnos yn ddiweddarach, gadawodd Elizabeth ei gŵr (oedd yn fanciwr ac yn ymgeisydd seneddol Ceidwadol aflwyddiannus) i fyw gyda Richard. Cyhoeddodd y papurau ar 18 Hydref y byddai'r pâr yn priodi: *'I love her, I truly do. I love her so much, so deeply, it hurts.'* Roedd y stori yn haeddu lle ar dudalen flaen y *Times*, a lluniau ac erthygl hir ar dudalen flaen y *Western Mail*.

Mae'r cylchgrawn *People* ddechrau mis Tachwedd yn rhoi'r sylw blaenaf i'r stori, gyda llun mawr, ffafriol o Richard, a'r pennawd 'Richard Burton â'r dywysoges mae am ei phriodi.' Mae'r erthygl y tu mewn yn llawn o iaith Mills & Boon-aidd: 'Rwy'n credu taw hi yw'r creadur mwya' prydferth a welais erioed . . . Mae hi'n brydferth yn allanol, ond fe ymatebais i'w meddwl.' Gerllaw mae llun o Richard yn gwenu ar wraig gyffredin iawn yr golwg. Mae Elizabeth yn dweud ei fod wedi gofyn iddi ei briodi ar eu noson gyntaf allan: *'He kept on and on, and I said yes. It was as simple as that.'*

Felly, er gwaetha'r cyfweliadau positif hawdd gweld fod Richard yn ddryslyd iawn ei feddwl, yn ddyn ar goll. Pan oedd yn ffilmio *Walk with Destiny*, roedd Richard yn cael trafferth i gofio llinellau Churchill. Gan mai cynhyrchiad i'r teledu oedd hwn, nid ffilm, roedd yn rhaid i Richard gyflwyno golygfeydd cyfan heb doriadau, ac achosai hyn drafferth iddo hyd yn oed pan oedd yn sobr.

Ond ynghanol hyn oll, rhoddodd Richard un o'i berfformiadau mwyaf cofiadwy ar y sgrîn fach. Derbyniodd wahoddiad i ymddangos ar sioe siarad *Parkinson*, ac fe drefnodd y BBC i ffilmio'r cyfweliad yn y bore, rhag ofn y byddai Richard yn rhy feddw i gynnal sgwrs gall yn y prynhawn. A sigaret yn llosgi yn ei law drwy'r adeg, diddanodd Richard ei gynulleidfa â straeon am Gymru, am actio, am Hollywood, am ddiamwntiau ac am y pwysau o fod yn briod ag Elizabeth Taylor. Dynwaredodd Olivier, Lee Marvin a Dylan Thomas, ac fe arweiniodd hynny at sgwrs ddiddorol, ddofn am agosrwydd marwolaeth. Wrth sôn am y Cymry a'u tymer Celtaidd meddai: 'Credaf ein bod ni'n eithaf hoff o'r dibyn – symudwn tuag ato ac yna tynnu'n ôl, dros dro – ac weithiau awn dros yr ymyl.' Roedd ei yfed di-baid, felly, yn ymgais i agosáu at y dibyn, ar gyfnod pan oedd bywyd yn ormod o dreth iddo, ac yntau'n methu dygymod â phrydferthwch a chyfoeth y byd. Ond wedi cyrraedd yr ymyl a gweld yr arswyd – 'y goedwig ddu' – oedd ar yr ochr arall, penderfynai gilio'n ôl, a gwrthod marwolaeth.

Dywedodd Michael Parkinson na chyfarfu erioed â neb arall oedd yn gallu bod yn seren heb ymdrech. Soniodd hefyd am yr anghysonderau a oedd ynddo, a chafwyd enghraifft o hynny yn syth. Ddiwrnod ar ôl darlledu'r cyfweliad, a Richard yn adrodd ei stori am Churchill-a-Hamlet, ac yn gorffen drwy adrodd yr araith enwog am *'Blood, toil, tears and sweat'*, fe gyhoeddodd y *New York Times* erthygl gan Richard o dan y pennawd pendant *'To Play Churchill is to hate him.'* Roedd ei sylwadau yn cymharu Winston â Hitler, Stalin ac Attila. *'I realize afresh that I hate Churchill and all his kind. I hate them virulently. They stalked down the corridors of endless power all through history.'*

Roedd erthygl arall ar yr un trywydd gan Richard yn y cylchgrawn

TV Guide – '*The shock of his presence was like a blow under the heart.*' Fe gyhoeddwyd y ddau ddarn ychydig ddyddiau cyn i '*Walk with Destiny*' ymddangos ar deledu NBC ac, efallai fel canlyniad i'r cyhoeddusrwydd, cafodd y darllediad ffigurau gwylio arbennig. Roedd Richard yn Rhufain pan dorrodd y storm o enllib o'i gwmpas. Ymbellhaodd NBC a'r cwmni a oedd yn noddi'r cynhyrchiad oddi wrth sylwadau eu seren: danfonodd sawl un o'i ffrindiau delegramau i nodi eu hanfodlonrwydd. Cwynodd sawl aelod seneddol ar feinciau'r Ceidwadwyr, ac fe fychanodd y papurau ei amser gyda'r RAF, gan wneud sbort am ben ei gyfraniad i'r rhyfel.

Pan wynebodd Richard y newyddiadurwyr, dywedodd ei fod yn dal at bob gair yr oedd wedi'i ysgrifennu, ond fe gynigiodd ddau reswm amdanynt. Yn gyntaf, fe eglurodd iddo ysgrifennu'r erthygl pan oedd yn dynwared Winston ac felly yn uniaethu â'i gymeriad trahaus, ac wedi cymryd arno'i hun un o dymherau drwg y prif-weinidog. Yn ail, fe danlinellodd Richard ei fod yn fab i löwr o Gymro, ac fe honnodd fod Churchill yn casáu y glöwyr yn ddi-reswm. Felly yr oeddent yn elynion dosbarth. Yn wir, fe ychwanegodd Richard at y sarhad drwy or-ddweud am ymateb Churchill i derfysg Tonypandy: '*He ordered a few of us to be shot, you know . . .!*' Er bod ffeithiau Richard yn anghywir, mae'n glir mai gyda glöwyr de Cymru yr oedd ei gydymdeimlad.

Erbyn mis Rhagfyr roedd y berthynas â'r Dywysoges Elizabeth yn sigledig. Roedd eu 'cariad' yn methu delio a'i dymer, ei yfed – na chwaith perthynas Richard â'r *model* Jeanne Bell. Roedd y ddau wedi cadw mewn cysylltiad ers dyddiau hunllefus *The Klansman*, ac yn awr fe enciliodd Richard a hi i Céligny. Yno roedd hi (a thîm o ddoctoriaid) yn gymorth mawr i'w ymgais i dorri'i ddibyniaeth ar alcohol. Darparodd y doctoriaid dawelyddion a rhoes Jeanne y gefnogaeth angenrheidiol. Meddai hithau yn ddiweddarach, '*Richard put himself on the wagon. I assisted him. I suppose I gave him soul.*'

Dechreuodd Richard weithio ar ffilm *Jackpot* ym mis Chwefror 1975 – gan sicrhau rhan fechan i Jeanne. Ond nid oedd y cynhyrchiad ar sail ariannol cadarn, ac fe beidiodd y ffilmio yn weddol fuan. Wedi sawl oediad rhoddwyd y gorau yn llwyr i'r ffilm erbyn Gorffennaf, a bu'n rhaid i Richard a'i gyd-sêr erlyn cefnogwyr ariannol y ffilm am eu harian.

Wedi i Elizabeth Taylor glywed y newyddion fod dyweddïad Richard â'r Elizabeth arall wedi dod i ben, ailgysylltodd â'i chyn ŵr.

A Richard yn sobr fe ddaeth eu sgyrsiau yn fwy rheolaidd ac yn fwy cynnes. Cytunodd Elizabeth i gwrdd ag ef yn swyddfeydd y cyfreithwyr yn Geneva am gyfarfod busnes: cyn hir ailenynwyd y sbarc yn eu perthynas. Roedd y ddau yn awyddus i fyw gyda'i gilydd eto, cafodd Jeanne Bell a Henry Wynberg fynd, ac ym mis Awst roedd y cariad mawr wedi'i ailgynnau.

Daeth ail briodas yn bosibilrwydd yn fuan iawn. Ddiwedd mis Awst ymwelodd y ddau â Jeriwsalem, gyda sibrydion y byddent yn priodi yno. Fe godwyd trafferthion gan y si hwn, a'r awdurdodau yn Israel yn dweud y byddai'n rhaid iddo gofleidio'r ffydd Iddewig – 'rhywbeth sy'n anodd ei drefnu ar fyr rybudd.' Roedd cymaint o dorf o gwmpas y pâr wrth y *Wailing Wall* nes bod rhaid i'r heddlu ei hachub. Gadawsant Israel heb ail-briodi, ond ar eu taith i Affrica yn yr hydref rhoddodd Elizabeth bwysau ar Richard i roi cynnig arall i'w priodas. Y trobwynt oedd pryder byr-hoedlog am iechyd Elizabeth pan ofnwyd fod ganddi gancr yr ysgyfaint. Sibrydodd Richard farddoniaeth yn ei chlust, ac wedi i'r pryder fynd heibio, disgynnodd yntau ar ei liniau a gofyn iddi ei briodi.

Felly, ar 10 Hydref 1975, fe briododd Richard ac Elizabeth am yr eildro ar lannau afon Chobe ym mhentref anghysbell Kasane yn Botswana. Llywiwyd y gwasanaeth gan y Comisiynydd Ardal lleol, Ambrose Masalila. Mae pob adroddiad o'r achlysur yn nodi fod *hippopotamus* a *rhinoceros* yn dystion i'r briodas. Prynodd y priodfab fodrwy werth $1 miliwn i'w wraig yn Johannesburg, ond fe dorrwyd ar y mis mêl pan ddaliodd ef falaria. Hedfanodd y ddau yn ôl i Lundain i geisio gwellhâd.

O wybod pa mor aflwyddiannus oedd yr ail briodas, mae'n hawdd beirnadu'r cyfan fel camgymeriad amlwg. Ond nid oedd y papurau ar y pryd yn cymryd yr agwedd hon: i'r gwrthwyneb, roeddent yn credu y *dylai* Richard ac Elizabeth fod gyda'i gilydd, ac yn darogan diweddglo hapus i'w perthynas. Drannoeth y briodas dymunodd y *Times* bob lwc i'r pâr hapus mewn erthygl olygyddol, gan nodi fod eu stori dylwyth teg yn galw am i'r ddau fod gyda'i gilydd am byth.

Teithiodd y pâr i Gymru yn fuan ar ôl dychwelyd i Brydain. Yn ogystal ag ymweld â theulu Richard, roedd mab Elizabeth, Michael Wilding, yn byw yn Ystumtuen ger Aberystwyth gyda'i wraig a'u babi mewn beth alwodd y wasg yn '*hippy commune*': disgrifiad eitha teg, ond un a wylltiodd Elizabeth.

Wrth ymweld â Phont-rhyd-y-fen a'r cyffiniau, roedd digon o hiraethu am y gorffennol. 'Ydych chi'n siarad Cymraeg?' gofynnodd

Richard i ohebydd y *South Wales Evening Post*, gan egluro y byddai'n well ganddo fynegi ei deimladau am ei filltir sgwâr yn ei famiaith. 'Mae gan bob llathen o'r fan hon stori i mi'. Gan gyfeirio at yr afon, dywedodd iddo dyfu i fyny â sŵn y dŵr yn llifo yn ei glustiau. 'Pan na allaf gysgu mewn rhyw westy estron rwy'n troi'r tap ymlaen. Mae sŵn y dŵr yn fy atgoffa am adre, ac yn helpu i mi orffwys.' Mae'n sôn am ddychwelyd i Gymru i fyw: 'Mae gennyf gymaint o hiraeth ar adegau nes bod clywed acen Gymreig yn troi fy stumog yn ddŵr.'

I gyd-fynd â'r hiraeth amlwg, mae pryder marwolaeth yn treiddio drwy'r erthygl. Mae Richard yn dangos i'r gohebydd ble y dymunai'r ddau gael eu claddu, ym mynwent capel Jeriwsalem, nesaf at ei rieni. 'Pan ddaw fy amser, fe fydd yn angladd dymunol iawn. Bydd y tafarnwyr yn sefyll mewn llinell ar un ochr yr arch, a'r gweinidogion ar yr ochr arall!'

Er gwaetha'r sylwadau difrifol hyn, nododd y gohebydd fod y pâr yn chwerthin ac yn cofleidio'i gilydd, ac yn byrlymu â hapusrwydd. Pa rymoedd, felly, a barodd i'r briodas chwalu eto? Mae adroddiadau yn dangos i Richard ailddechrau yfed yn syth wedi'r briodas, a hynny wedi sawl mis yn sobr. Ond ni sonia'r adroddiadau am unrhyw beth yn debyg i'r ymddygiad gwarthus, hunanddinistriol a welwyd yn nyddiau olaf eu priodas gyntaf. Ffactor a oedd o leiaf cyn bwysiced â'i flys ef am y botel oedd ei hangen hi am y mwytho a'r cyffuriau a ddeuai gyda phob pryder am ei hiechyd. Roedd salwch Elizabeth yn ddiddiwedd ac yn flinedig iawn i Richard gan ei bod hi'n mynnu môr o sylw a mwythau gan ei gŵr.

Yn fuan ar ôl dychwelyd i Lundain, cafodd Elizabeth boenau yn ei chefn a'i gwddf. Blinodd Richard dreulio pob nos wrth ei gwely, ail-ddechreuodd y dadleuon ffyrnig ac fe gafodd Richard fwyfwy o drafferth i gadw oddi ar y botel.

O'r cyfnod tywyll hwn fe ddaw un stori sy'n dangos fod un o arferion ei blentyndod yn dal i ddylanwadu ar Richard pan oedd yn isel ei ysbryd. Roedd Gwen Jenkins, gweddw Ifor, yn aelod ffyddlon yn *Castle Street*, capel y Bedyddwyr Cymraeg yn Llundain. Mae'n debyg i Richard gynnig sawl gwaith dros y blynyddoedd i'w hebrwng i'r capel, ond i Gwen wrthod, a'i berswadio i beidio rhag ofn creu cynnwrf. Ond ar fore Sul ar ddiwedd 1975, pan oedd Elizabeth yn ysbyty'r Wellington a Richard yn sobr a hiraethus, cytunodd Gwen i adael iddo ddod gyda hi i'r capel.

Yn eistedd gyferbyn â'r ddau roedd gŵr o'r enw William Jones –
cymeriad yr oedd pawb yn ei adnabod fel Wil Chips oherwydd natur
ei fusnes yn Putney. Ar ddiwedd y cwrdd, yn ôl ei arfer, fe
groesawodd Wil yr ymwelydd newydd i'r capel, gan ofyn ei enw, o
ble roedd yn dod ac ati. Ar derfyn y sgwrs, gofynnodd rhywun i Wil a
wyddai â phwy y siaradai? 'Dyn o Aberafan o'r enw Richard,' oedd yr
ateb, 'boi ffein iawn, ddwedwn i'. Dywedwyd wrtho, 'Richard *Burton*
oedd e – y *film star*'. 'Jiw,' meddai Wil, 'roeddwn i'n meddwl fod ei
after-shave yn gwynto'n ddrud!'.

Fe ddaeth Elizabeth allan o'r ysbyty mewn pryd i'r ddau deithio i
Gstaad ar gyfer y Nadolig. Yno fe fwynhaodd Richard y cyfle i sgïo
yng nghwmni Brook Williams. Ar y llifftiau un diwrnod fe welodd
Richard ferch benfelen hynod o bert. Disgrifiodd hi fel 'creadur
prydferth tua naw trodfedd o uchder': *'She could stop a stampede.'*
Roedd Brook yn ei 'nabod ychydig: Suzy Hunt, 27 oed oedd hi, gynt
yn fodel, ac ynghanol cael ysgariad â'i gŵr, y rasiwr ceir James Hunt.
Fe ddaeth hi'n ymwelydd cyson i'r tŷ – ac fe siglwyd y briodas i'w
seiliau.

Ym mis Ionawr 1976, yn dilyn awgrym ei asiant newydd, fe
dderbyniodd Richard gynnig yr awdur Peter Shaffer i gymryd rhan y
seiciatrydd yn ei ddrama lwyddiannus ar Broadway, *Equus*. Roedd
Alec McCowen, Anthony Hopkins ac Anthony Perkins eisoes wedi
chwarae'r rhan gan ennill adolygiadau ffafriol: roedd yntau heb gamu
ar y llwyfan ers y cynhyrchiad elusennol o *Dr Faustus* yn Rhydychen,
ddegawd cyfan yn gynt. Hefyd yn y fantol roedd y rhan mewn ffilm y
bwriadwyd ei gwneud o'r ddrama. Nid oedd Richard yn ddewis
awtomatig ar gyfer y rhan, gyda sawl un yn cynghori'r cynhyrchwyr
yn erbyn ei gyflogi. Nid oedd wedi cwblhau ffilm ers 20 mis, a'r ffilm
honno oedd *The Klansman* – nid rhywbeth oedd yn argoeli'n dda ar
gyfer ei ddyfodol mewn ffilmiau. Gydag enwau fel Marlon Brando a
Jack Nicholson yn cael eu hawgrymu i chwarae'r seiciatrydd, roedd
yn rhaid i Richard wneud llwyddiant o'r rhan ar y llwyfan.

Yn ystod yr ymarferion, Suzy Hunt oedd ei ddewis i gadw cwmni
iddo. Ymateb dryslyd Elizabeth oedd treulio ei hamser gyda swyddog
hysbysebion 37 oed o'r enw Peter Darmanin, dyn a gyfarfu mewn
disco. Ond pan alwodd Richard hi draw i Efrog Newydd, fe adawodd
hi Darmanin a rhuthro dros yr Iwerydd at ei gŵr, dim ond i gael ei
synnu gan gais Richard am ysgariad – un arall. Roedd ef wedi blino
ar eu priodas a'r daith *rollercoaster* a oedd yn chwarae ar ei

emosiynau. Er y byddai'n dal i werthfawrogi ei wraig gan sôn amdani
â geiriau caredig a chanmol yr atgofion melys, yr adeg honno yr oedd
eisiau priodi Susan.

Y DA A'R DIEFLIG

YM mis Chwefror 1976, fe droediodd Richard eto ar lwyfan Broadway. Roedd yr her yn un sylweddol: gan fod actorion galluog eraill eisoes wedi llwyddo yn rôl Dr Martin Dysart, byddai wedi bod yn hawdd i'r beirniaid ymosod yn llym ar unrhyw wendidau. Ac fe gofia ei gyfaill David Rowe-Beddoe fod Richard yn crynu yn ei esgidiau:

> Roeddwn i yn Efrog Newydd pan oedd *Equus* yn chwarae, ac roedd yn brofiad gwir ddiddorol i Richard oherwydd yr oedd yn ôl ar y llwyfan o ddifri am y tro cyntaf ers cymaint o flynyddoedd. Ac roedd e mor nerfus – fyddech chi ddim yn dychmygu y gallai rhywun mor dalentog fod mor nerfus! Ac eto mae'n dangos rhywbeth arbennig, sef gostyngeiddrwydd y gwir artist. Gallech feddwl ei fod yn mynd am ei glyweliad cyntaf.

Cofia Richard y cyffro a'r ofn a deimlai pan gamodd i esgidiau'r seiciatrydd yn ddirybudd mewn perfformiad *matinée*. Dywed iddo grynu wrth glywed y cyhoeddiad i'r gynulleidfa, a'r ochenaid o siom pan ddywedwyd nad Anthony Perkins fyddai'n chwarae'r brif ran y prynhawn hwnnw. Wedyn, *'The part of Martin Dysart will be played by Richard Burton.'* Safodd y gynulleidfa'n unfryd a bloeddio'i chymeradwyaeth.

Roedd y beirniaid hefyd yn unfryd yn eu canmoliaeth. Credai rhai y byddai hyn yn dynodi dechrau rhyw oes aur. Yr adolygiad a hoffai Richard fwyaf oedd yr un a oedd yn ei alw *'the most promising middle-aged English-speaking actor of his time'*!

Fe alwod yr actor oedd wedi sefydlu'r rhan ar *Broadway*, Anthony Hopkins, a sgwrsio am hanner awr. Bron chwarter canrif yn gynharach fe gafodd y llanc o Dai-bach ei ysbrydoli gan Richard i ddilyn ei lwybr. Rhyfedd yw nodi mai dim ond yr ail dro – a'r olaf oedd hwn iddynt gwrdd. Am eu hail gyfarfod, dywedodd Anthony, 'Fel pob un arall, fe gês i fy swyno ganddo.'

Mae tebygrwydd cryf rhwng llawer o agweddau yng ngyrfaoedd y ddau – mwy o lawer na'r cynefin a oedd yn gyffredin iddynt. Roedd y ddau yn cael cyfnodau pruddglwyfus, ac roedd gan y ddau dymer tanllyd a pherthynas ddinistriol â'r botel. Erbyn haf 1976 roedd Anthony wedi cydnabod ei alcoholiaeth, ac felly wedi'i feistrioli; nid oedd Richard yn cydnabod ei fod yn sâl, ac felly, er bod y ddiod o dan reolaeth yr adeg honno, byddai cyfnodau pan fyddai'r botel yn drech nag ef. Roedd tebygrwydd hefyd yn y rhannau yr oeddent yn eu cymryd, a'r ddau yn disgleirio wrth bortreadu dynion cryf, tywysogion craff neu filwyr gwrol. Roedd Anthony ar ei ffordd i'r Iseldiroedd i chwarae'r arwr Lt-Col John Frost yn *A Bridge Too Far*. Petasai'r ffilm wedi'i gwneud ddegawd yn gynt, fyddai neb gwell na Richard i gymryd y rhan.

Trwy gydol ei yrfa gynnar, cymharwyd Anthony â'i gyd-Gymro gan lu o ohebwyr. Bu sawl un ym myd y theatr, gan gynnwys Olivier ei hun, yn poeni colli Anthony i atyniadau Hollywood a 'gwastraffu' ei dalent, yn union fel y gwelsent Richard yn ei wneud. Felly, gallwn ystyried Richard nid yn unig fel ysbrydoliaeth i Anthony, ond hefyd yn achlysurol fel enghraifft o sut i *beidio* â gwneud pethau.

Roedd *Equus* Richard yn llwyddiant am ei rhediad o 12 wythnos, a chafodd estyniad o bythefnos. Roedd y theatr yn llawn, a'r gynulleidfa ar ei thraed bob nos yn bloeddio'i chymeradwyaeth. Rhoddwyd gwobr *Tony* arbennig iddo â'r arysgrifen *'Welcome back to Broadway'*. Sicrhaodd Richard y rôl yn y ffilm o *Equus*, a thua'r un amser fe ddechreuodd drafod y posibilrwydd o chwarae King Lear. Datblygwyd y cynllun o berfformio'r ddrama ar lwyfan y *National Theatre* ac wedyn ar *Broadway*, gyda'r un cyfarwyddwr ag *Equus*, John Dexter, a'r un cynhyrchydd â'i berfformiad o *Hamlet*, Alexander Cohen. Ond er y cynllunio manwl, ni ddaeth ddim ohono.

Wedi cwblhau'r rhediad llwyddiannus o *Equus*, fe aeth Richard a Susan i ynys Haiti ar eu gwyliau ac i geisio sicrhau ysgariad cyflym iddo. Rhoddodd papur newydd yr ynys lawer o sylw i'r ddau, gan roi adroddiad o'u hymweliad â'r arlywydd 'Baby Doc' Duvalier yn ei balas godidog. Roedd hyn yn dro ar fyd, ddegawd ar ôl i Richard ymddangos yn y ffilm *The Comedians* a oedd yn gondemniad pendant o reolaeth yr unben creulon 'Papa Doc'. Bellach, roedd Richard yn cymdeithasu â'i fab, ac fe brynodd dy gyda stâd o 30 erw ar yr ynys.

Cafwyd cymhlethdodau gyda'r ysgariad, nes i Richard ac Elizabeth ddod i gytundeb – ar ei thelerau hi. Cadwodd hithau y tŷ yn Puerto

Vallarta, y *Kalizma*, y gemwaith, a'r darluniau. Daliodd Richard ei afael ar ei dŷ yn Céligny a'i lyfrau. Yn y cyfamser, fe drefnodd Susan ei hysgariad hi â James Hunt.

Tra oedd y llysoedd yn mynd trwy'r gwaith papur, fe dorrodd y newyddion fod Stanley Baker (Syr Stanley, ers i'r frenhines ei urddo fis yn gynharach) wedi marw. Pan glywodd Richard am farwolaeth ei gyfaill annwyl, ysgrifennodd ysgrif goffa a gyhoeddwyd yn yr *Observer* a'r *Western Mail*: *'Lament for a Dead Welshman'*. Mae'r frawddeg gyntaf yn gosod sylfaen i'r darn, gan ddanfon ias ar hyd yr asgwrn cefn: *'There are so few of us, and God knows we can't afford to give many of us away . . .'* Mae'r cyfan yn rymus tu hwnt, yn arw ac yn llawn angerdd. Mae'n boenus yn ei onestrwydd, ac achosodd hyn loes i weddw Stanley a thynnu sylwadau beirniadol gan ddarllenwyr hunangyfiawn a gredai y dylai ysgrif goffa briodol fod yn folawd canmoliaethus. Efallai i'r rhain golli rhywbeth. Roedd cyfaill annwyl Richard wedi marw – ei gydwladwr, ei frawd, ei ddwbl, ei gyfoeswr. Ac wrth gofio'i gyfaill, roedd Richard yn cofio sawl un arall o dde Cymru a oedd yn ei fedd – mae'n cyfeirio at ei frawd Ifor ac yn enwi Dylan Thomas – ac yn ymwybodol y byddai ef hefyd yn marw. Mae llawer o'r tristwch yn y darn yn debyg i hunandosturi – *Timor mortis*, unwaith eto. Ond, gan ddilyn llwybr Dylan, mae'r cyfan yn llawn dicter. Mae Richard yn ddig wrth yr amgylchiadau yr oedd yn rhaid i löwyr Cymru eu dioddef; yn ddig wrth y rhwystrau yr oedd yn rhaid i Stanley (ac yntau) eu goresgyn; yn ddig wrth Dduw am gymryd ei ffrind. Mae'n dangos dicter fod ei ffrind wedi marw a'i fod e'n dal yn fyw; dicter am ddifaterwch ei fywyd moethus; dicter oherwydd y byddai'n rhaid iddo yntau farw ryw ddydd.

Ni chomisiynodd neb y darn: Richard a'i cynigodd i'r papurau newydd. Dim ond un cyfeiriad sydd yn y darn at yrfa Stanley, sy'n awgrymu difaterwch Richard at broffesiwn yr actiwr. Er gwaetha'i ddisgrifiad plaen o Stanley fel dyn diddiwylliant – disgrifiad a berodd loes i'w weddw – brithir yr ysgrif â chyfeiriadau at ei wybodaeth a'i ddeallusrwydd. Hawliodd y darn ei le yn netholiad y *Western Mail* o'r erthyglau gorau yng nghan mlynedd cyntaf y papur.

O'r diwedd cyhoeddwyd yr ysgariad rhwng Richard ac Elizabeth ar ynys Haiti ar 1 Awst 1976, a phriododd yntau â Susan 20 niwrnod yn ddiweddarach yn Arlington, Virginia. Yn y cyfamser, prin fod angen dweud fod enw Elizabeth wedi bod yn amlwg yn y papurau, wrth iddi gymryd wythnos o wyliau gyda Henry Wynberg a rhannu ei thŷ ag ef ar eu dychweliad, a mynychu gweithgareddau cymdeithasol yn Los Angeles ac Efrog Newydd yn ei gwmni. Ond pan aeth hi i ginio a roddwyd gan y Frenhines Elizabeth i'r Arlywydd yn Washington, fe gafodd ei hebrwng gan John Warner, gŵr a chanddo uchelgais gwleidyddol. Fe ddaeth y ddau yn gariadon, a gyda'i chymorth hithau fe enillodd sedd yn y senedd a dod yn 'Seneddwr Warner'. Roedd y ddau yn briod cyn diwedd y flwyddyn.

Yr un mis â'i briodas â Suzy, fe ddechreuodd Richard ar fenter arall yn ei gatalog personol o ffilmiau. Torasai *The Exorcist* dir newydd a recordiau di-ri, drwy fod y drydedd ffilm fwyaf llwyddiannus (yn ariannol) hyd hynny. Roedd ail ffilm yn anochel, a gyda chyfarwyddwr uchel ei barch – John Boorman – wrth y llyw, roedd Richard yn chwarae rhan offeiriad sy'n ymchwilio i'r hyn a ddigwyddodd i'r offeiriad a frwydrodd â'r cythreuliaid yn y ffilm gyntaf.

Roedd y prosiect yn un trychinebus o'r dechrau. Roedd y stori ei hun yn nonsens, perfformiad Richard dros ben llestri, wrth iddo adrodd ei linellau ofnadwy fel barddoniaeth syfrdanol, ac nid oedd gan y cyfarwyddwr syniad sut i orffen y cawdel. Ffilmiwyd deg diweddglo gwahanol: cafodd y ffilm ei rhyddhau mewn pedair fersiwn gwahanol. Dywedodd gwraig newydd Richard wrtho: *'You must never do anything like that again, not even to get a million dollars.'*

Yr unig beth da oedd y ffaith bod Richard yn cadw'i yfed o dan reolaeth. Parhaodd hyn trwy ffilm *Equus,* a ffilmiwyd yn Toronto. Er y credai rhai fod sgript Peter Shaffer – awdur y ddrama – yn amleiriog, roedd perfformiad Richard yn gampwaith. Roedd yn arwydd da fod Richard yn agos at ei orau gan iddo allu ffilmio'r wyth prif ymson mewn un diwrnod. Haeddodd Richard ei enwebiad ar gyfer Oscar, fel Shaffer ar gyfer y sgript gorau a Peter Firth fel yr actor cynorthwyol gorau. Gwaetha'r modd ni ddaeth dim o enwebiad Richard – fel ei chwech enwebiad cynt – na'r ddau arall o'r ffilm. Enillodd Richard *Golden Globe* am ei bortread i ychwanegu at y tri oedd ganddo eisoes ond nid yw cof y werin ond yn cyfrif Oscars.

Enillydd y cerflun bach aur oedd Richard Dreyfuss am ei berfformiad yn y ffilm *'The Goodbye Girl'*. Nid yw'r ffilm na'r perfformiad yn aros yn y cof, ond dichon y gwobrwywyd Dreyfuss am ei gyfraniad i'r ffilm *'Jaws'* flwyddyn yn gynt – ffilm a enillodd fôr o arian yn y sinemâu, ond dim Oscars i'r actorion.

Hwn oedd cyfle olaf Richard i ennill prif wobr y sgrîn fawr. Cynigir amryw o resymau neu esgusodion dros fethiant Richard i ennill y cerflun bach aur: ei ragfarn yn erbyn bywyd Hollywood a'i anfodlonrwydd i chwarae'r gêm yn ôl rheolau'r stiwdios; y ffaith ei fod wedi pechu yn erbyn nifer o wŷr yn ei ddydd; ei ddatganiadau am actio ar y sgrîn a oedd yn dangos pa mor israddol yr ystyriai'r grefft. O bosibl hefyd, roedd rhywbeth arall yn cyfrif wrth ddewis yr Oscars yng ngwanwyn 1977: roedd yr ymateb gwael i *Exorcist II* yn parhau'n ffres ym meddyliau aelodau'r Academi wrth bleidleisio. Roedd y ffilm hon mor affwysol o wael nes iddi ennill gwobr y *Golden Turkey* gan enwi Richard fel yr actor gwaethaf erioed.

Un sylw arall am y ddwy ffilm a wnaeth yn 1976, sy'n tanseilio llawer o'r hyn a ddywedwyd uchod: enillodd *Exorcist II* lawer mwy o arian yn y sinemâu nag *Equus*. Gan mai arian sydd fel arfer â'r dylanwad uchaf yn y byd hwn, efallai ei bod hi'n anochel na fyddai Richard yn ennill yr Oscar yr oedd ei berfformiad yn ei haeddu.

Y CYLCH YN TROI

DDIWEDD 1976 dychwelodd Richard i Lundain, yn ôl at y BBC lle recordiodd y sylwebaeth ar gyfer hanes coron Lloegr, *Vivat Rex* am gyflog o £4,000 am ddau ddiwrnod o waith.

Daeth â'i briodferch yn ôl i Gymru ychydig cyn y Nadolig, a'r papurau newydd yn nodi mai hwn oedd yr eildro mewn 13 mis iddo fod ar ei fis mêl ym Mhont-rhyd-y-fen. Yn ogystal â'r teulu, roedd hwn yn gyfle iddo gael aduniad â ffrindiau o'r gorffennol, fel ei hen gyfaill o'r ysgol ramadeg, Susan Preece:

> Roeddwn i'n gweithio yn yr ysgol Gymraeg ym Mhont-rhyd-y-fen a chlywes i fod Rich lawr gyda'i wraig newydd, Suzy Hunt – wedi dod i ymweld â Hilda. Felly es i draw, a phan es i mewn i'r tŷ roedd llond tŷ o ddynion eisiau siarad â Rich ond dwedodd Hilda wrtha'i i aros oherwydd byddai Rich eisiau fy ngweld i. Yn wir, pan ddaeth e i fewn wedyn roedd yn falch i weld fi, a gofyn sut oedd pethau'n mynd, a gofyn shwd oedd Mam – oedd Mam yn dwli arno fe. Dwedes i wrth Hilda, 'Dere pishyn o bapur i Rich ysgrifennu arno fe i fi gael dangos i Mam fy mod i wedi bod yn siarad â fe.' A dyma hi'n mynd i'r cwbwrt a tynnu llyfr mâs a '*A Christmas Story*' oedd ar y clawr. Gofynnes i, 'Beth yw hwn 'te?' Ac medde Rich,' 'Do, ysgrifennes i lyfr. Un Nadolig pan oedd Ciss yn y gwely a roedden nhw ddim yn gadael i fi fynd i weld hi, roeddwn i'n meddwl ei bod hi'n marw – ond wrth gwrs roedd hi'n cael babi. Dyna fel ysgrifennes i'r llyfr.' Ac fe ysgrifennodd e ar y llyfr –
>
> I Mrs Preece
> Diolch yn fawr iawn
> Rwy'n dy garu di o hyd
> Cofiwch y Co-op
> Richard

A rhoi y llyfr imi.

Wedyn medde fe, 'Licwn i glywed tamed bach o ganu Cymraeg.' 'Wel, rho hanner awr i fi,' medde fi, 'ac fe âf i draw i'r ysgol a chael y plant i mewn i'r neuadd a chewch chi glywed y plant yn canu'. Ym mhen tipyn, maen nhw'n dod draw ac roedd y plant yn canu wrth gwrs – 'Tawel Nos' a phethau fel 'na – ac roedd Suzy Hunt wedi troi ata'i a dwedud, *'We'll be going to church on Christmas morning but we won't be hearing this kind of singing – and I'll be thinking of this singing.'*

Cododd Graham, brawd Rich, a rhoi diolch i'r plant ac fe ddwedodd e, 'Mae Rich yn swil i siarad Cymraeg o flaen yr athrawon, ond fe ganwn ni yn lle 'ny.' A droiodd e ata'i a gofynnodd e, 'Be' wnawn ni ganu?' A ddwedes i 'Paid a gofyn i fi!' Ond fe ofynnes i i Suzy Hunt os oedd hi'n cofio *'O Come all ye faithful'*, ac roedd hi, a felly roeddem ni i gyd yn gwybod e, a 'na ble roedden ni'n canu hwn o flaen yr ysgol – hithau yn y Saesneg, ni yn y Gymraeg – pan daeth y camerâu i mewn. Roedd rhaglen 'Heddiw' wedi bod draw yn gwneud cyfweliad gyda Hilda a felly fe ddaethon nhw draw pan glywon nhw ble oedd Rich wedi mynd.

Ta beth, rhoiodd Rich gan punt i ni i'r ysgol gael prynu rhyw offer oedd eisiau arnon ni. A wedyn 'ma fi'n mynd adre' a 'ma fi'n dweud wrth Mam, 'Oh – sefwch nes bo fi'n dweud wrthoch chi beth ddigwyddodd heddiw!' A dyma Mam yn dweud, 'Sefa di nes bod ti'n clywed beth sy da fi i ddweud wrthot ti!' ac wrth gwrs dyna ni'n ymladd i siarad, ac fe droiodd mâs fod Rich wedi ffonio Mam, ac wedi siarad â hi yn hollol naturiol yn y Gymraeg ac wedi dwli siarad â hi a dyna fi yn rhoi y llyfr iddi hi oddi wrth Rich.

A dyna'r tro dwetha y gweles i fe.

A seren enwocaf Cymru gartref, fe ddaeth y wasg i'w ddrws fel at fagnet, a chlywed straeon am berthyn a hiraeth. Cafodd Vincent Kane gyfweliad hir â Richard mewn tafarn yng Nghwmafan, ac yntau'n yfed gwydryn o rhywbeth yr honai mai dŵr ydoedd (er i aelod o'r criw daeru mai *vodka* ydoedd). Dyfynnodd Richard y darn o ysgrifau James Joyce (a hynny nid am y tro cyntaf) lle dywed fod pob dyn yn chwilio am y lle y mae'n perthyn iddo. Ac wedi iddo yntau, Richard, deithio ledled y byd, darganfu mai Pont-rhyd-y-fen oedd y llecyn cysegredig hwn iddo ef.

Ynglŷn â'i yfed, dywedodd ei fod yn rhyfeddu iddo fod yng Nghymru am 36 awr, ac yn dal heb gael diferyn. Mae'n amlwg mai yn ddiweddarach ar y daith y daliodd criw ffilmio HTV i fyny ag ef. Yr oedd newydd fod mewn seremoni i enwi ystafell yn y clwb rygbi ar ôl ei dad, ac nid oes amheuaeth iddo ddilyn llwybr ei dad yn syth at y bar. Y tu allan i'r clwb gwelwyd Richard (yn gwisgo tei'r clwb yn anniben dros ei siwmper) yn arwain twr o ddynion mewn perfformiad o 'Calon Lân' – ac yntau'n goractio'r canu. Yn y cyfweliad cafodd drafferth i gofio pa ffilm fyddai'n ei gwneud nesaf a phwy oedd i fod ynddi. Gofynnodd yr holwr gwestiwn am disgwyliadau Richard am ei briodas â Suzy. Atebodd fod ei briodasau'n arfer para am 13 mlynedd (ffigwr sy'n gywir os anwybyddir yr ail briodas i Elizabeth), ac awgrymodd fod yr holwr yn cwrdd ag ef eto yn yr un man yn 1989.

Ond y cyfweliad mwyaf arbennig gafodd y cyfryngau ag ef y Rhagfyr hwnnw oedd sgwrs Emrys Jones ag ef un bore. Ffoniodd dŷ Hilda gan obeithio cael sgwrs fer â hi ar gyfer y radio: 'Sut ma'ch brawd?' gofynnodd. 'Gwell i chi ofyn iddo fe'ch hunan', meddai hithau. 'Ydi o ar ei draed te?' 'Diwedd mawr, rodd e wedi bod am wâc cyn saith. Alwa i arno fe nawr.' Allwn ni ond dychmygu Emrys yn rhuthro am y botwm 'recordio' ar ei beiriant yn yr eiliad neu ddwy o saib, ac yna'r llais digymar, yr uniad rhyfeddol o ruad a chanu grwndi, yn ymddiheuro 'Ma Nghwmrâg i'n wfflon racs bachan'. Fe fentrodd Emrys ymlaen a chlywed fod iechyd Richard yn ffynnu diolch i Suzy – 'Fues i riôd cystal' – a'i fod yn dod yn ôl i'r cwm i 'charjo'r batris'. Roedd yn rhaid iddo anadlu'r awyr gartref o dro i dro er mwyn 'gallu cadw i fynd'.

Roedd Richard a Suzy ar glawr y cylchgrawn *Photoplay* ym mis Chwefror 1977, gyda'r addewid y byddai'n cymharu'i wraig newydd â'i gyn-wraig y tu mewn i'r cloriau. (Gellir damcaniaethu nad oedd Richard heb Elizabeth yn ddigon o atyniad i haeddu cael y clawr iddo'i hun). Mae'r hyn y mae'n ei ddweud am y ddwy wraig yn ganmoliaethus, ac yn ddigon diniwed. Dywedodd ei fod yn gwybod o'r dechrau y byddai ef a Suzy yn priodi, ac wrth gwrs ei fod yn gredwr cryf mewn priodas, 'oherwydd rwy'n credu mewn cyfamod rhwng dau berson. Mae angen rhywbeth sy'n eich rhwymo fel, pan ddaw adegau anodd, bod yn rhaid i chi ymdrechu unwaith yn rhagor. Mae'n rhoi help i ddod dros yr ysbeidiau anodd.'

Y darnau sydd o ddiddordeb mwyaf yn y cyfweliad yw ei straeon sy'n cyffwrdd â marwolaeth. Wedi dwy stori ddireidus am wŷr cenfigennus yn dod ar ei ôl gyda drylliau, mae'n honni ei fod yn agnostig ac nad yw'n credu mewn bywyd wedi marwolaeth. Mae'n sôn am Ifor ar ôl ei ddamwain, mewn poen aruthrol, ac yn gofyn un diwrnod i Richard gael tabledi iddo – rhywbeth i leddfu ei boen am byth. 'Ond ni allwn i wneud hynny iddo, ni allwn ei helpu i farw. Petasai ei ymenydd wedi mynd, byddwn i wedi mentro, ond wnês i ddim oherwydd roedd ei feddwl yn fyw o hyd.'

Roedd ei berfformiad nesaf ddechrau haf 1977, yn y ffilm *The Medusa Touch*. Roedd hon yn ffilm am ddyn â grymoedd goruwchnaturiol ganddo: mae'n debyg i Richard oedi cyn cytuno i gymryd y brif ran rhag ofn iddo syrthio i drychineb *Exorcist*-aidd. Mae'r ffilm yn un digon da ac yn danfon peth ias i lawr y cefn. Cafodd perfformiad Richard adolygiadau cymysg: rhai yn dweud ei fod yn goractio, eraill yn dweud ei fod yn cysgu trwy ei rôl. Enillodd $500,000 am dair wythnos o waith.

Tra oedd yn ffilmio *The Medusa Touch*, torrodd Richard ar ei arferiad, ac yn lle cymryd stafelloedd yn y Dorchester, fe logodd ef a Susan dŷ yn y wlad ger Windsor – o dan ddylanwad Suzy, yn sicr.

Yn ystod y cyfnod hwn, aeth Richard a Suzy ar wyliau pum niwrnod i Key West, ond gwyliau i'r gorffennol oedd y rhain. Roedd yn rhaid i Richard fynd â Suzy i gyfarfod PH Burton a oedd wedi ymgartrefu yn Florida ers 1974. Cymerodd Philip at Susan ar unwaith – er iddo sylwi ei bod yn nyrs yn gymaint â chymar i Richard. Treuliodd yr athro a'i ddisgybl eu hamser yn trafod Shakespeare – a *King Lear* yn arbennig.

Cryn wrthgyferbyniad i Lear oedd y rôl nesaf a gymerodd: Colonel Allen Faulkner yn *The Wild Geese*. Prawf o'i statws – hyd yn oed ar ôl rhediad o ffilmiau aflwyddiannus – yw mai ei enw ef sy'n dod gyntaf ar ei ben ei hun ac uwchben enwau Richard Harris, Roger Moore a'r lleill yn y *credits*.

A hanner ei filwyr o dras Cymreig – Glyn Baker, mab Stanley, Brook Williams, mab Emlyn, Kenneth Griffith – nid oedd siawns gan ei wrthwynebwyr! I Kenneth, hwn oedd y tro cyntaf iddo weithio ar ffilm gyda Richard ers *Waterfront*, dros chwarter canrif yn gynt.

Roeddwn i yn y ddrama olaf rwy'n debygol o'i gwneud yn y *West End*, ac yn chwarae yn nrama olaf Terrence Rattigan, *Cause Celèbre*. Ac fe ddaeth cynhyrchydd a chyfarwyddwr *The Wild Geese* i'm gweld i ynddi, ac fe alwon nhw arna'i yn fy ystafell wisgo wedyn a gofyn 'A fyddet ti'n fodlon i ni dy brynu di allan o dy gytundeb?' Dywedes i y byddwn i'n ddiolchgar iawn, heb hyd yn oed gofyn ar gyfer beth, oherwydd roedd gen i arswyd o fynd i'r theatr bob nos, er bod y cynhyrchiad yn llwyddiant mawr. Wel, fe ddwedson nhw eu bod nhw eisiau fi ar gyfer ffilm o'r enw *The Wild Geese*, gan ddweud taw dim ond tri o actorion yr oeddent wedi'u dewis allan o gast enfawr, sef Richard Harris, Roger Moore a Richard Burton. 'O', medde fi, 'efallai y cewch chi anhawsterau', gan egluro fod Richard wedi fy nghau allan o ddwy ffilm. Ond meddai'r cynhyrchydd, Euan Lloyd, 'Na, Kenneth – rwyt ti'n anghywir', oherwydd roedd Richard yn barod wedi gofyn pwy oedd mewn golwg i chwarae Witty – cymeriad hoyw a oedd yn *camp* ofnadwy. Meddai Euan taw fi oedd ei ddewis, a dywedodd Richard, 'Da iawn. Fydd dim ofn arno ef i chwarae'r rhan.'. Dyna yn gwmws beth ddwedodd Euan wrtha'i, ac mae'n rhaid dweud fy mod i'n teimlo rhyddhad ac yn falch o ddeall fod Richard fy eisiau i yn y ffilm.

Fe saethwyd y rhan fwyaf o'r ffilm ar leoliad ger tref Tshipise yng ngogledd Transvaal, yn agos at y ffin â Rhodesia. Er gwaetha'r *apartheid* a oedd yn rhemp yn ne Affrica, fe ymdrechodd y cynhyrchwyr i gyflogi actorion a chriw croenddu. Roedd y tymheredd bob dydd dros 100 °F, ac yn gallu cyrraedd 120 °F.

Rhwng ei olygfeydd (a chystal cyfaddef nad oedd ei linellau yn y stori antur hon yn ormod o dreth ar ei gof) byddai Richard yn astudio *King Lear* ar gyfer cynhyrchiad a fwriadwyd ar gyfer haf 1978. Yn ogystal roedd ganddo holl weithiau Dickens wrth law, oherwydd 'meddylies i fy hun: beth fyddai'r llyfrau mwya annisgwyl i'w darllen yn y *bush*, ac felly penderfynes ailddarllen Dickens!' Dywedodd Euan Lloyd, y cynhyrchydd, fod Richard wedi mynd â 500 o lyfrau i'r set, ac fe drefnwyd *grand piano* bychan i Susan gael ymarfer chwarae. Cofiai Kenneth Griffith bod y ddau yn treulio'r rhan fwyaf o'r amser yng nghwmni ei gilydd.

Fel y mae Richard Harris yn adrodd y stori, yr oedd yntau wedi addo i Euan Lloyd y byddai'n cadw oddi ar y ddiod, ac fe gadwodd at ei air. Roedd Roger Moore yn ei warchod rhag alcohol, ac roedd Harris yn ei dro yn cadw llygad ar Richard. Dywedodd wrtho, 'Pryd bynnag rwyt ti'n teimlo'r angen am ddiod, gwna beth dwi'n wneud – neidia lan a lawr.' Ac felly am weddill y cynhyrchiad fe welwyd y naill a'r llall ohonynt bob dydd yn neidio fel cangarŵod yn y sefyllfaoedd mwyaf annisgwyl.

Ymwelydd o Gymro i'r set oedd David Rowe-Beddoe, a oedd wedi datblygu'r arferiad o gwrdd â Richard mewn mannau annisgwyl:

Roeddwn i'n gweithio i gwmni De La Rue, y gorfforaeth sy'n cynhyrchu rhan helaeth o'r arian papur sydd yn y byd. Roeddwn i'n teithio trwy'r amser, ac roedd yn hyfryd oherwydd fe olygai fy mod yn cyfarfod â Richard yn y mannau mwyaf rhyfedd lle digwyddai fod yn ffilmio. Roedd Richard bob tro yn rhoi ei rif ffôn ar leoliad imi – gan mai un o'm swyddogaethau oedd rhoi canlyniadau'r gemau rygbi iddo.

Pan oedd yn ffilmio *Wild Geese*, roeddwn i'n digwydd bod yn Johannesburg, ac fe ffoniais i – rwy'n cofio mai'r rhif oedd Tshipise 11 – a dywedodd Richard, 'Dere lan am y penwythnos.' Felly fe hedfanes i fyny i'r lle anghysbell a chael amser arbennig. Roeddech chi'n siŵr o gael amser da gyda Richard bob tro, ond y penwythnos roeddwn i yno, roedd Roger Moore yn dathlu ei ben-blwydd yn hanner cant, ac wrth gwrs roedd ambell i ddyn gwyllt yn y cwmni – roedd gan y ffilm gast rhagorol. Yn ystod y parti rhoddodd Richard her i Harris adrodd Yeats. Ac mae'n rhaid dweud nad yw Mr Harris yn brin o ddawn ymadrodd, ac fe ddechreuodd yntau lefaru Yeats am ychydig funudau, a phan oedodd am linell, gyda chywirdeb perffaith fe ollyngodd Richard y llinell i mewn iddo.

Rwy'n credu fod Harris yn cael ei ddirwyo'n drwm os oedd yn yfed ac felly byddai'n rhegi wrth gymryd gwydred arall o chwisgi a dweud, 'Dyna $10,000 arall . . .' Roedd Richard yn ceisio rhoi'r gorau i yfed, ond yn methu yn ei benderfyniad weithiau, ac yn dioddef o'r herwydd. Roedd yn amlwg nad oedd yn iach, ac roedd ei wddf yn drafferth parhaol – fodd bynnag, roedd ei berfformiad yn y ffilm yn rhagorol, rwy'n credu, a'r ffilm ei hunan yn arbennig o dda.

Cofiai Kenneth Griffith un digwyddiad arbennig, a ddangosai'n glir sut roedd ef a Richard wedi cymodi.

Ar y ffin rhwng Zimbabwe a'r Transvaal roedden ni'n ffilmio darn hir o gwmpas coeden *boabab* enfawr. Mae'n goeden a chanddi foncyff enfawr, a gall 60 o bobl gasglu yn y cysgod oddi tani. Ac roedden ni'n cael sbel wedi cinio, a chyda'r rhan fwyaf o bobl yn hepian, fe gymres i'r cyfle i ddarllen llyfr. Ac fe ddes i'n ymwybodol o rywun yn cerdded tuag ataf, allan o'r haul, a Richard Burton ydoedd. A dywedodd yntau wrthyf, *'Kenneth, when I was a young actor, I was in awe of your talent.'* Ac roedd hynny'n rhywbeth rhyfedd iddo ddweud – fe glywodd eraill o'n cwmpas beth ddywedwyd – a doedd gen i ddim byd i'w ddweud yn ateb. Trôdd yntau, a dechrau cerdded i ffwrdd, ac wedi iddo gymryd rhyw bedwar cam fe drôdd yn ôl i'm hwynebu, a meddai *'and of course I still am'*.

Nid yw'r stori fach honno ond yn bwysig yn y cyd-destun o'r hyn oedd wedi digwydd yn ein perthynas yn gynt, ond mae'n dangos calon fawr a thipyn o ddewrder bod Richard wedi dweud y fath beth yn gyhoeddus.

Roedd y ffilm ei hunan yn llwyddiant ysgubol gyda'r cynulleidfaoedd, er bod y rhan fwyaf o'r beirniaid yn ddirmygus ohoni. Ond mae unrhyw un sy'n ceisio dadansoddi'r ffilm yn rhy ddwfn yn camddeall yn gyfangwbl. Dylid mwynhau'r ffilm am beth ydyw – stori *Boy's Own* cyffrous, heb ormod o athroniaeth i drafferthu'r meddwl. Mae'r sgript yn llawn jôcs mewnblyg. Mewn un olygfa mae Richard yn dweud, *'There's a special clause in my contract which says that my liver is to be buried separately, with full honours'* ac *'I work for anybody if they pay me. It's an irredeemable flaw in my character.'* Pan mae Richard yn cerdded i mewn i'r casino daw wyneb yn wyneb â merch benfelen dal, brydferth, ac maent yn syllu ar ei gilydd am eiliad: Susan yw hi.

Ei brosiect nesaf oedd *Absolution*, ffilm gan Anthony Shaffer, brawd i awdur *Equus*. Tra oedd y cynhyrchydd yn chwilio am yr arian i saethu'r ffilm, aeth Richard a Susan i chwilio am dŷ yn Puerto Vallarta – a oedd nawr yn dre gwyliau brysur, yn bennaf oherwydd ei chysylltiadau a'r 'Burtons'.

Yr adeg honno, roedd yfed Richard o dan reolaeth, er na fu erioed yn fodlon rhoi'r gorau'n llwyr i'r ddiod. Ond roedd ganddo drafferthion iechyd eraill, a darddai o'r blynyddoedd o gamdrin ei gorff. Roedd ei asgwrn cefn mewn cyflwr difrifol, ac *arthritis* yn ei boeni a'i rwystro. Weithiau methai godi braich yn uwch na'i ysgwydd.

Roedd Susan a'r ysgrifenyddes deyrngar Valerie Douglas yn cadw llygaid barcud ar faterion Richard drwy'r cyfnod hwn, ac yn ei amddiffyn rhag rhai o'i hen arferion, er bod hyn yn golygu ei fod yn ymbellhau oddi wrth hen ffrindiau a chyfeillion. Mae'n debyg bod Susan yn gyfrifol am yr oedi cyn dechrau ffilmio *Absolution*, drwy rwystro'i gŵr rhag dychwelyd i Lundain ac i stiwdios Pinewood.

Ond pwy bynnag oedd yn gwneud y penderfyniadau ynglŷn â pha ffilmiau i'w gwneud, roedd lle i wella. Does ddim llawer i'w ddweud am y tair ffilm nesaf a saethwyd yn 1978 a 1979: ychydig iawn o edmygwyr sydd gan *Tristran and Isolt, Breakthrough* a *Circle of Two*. Efallai fod y dewis yn awgrymu dychwelyd i'r duedd anffodus o dderbyn yr arian (tua $750,000 yr un) a rhedeg.

Roedd diddordeb hefyd yn lleihau ymysg y cylchgronau a'r papurau. Bellach, ni allai Richard hawlio'r dudalen flaen fel yn yr hen ddyddiau. Mae'r ffeil toriadau yn y *Western Mail* yn denau iawn am y blynyddoedd hyn. Fodd bynnag, teithiodd un o ohebwyr y *South Wales Echo* i Toronto ym mis Hydref 1979 i weld Richard yn ffilmio *Circle of Two* gan ysgrifennu portread ffafriol iawn ohono. Nododd fod Richard yn ffit ac yn edrych yn dda, yn gofalu am ei ddeiet ac yn cadw oddi ar y ddiod. Disgrifiodd Richard stori'r ffilm fel hanes hen arlunydd blinedig sy'n dechrau ar berthynas â merch ifanc ac yn adennill ei ysbrydoliaeth. Fe awgrymodd, a'i dafod hanner yn ei foch, ei fod â thipyn o brofiad yn y maes, gan ei fod yn actor 53 oed yn briod â merch 30 oed. Ond roedd yn hollol ddiffuant wrth ganu clodydd Susan, gan briodoli'r gwelliant yn ei ffawd i'w dylanwad hi. Roedd yn llawn brwdfrydedd am y dyfodol, gan weld dychwelyd i'r llwyfan ar y gorwel.

Roedd Richard eisoes wedi'i berswadio i ail-greu ei rôl fel y Brenin Arthur mewn cynhyrchiad newydd o *Camelot* a fyddai'n teithio o gwmpas America yn 1980. Wedi hynny, byddai'n barod ar gyfer y rôl yr oedd wedi bod yn sôn am ei chwarae ers 15 mlynedd neu fwy, King Lear. Galwodd y rhan 'y rôl sy'n gofyn fwyaf gan actor o bob rhan mewn llenyddiaeth ddramatig' ond fe nododd fod ei hen gyfaill Paul Scofield wedi cael llwyddiant mawr yn chwarae Lear.

Yr oedd hyd yn oed yn ystyried dychwelyd i Brydain i fyw, er y byddai rhaid iddo dalu ôl-drethi ac y disgwyliai i'r beirniaid fod yn barod â chwilsennau miniog. 'Bellach, yr wyf yn ffit ac yn fodlon. Fe hoffwn i feddwl fy mod i'n dod i'm hanterth am yr eildro. Mae cymaint o aelodau hŷn fy mhroffesiwn yn blodeuo'n hwyr. Efallai mai fy nhro i ydyw nawr. Gobeithio y bydd yn parhau pan fyddaf yn fy 60au.'

Felly dechreuodd Richard ymarferion ar gyfer *Camelot* yng ngwanwyn 1980. Roedd y stori wedi'i haddasu ychydig i gyfrif am ei oedran, gyda rhagymadrodd byr i sefydlu'r hen frenin, ac wedyn daw'r hanes fel atgof. O ddechrau'r ymarferion roedd Richard yn dioddef o boenau yn ei wddf a'i fraich dde ac yn cymryd moddion i leddfu'r boen ynghyd â'r cyffur *Antabuse* i leihau ei flys am alcohol. Roedd Susan wrth law o hyd, fel nyrs ac yn paratoi ei golur.

Ar 6 Fehefin 1980, cymerodd Richard orsedd Arthur unwaith eto ar y llwyfan yn Toronto, a chael derbyniad arbennig o gynnes. (Yr unig peth i ddiflasu'r achlysur oedd y rhaglen swfenîr a gyhoeddwyd i gofnodi'i ymddangosiadau yn Toronto – a llun o Elizabeth Taylor yn amlwg ynddo. Bu rhaid i'r staff weithio drwy'r nos yn rhwygo'r llun allan o 90,000 o gopïau o'r rhaglen). Wedi'r perfformiad cyntaf ar *Broadway* fis yn ddiweddarach, ysgrifennodd beirniad y *New York Times*, 'Who says that you can't go home again? Last night Richard Burton returned to the kingdom of Camelot, and it was as if he had never abdicated his throne.'

Ond ryw wythnos ar ôl agor ar *Broadway*, aeth Richard am ginio gyda'i hen gyfaill Richard Harris. Yn anffodus, adweithiodd y ddau lased o win dros ginio yn ddrwg â'r cymysgedd rhyfedd o gyffuriau yr oedd yn ei gymryd. Bu'r cyfuniad yn drech na'i gorff a difethwyd ei berfformiad. Ar ôl act gyntaf drychinebus a chwynion agored o'r gynulleidfa, cymerodd yr eilydd y rhan am weddill y perfformiad.

Yr unig ffordd o ymateb i'r helbul hwn oedd ymosod. Fe ymddangosodd Richard ar sioe deledu Dick Cavett, er mwyn lleddfu'r straeon am ei gyflwr a sicrhau bod y tocynnau yn dal i werthu'n dda, a siaradodd yn agored ac yn onest am ei drafferthion ag alcohol. (Yn ogystal, dangosodd ei sanau coch i'r gynulleidfa, i ddangos ei fod yn dal i gadw at ei arfer o wisgo rhyw ddilledyn coch o barch i'w famwlad). Roedd ei berfformiad mor gampus nes iddo gael gwahoddiad yn ôl am bedair noson yn olynol. Roedd ei ymateb ar y llwyfan yn y perfformiad wedi'i gwymp hefyd yn nodweddiadol: rhoddodd y gynulleidfa gymeradwyaeth o dair munud a hanner pan ymddangosodd am y tro cyntaf, ac fe'i gwobrwywyd â pherfformiad yr oedd yntau'n ei hystyried ei orau erioed.

Wedi'r llwyddiant yn Efrog Newydd, fe aeth y cynhyrchiad ar daith: i Chicago, Dallas, Miami, New Orleans, San Francisco a Los Angeles. Buasai'r amserlen yn ddigon i godi arswyd ar ddyn ifanc iach, gydag wyth perfformiad yr wythnos, pob un yn cymryd rhyw dair awr, a Richard ar y llwyfan bron drwy'r cyfan. Ond, er gwaetha'r pwysau arno, sicrhaodd Richard ei fod yn cydnabod ei wreiddiau a thalu'i hen ddyledion. Derbyniodd gynnig gan Onllwyn Brace i leisio rhaglen deledu yn nodi canmlwyddiant Undeb Rygbi Cymru. Ac fe fynnodd fod y daith yn ymweld â Florida gan fod Philip Burton erbyn hyn yn methu teithio'n bellach na Miami. Ar ddiwedd y perfformiad cyntaf, a Philip yn bresennol, rhoddodd Richard anerchiad canmoliaethus a dynnodd ddagrau i lygaid ei dad-maeth, gan ddweud ei fod yn ddyledus iddo am bopeth. Roedd Richard a Susan wedi llogi tŷ am y mis yr oeddent yn Miami, yn rhannol er mwyn lletya Philip. Felly ar ôl dychwelyd i'w gartref, fe aeth Philip i aros gyda hwy am wythnos, dros ben-blwydd Richard yn 55 oed. Cafwyd cyfle i hel atgofion am yr hen ddyddiau, a dod yn agos unwaith eto. Nododd Philip fod Richard yn dal â'r cymhelliad rhwystredig i fod yn awdur ac yn ysgolhaig. Hefyd, fe ddaeth i gasgliad a eglurai pam y trôdd Richard at ddiod. Synhwyrodd Philip mai'r rheswm y gwnaeth Richard gymaint o ffilmiau gwan er mwyn ennill arian oedd ei gymhelliad i helpu eraill. Roedd Richard bob tro yn hael gyda'i arian, ond yn ymwybodol o'r ffordd yr oedd wedi camddefnyddio'i dalent i

203

ennill yr arian. Hynny a arweiniodd at ei yfed: ceisio boddi ei deimladau am iddo fradychu ei dalent.

Mwynhaodd Philip y parti pen-blwydd yn fawr iawn, er i Richard ddifetha rywfaint ar yr achlysur drwy feddwi ar ddiwedd y nos. Yr wythnos honno oedd y tro olaf i'r ddau Burton weld ei gilydd.

Gyda thaith *Camelot* yn ymlwybro ar draws yr Unol Daleithiau, fe ddioddefodd Richard yn ddrwg gyda'i arthritis trwy'r amser, a bu'n dirywio nes iddo fethu dal ei gleddyf yn uwch na'i ysgwydd. Cyhoeddwyd lluniau ohono'n gorfod cael rhywun i'w helpu i ddod allan o gar. Yn San Francisco fe ddarganfuwyd bod un o'r nerfau yn ei wddf wedi'i niweidio ond fe ddaliodd ati. Ac fe ddaeth ei hen hiwmor direidus i'r golwg eto. Adrodda David Rowe-Beddoe stori amdano'n mynd i weld y perfformiad a chael ei synnu (fel aelodau o'r cast) pan ychwanegodd Richard y llinell 'There's a Welsh farmer, called Rowe-Beddoe . . .' i fewn i'w sgript.

Pan gyrhaeddodd y cynhyrchiad Los Angeles, fe ddaeth Richard i gysylltiad rheolaidd â Chymro alltud arall, y cyfansoddwr Terry James. Roedd y ddau yn nabod ei gilydd ers eu dyddiau yn Llundain yn y 1960au, ac roedd y ddau wedi cwrdd yn achlysurol yn Los Angeles, lle roedd Terry yn byw ers 1971. Ond er eu bod yn trafod materion Cymreig ac yn hiraethu am yr hen wlad, Saesneg oedd cyfrwng eu sgyrsiau – doedd Terry ddim yn ymwybodol fod Richard yn siarad Cymraeg, heblaw am ambell i frawddeg. 'Roedd e'n gwybod y caneuon rygbi i gyd, mae hynny'n bendant – ti'n gwybod, yr emynau maen nhw'n canu yng Nghaerdydd. Ond ges i erioed sgwrs gyda fe yn y Gymraeg – yr unig Gymraeg y clywes i ganddo oedd ymadroddion fel "Shw mae" neu "Shwd mae'n mynd".' Eto i gyd, mae gan Terry atgof sy'n dangos bod un o ddylanwadau ei ieuenctid wedi aros gyda Richard.

> Fe weles i lawer ohono fe a Suzy drwy'r cyfnod hwnnw pan oedd e'n dioddef yn wael – doedd e ddim hyd yn oed yn gallu dal cleddyf i fyny. Ac rwy'n cofio mynd draw i'w weld e a chlebran am bethau Cymreig wrth gwrs ac roedd e wedi cofio clywed record o bregethwr mawr y Bedyddwyr, Jubilee Young, yn Llanelli. Gofynnodd e os oeddwn i'n gallu dod o hyd i gopi iddo, ac fel roedd hi'n digwydd roedd gen i un adre, felly ges i hwnna wedi ei ddanfon draw, yn ogystal â 'A Nation Sings', yr oeddwn i wedi recordio yn yr *Albert Hall*. A'r tro nesa imi ymweld ag e dyna i gyd oedd i glywed oedd yr hwyl Gymreig wrth i Jubilee ei morio hi gyda phregeth Christmas

Evans. Ac medde Richard, *'Now there's a voice!'* Ac atebais inne, *'Well, yours isn't bad!'* Y sŵn oedd yn ei hudo – y gwahanol dymer a lliwiau ac ehangder llais Jubilee – sut yr oedd wedi mesur y *tessatura* o'i lais ac yn gwybod yn gwmws beth oedd nodyn uchaf a nodyn isaf ei lais, a sut yr oedd yn gallu mynd o un i'r llall. Roedd hwn yn wers mewn adrodd. Roedd yn gwybod yn union ble i ddechrau – nodyn isel neu nodyn yn y canol – yn dibynnu ar y lle yr oedd e am fynd.

Gyda'i arthritis yn gwaethygu, bu'n rhaid i Richard ildio'i orsedd yn *Camelot* ym mis Mawrth 1981 i Richard Harris, cyfaill arall i Terry James. Fe gafodd Terry y cyfle i gymharu perfformiad y ddau Richard yn *Camelot*, gan ddechrau gyda'r Cymro:

> Roedd ei berfformiad yn *Camelot* yn neilltuol o dda. Roedd yn hollol wahanol i Richard Harris – a oedd yn llawer mwy bywiog. Roedd Burton yn llonydd, ond *fe* oedd canolbwynt popeth. Pa faint bynnag o weithgaredd oedd o'i gwmpas ar y llwyfan, roedd y llygaid yn glwm arno ef. Dyna oedd ei ogoniant mawr, a dweud y gwir. Ac mae hynny'n rhywbeth rhyfedd ar lwyfan – roedd rhywbeth *static* iawn yn perthyn iddo – *statuesque*, hyd yn oed. Rwy'n cofio fe'n gwneud yr areithiau mawr yn *Camelot* – roedd e'n eich trywanu. Roedd pethau eraill yn mynd ymlaen, *jousting* ac hyn a'r llall, ond roedd eich llygaid wastad arno fe. A'r llais wedyn – roedd y llais a'r presenoldeb yn rhagorol. Roedd e fel Jubilee Young!

Yn Santa Monica, yn ôl yn Ysbyty Sant Ioan, bu'n rhaid i Richard fynd o dan gyllell y llawfeddyg ar gyfer triniaeth anodd a pheryglus ar ei asgwrn cefn.

Unwaith yr oedd yn ddigon iach i hedfan, dychwelodd yntau a Susan i Céligny, ac ymlacio tan fis Gorffennaf. Bryd hynny gofynnodd y BBC iddo ddarparu'r sylwebaeth ar gyfer priodas y Tywysog Charles a Diana Spencer, ac, yn erbyn cyngor y meddygon, derbyniodd y cynnig. Roedd yn dal o dan feddyginiaeth gref ac mewn tipyn o boen, ond roedd ei lais yn dal mor hudolus ag erioed. Yn anffodus, fe dynnwyd y sglein oddi ar ei berfformiad gan un camgymeriad, pan ddisgrifiodd ymadawiad Diana o *Clarence House* ychydig funudau cyn iddi wneud y daith: cyfeiriodd rhai o'r papurau at y gwall bach hwn a bu rhaid i'r BBC wadu bod ei sylwebydd wedi meddwi.

Y COPAON OLAF

A ETH pethau yn gynyddol o chwith rhwng Richard a Susan, ac ym mis Awst 1981 fe wahanodd y ddau yn dawel, ac aeth hi i fyw yn y tŷ yn Puerto Vallarta. Wrth wraidd y gwahanu roedd y ffaith ei bod hi wedi gorfod edrych ar ei ôl nes bod y ddau wedi cael digon o'r sefyllfa. Roedd Richard yn troi arni hi, ac roedd hi'n haeddu gwell bywyd.

Erbyn i'r gwahanu gael ei gyhoeddi, roedd Richard wrthi yn gweithio ar brosiect uchelgeisiol dros ben a fyddai'n ddigon i beri i ddyn hanner ei oed betruso. Ef oedd Wagner mewn ailgread teilwng o fywyd y cyfansoddwr hunanol, penderfynol, athrylithgar.

Dechreuodd y fenter yn Vienna ym mis Ionawr 1982 ac yn ystod y saith mis dilynol ymwelodd y cynhyrchiad â llu o lecynnau oedd â chysylltiad agos â Wagner. Trwy'r cyfan roedd Richard yn derbyn triniaeth ddwys ar ei gefn – awr o ffisiotherapi bob nos.

Roedd maint y cynhyrchiad wrth gwrs yn atyniad i Richard, a oedd wedi dangos trwy'i fywyd ei hoffter o brosiectau mawr. Roedd yr argoelion yn dda am fenter lwyddiannus a llawn bri: yn actio 'o dan' Richard, fel petai, roedd yr Arglwydd Olivier, Syr John Gielgud a Syr Ralph Richardson. Dim ond CBE oedd gan Richard, ond ef oedd y seren.

Mae'r cyfarwyddwr yn ei gofio fel dyn â gwybodaeth eang, a oedd wedi gwneud ymchwil drylwyr i gymeriad y dyn a bortreadai. Aeth â llond llyfrgell o gyfrolau am Wagner gydag ef, ac roedd yn mynnu cael y manylion yn gywir tra'n boddi ei hun yn y rhan: *'I am Wagner'*, dywedodd.

I sicrhau cwmni ar ei daith o gwmpas Ewrop, trefnodd Richard le ar y cynhyrchiad i Brook Williams, fel ei *stand-in* ac mewn sawl rhan fechan. Roedd Richard yn dal i yfed yn achlysurol, ac roedd hynny bellach yn cael effeithiau ofnadwy ar ei dymer: roedd goddefiad ei gorff o alcohol wedi diflannu'n gyfangwbl. Fe welwyd y trafferthion hyn yn glir ac yn anffodus mewn parti a roddodd ar gyfer ei hen gyfeillion, y tri gŵr mawr. Yn ôl ei arfer, roedd gan Richard un gwydraid o win ac un o ddŵr o'i flaen, a thrwy'r nos bu'n yfed y dŵr heb gyffwrdd â'r gwin. Ond wedi dwy awr o gloncian a rhannu straeon doniol a dymunol, dechreuodd Richard flino. Yn sydyn fe lyncodd y gwin i gyd, ac o fewn pum munud bu trawsnewid rhyfeddol a dieflig yn ei ymddygiad – o Dr Jekyll i Mr Hyde. Sarhawyd yr Arglwydd Olivier am ei ddiffyg teimlad wrth actio; Syr John am ei rywioldeb; Syr Ralph am ei anghofrwydd. Ar y ffordd i'w gar, dywedodd Olivier wrth y cyfarwyddwr ei fod yn deall nawr pam yr oedd wedi dewis Richard i gymryd rhan Wagner. Ni soniodd neb am y digwyddiad, ond yr oedd yn sicr wedi gadael blas annymunol ar berthynas Richard a'i gyd-actorion.

Tra oedd yn ffilmio *Wagner* fe gafodd ei aduniad cyntaf ag Elizabeth mewn pum mlynedd. Erbyn hyn, roedd ei phriodas â Senator Warner wedi dod i ben, a hithau ar fin ymddangos mewn cynhyrchiad llwyddiannus o *The Little Foxes* yn y *West End*. Roedd Richard wedi trefnu ymddangos mewn noson i gofio Dylan Thomas i'w gynnal yn Llundain nos Sul 28 Chwefror, y noson cyn dadorchuddio cofeb i'r bardd yn Abaty Westminster. Ar y Sadwrn cynt byddai Elizabeth yn dathlu ei phen-blwydd yn 50 oed. Cysylltodd Richard â hi ar fore'i phen-blwydd, ac fe'i gwahoddwyd i'w hebrwng i'w pharti, ac felly fe logodd awyren yn arbennig ar gyfer ei daith i Lundain, a chyrraedd awr cyn dechrau'r dathliadau. Roedd y parti yn dipyn o lwyddiant (er i Richard dynnu peth o'r sglein o'r digwyddiad yn ddiweddarach pan ddywedodd wrth y wasg ei fod wedi cysgu gyda'i gyn-wraig).

Y diwrnod canlynol roedd Richard yn siarad rhan y Llais Cyntaf mewn perfformiad o *Under Milk Wood* yn theatr *The Duke of York*. Roedd y cast yn llawn talent Cymreig, fel y cofiodd Meredith Edwards:

> Roedd hi'n hyfryd bod yno efo'r actorion i gyd yn y *Duke of York* – roedd Richard yno; roedd Clifford Evans yno; roedd Geraint Evans yn canu un o'r caneuon – roedd y *cream* i gyd yno. A dwi'n meddwl bod Richard yn ei elfen pan oedd e efo'i bobl. Pan oedd e'n ymwneud â'r pethau Cymraeg ac yn siarad Cymraeg – Cymraeg Pont-rhyd-y-fen.
>
> Doeddwn ni ddim wedi gweithio gyda fe ers talwm, ers y *recording* cynta' o *Milk Wood*, ac nid oeddwn wedi'i weld e ers y pryd hwnnw. A chyn yr ymarfer, dyma fi'n mynd allan o'r theatr – a phwy ddaeth trwy'r drws ond Richard yn y cot ffwr ofnadwy 'na. A medde fe wrtha'i, 'Helo, shwd wyt ti, Meredydd y llais?' 'Wel dyna gompliment,

yn enwedig gennyt ti, a'r llais sydd gennyt tithau', medde fi. 'Shwd wyt ti?' 'Wel rwy'n teimlo'n ddigon digalon – rwy'n mynd yn hen,' medde fe. A dechreuodd y peth digalon Cymreig 'ma – chi'n gwybod, rhyw iselder ysbryd. 'Mae Hugh [Griffith] wedi marw, mae Rachel Roberts wedi marw, a dwi'n teimlo'n hen.' 'Wel,' medde fi, 'Cofia beth ddwedodd Maurice Chevalier! Rhywun yn dweud wrtho fe: *"You're getting old Mr Chevalier"* a'i ateb oedd *"Thousands didn't get the chance"*.' Ac fe gododd ei ysbryd ac mi aeth ymlaen ac mi wnaeth job fendigedig o'r ddrama wrth gwrs . . .

Doedd Elizabeth ddim yn gallu bod yno ar ddechrau'r perfformiad o *Under Milk Wood* gan ei bod yn ymarfer ar gyfer ei rhan yn *The Little Foxes*. Ond mewn saib yn y cynhyrchiad, fe gerddodd ar y llwyfan, rhoi cyrtsi i'r gynulleidfa a dweud wrth ei chyn-ŵr (yn Gymraeg), 'Rwy'n dy garu di' (neu, yn ôl adroddiadau eraill 'Rwy'n dy garu di mwy na un arall yn yr holl fyd'). Mae adroddiad y *Western Mail* o'r achlysur yn difetha'r stori ychydig trwy ddweud ei bod hi'n annerch y *gynulleidfa*, nid Richard). *'Say it again my petal'*, meddai yntau, *'Say it louder.'* Fel anrheg pen-blwydd i Elizabeth, fe dalodd Richard £750 am ddarlun o Dylan.

Fe gafodd John Morgan gyfweliad hir arbennig ar gyfer HTV: 20 munud, ac mae'r camera yn torri i ffwrdd unwaith. Ceir sôn am y pynciau cyfarwydd – Dylan; Cymru; marwolaeth; *Hamlet* a *Lear*; actio ac ysgrifennu; pruddglwyf y Celtiaid. Ceir tystiolaeth am honiad Meredith Edwards fod Richard yn ei elfen wrth siarad Cymraeg, gan fod Richard yn troi i'r Gymraeg ddwywaith yn y cyfweliad, yn arbennig wrth nodi'r tebygrwydd rhwng gwaith Dylan a hwyl yr hen bregethwyr, lle mae'n cymharu cytseinedd *'And death shall have no dominion'* â 'Pwy a ddaw gyda fi i ymladd yn erbyn y gelyn'.

Ceir cefnogaeth hefyd i awgrym Meredith Edwards fod Richard yn ei elfen pan oedd gyda'i bobl ei hun, mewn sawl cyfeiriad at ei bleser yng nghwmni'r Cymry y penwythnos hwnnw.

> Rwy'n Gymro. Rwy'n mynd â'r cymoedd a'r trefi-glan-môr gyda fi ble bynnag yr â' i. Maen nhw ar fy ysgwyddau, ac alla'i mou hosgoi: nhw yw fy mhobl. Mae 'na rywbeth rhyfedd amdanynt – fel heddiw, mae bod o gwmpas cymaint o Gymry yn wir fel bod adre. Mae'n hiraeth ffyrnig am fy ngwlad fy hun. Does dim byd tebyg.

Cymru sy'n cael y clod am ei rinwedd mwyaf nodedig – ei lais – ac hefyd y bai am ei nodwedd mwyaf niweidiol, ei dymer ddu ysbeidiol.

'Yn sicr mae gan fy llwyth arbennig i o Gymry dueddiad at bruddglwyf, a chredaf ein bod hefyd â'r gallu i brofi'r gwrthwyneb, ecstasi. Fel y dywedodd Newton, mae gan bob gweithred ei gwrthweithred gyfartal. Ac yn fy achos i, rwy'n gallu newid o un i'r llall. Er enghraifft, ar hyn o bryd rwy'n hapus – mwy na "bodlon", rwy'n berffaith hapus. Ond pwy â ŵyr? Ddydd Mercher nesaf efallai y byddaf yn syrthio i felan dywyll na all neb fy nghodi ohoni. Mae'n cymryd rhyw dri neu bedwar diwrnod. Rwy'n gwybod ei fod yn dod, ac rwy'n rhybuddio fy ffrindiau a phawb, ac wedyn rwy'n encilio.'

Mae'r *Timor Mortis*, pryder marwolaeth, yn dangos ei hun yn y cyfweliad, a dichon mai hyn sydd y tu ôl i'w gyfnodau o bruddglwyf. Tybia Richard ein bod ni i gyd â thuedd hunan-ddinistriol; bod pawb yn estyn am y bedd anochel. Mae traul amser yn pwyso'n drwm arno, ac mae'n cyfeirio at y ffordd y mae ei ddealltwriaeth o eiriau Shakespeare wedi newid dros y blynyddoedd. Mae'n dyfynnu araith Hamlet: '*I have of late, but wherefore I know not . . . quintessence of dust*'; ond er bod ei berfformiad o'r araith yn ysblennydd, mae rhywun yn synhwyro fod y llinellau yn dihuno ynddo bryder am farwolaeth.

Mae Richard yn canmol y rhan y mae'n ei chwarae ar y pryd, a'i gyd-actorion Olivier, Gielgud a Richardson. Mae'n sôn am y rhwymyn sydd rhyngddynt – brawdoliaeth yr actorion – neu efallai mai rhwymyn â Shakespeare ydyw. P'run bynnag, yr hyn a olyga yw: gan eu bod hwy wedi derbyn y her o chwarae Lear, fe fydd yn rhaid iddo yntau hefyd chwarae'r rhan.

Fe ddychwelodd Richard i'w ran fel Wagner, na fyddai'n gorffen am sawl mis eto. Er bod Richard wedi mwynhau cwmni sawl merch wedi iddo ef a Susan wahanu, roedd un a weithiai ar set *Wagner* wedi dal ei lygaid, a hi oedd yn fuan i ddwyn ei galon. Cynorthwy-ydd cynhyrchu oedd Sally Hay, a oedd yn cael ei chyfle cyntaf mewn ffilm fawr. Yn ôl yr adroddiadau mwyaf dibynadwy o'r set, roedd Richard yn bwyllog ac yn ofalus yn ei chanlyn, yn wahanol iawn i'r *Casanova* a fu gynt. Cymerodd y sibrydion am y ddau ychydig o amser i ledaenu, gan nad oedd pobl yn ei hystyried yn ddigon hudolus i rywun o statws Richard. Eto, sylwodd rhai ar ei thebygrwydd i Sybil ifanc. Pan glywodd y wasg am y stori, ni chymrodd yn hir iddynt ddod i wybod bod ei thad yn alcoholig: felly roedd hi'n ymwybodol yn barod o rai o'r peryglon y gallai eu hwynebu.

Yn ôl ei thystiolaeth ei hun, ar y dechrau roedd hi'n tybio na fyddai'u perthynas yn parhau ond cyhyd â'r ffilm. Wedyn, ar ôl rhyw chwech wythnos, dechreuodd Richard sôn am briodi – ond gan y gwyddai hithau ei hanes yn y maes hwn, roedd hi'n dal i gredu na ddilynai unrhywbeth parhaol. Wedyn, ym mis Mehefin, fe aeth Richard â'i gariad newydd i gwrdd ag Elizabeth – arwydd pendant bod y bethynas o ddifri.

Roedd y ffilmio'n parhau ar draws Ewrop, yn rhai o ddinasoedd hyfryta'r cyfandir, ac i baratoi Richard ar gyfer yr amserlen flinedig fe ddaeth Sally'n gynorthwy-ydd uniongyrchol iddo. Roedd ei gefn yn peri trafferth iddo'n ddi-baid, a chyda'i iechyd yn sigledig fe allai golli'i dymer yn gyflym. Yn ogystal, fe boenai am y ffilm, gan ofni y byddai'n datblygu i fod yn rhyw 'gywreinbeth ysblennydd' na welid gan gynulleidfaoedd mawr.

Yn wir, mae'r ffilm orffenedig yn wledd i'r llygaid, gyda lleoliadau crand a gwisgoedd manwl. Ar y cyfan mae perfformiad Richard yn gadarn – dywedai 'I am Wagner', a hawdd credu ynddo fel yr athrylith penstiff. Mae ar ei orau wrth bortreadu dyn yn sefyll dros ei safbwynt yn erbyn difaterwch cyffyrddus y dosbarth breintiedig. Yr unig ddau sylw negyddol am Richard yn y ffilm yw nad ef ddylai fod wedi ceisio portreadu'r Wagner ifanc, gan ei fod yn anghredadwy, a'i fod yn gwisgo gormod o hetiau rhyfedd.

Fodd bynnag mae effaith weladwy hyfryd y ffilm yn cael ei gwanhau gan y llif o eiriau sy'n boddi'r sgript. Mae'r cymeriadau'n areithio ymhlith ei gilydd yn ddi-dor i egluro'r sefyllfa wleidyddol neu'u hargyfwng ariannol, neu i gecru am ryw fân dramgwydd. Meddai Richard wrth John Morgan, ''Dyw fy nghymeriad byth yn stopo siarad': yn anffodus roedd yn dweud y gwir.

Fe drowyd y saith mis o saethu yn naw awr o gyfres fer ar gyfer y teledu, ac yn ffilm bump awr a ddangoswyd mewn sinemâu i'r sawl oedd â'r dyfalbarhad i eistedd trwyddi.

Ar ôl cwblhau'r ffilmio ym mis Awst, fe aeth Richard yn ôl i ysbyty Sant Ioan yn Los Angeles ar gyfer mwy o arbrofion a thriniaeth ar ei wddf, ac roedd Sally yno i wadu'r sibrydion bod ei yfed yn drech nag ef unwaith eto.

Ac wedyn fe ddaeth cyhoeddiad y byddai Richard yn dychwelyd i'r llwyfan – ond nid i chwarae rhan Lear yr oedd wedi bod yn sôn amdano cyhyd. Cyhoeddodd Richard ac Elizabeth ym mis Medi 1982 y byddent yn chwarae comedi Noël Coward, *Private Lives*, y gwanwyn canlynol. Elizabeth oedd y tu ôl i'r fenter, ac mae'n hawdd dyfalu ei rhesymau dros y cynllun. Yn gyntaf, roedd y ffordd yr oedd y cynhyrchiad wedi tyfu (o fod yn un perfformiad o flaen y camerâu i fod yn daith saith mis o gwmpas America), yn edrych fel cynllunio manwl – ni fyddai Richard erioed wedi ymrwymo'i hun i'r fath fenter ar ddechrau'r trafodaethau. Ac yn ail, mae'r stori ei hun yn arwyddocaol: hanes pâr sydd wedi bod trwy ysgariad ond sy'n syrthio mewn cariad eto pan maent ar eu misoedd mêl gyda gŵr a gwraig newydd. Gellir dehongli'r ffeithiau mewn un o ddwy ffordd: naill ai roedd Elizabeth yn gadael y drws ar agor i aduniad gyda Richard, neu yr oedd hi'n cynllwynio i'w ddal unwaith eto. Dywedodd wrth Graham yn y cyfnod hwn, 'Rwy'n gwybod y daw pob dyn adre yn y diwedd'.

Wrth gwrs, ofer fu gobeithion Elizabeth am droi'r cloc yn ôl, gan fod Richard yn dilyn llwybr newydd. Roedd Sally wrth ei ochr pan ddychwelodd i ynys Haiti i sirchau'i ysgariad oddi wrth Susan ym mis Chwefror 1983. Treuliodd y ddau weddill eu hamser ar yr ynys yn ceisio adfer ei nerth, ac yn mynd dros ei linellau. Wedyn daeth yr ymarferion yn Efrog Newydd, a Richard yn cael ei ddiflasu gan gyflwr Elizabeth, a fethai ymddangos ar amser nac adrodd ei llinellau.

Pan ymddangosodd posteri i hyrwyddo *Private Lives* ni enwyd y ddau brif actor: y cyfan oedd ei angen oedd calon a saeth drwyddi, a'r geiriau *'Together Again'*. Roedd y *'Dick and Liz show'* yn ôl, er gwaethaf sylwadau preifat Richard y byddai'n haws iddo pe bai rhywun arall yn cyd-berfformio ag ef.

Dechreuodd y daith yn Boston i adolygiadau gwael ond y theatr yn llawn cynulleidfaoedd brwdfrydig bob nos. Yr un oedd yr hanes yn Efrog Newydd: gwerth £2 filiwn o seddi wedi eu gwerthu cyn i'r ddrama agor yno, a phob perfformiad yn llawn er gwaetha'r prisiau o $45 y sêt. Ac am $70,000 yr wythnos, roedd y ddau yn fodlon dioddef yr anfri o fod yn destun adolygiadau dirmygus. *New York Times: 'Life doesn't imitate art in this* Private Lives *– it obliterates it'; Clive Barnes: 'It was not as bad as the doomsayers, or even advance word of mouth, had predicted. It even had flashes of mediocrity. But it was not good'; John Simon: 'Though his voice is still that superbly muted funeral trumpet of a majestically dying swan, the rest of him seems pickled in a laboratory jar'; Emlyn Williams: 'He's mis-cast and she's Miss Taylor'.*

Cofiai Brook Williams, a oedd yn gydymaith trwy'r fenter, fod y cyfan yn syrcas. Ymddangosai Elizabeth yn hwyr bob nos, a gan fod hanner y gynulleidfa yn disgwyl amdani y tu-allan i'r theatr, byddai oedi pellach wrth iddynt gymryd eu seddi. Fodd bynnag, roedd y cyhoedd yn dwli ar y ddrama, a'r profiad o weld y sêr yn actio llinellau a fyddai'n siwtio eu bywyd 'preifat'.

Ni chafwyd sawl perfformiad oherwydd salwch Elizabeth. Yn ystod un bwlch a olygai pum niwrnod rhydd i Richard, hedfanodd ef a Sally i Las Vegas, a phriodi yng ngwesty'r *Frontier* ar 3 Gorffennaf. Brook Williams oedd y gwas priodas, a'r unig westai arall oedd Valerie Douglas. Er gwaethaf ei theimladau preifat, rhoddodd Elizabeth barti i'r ddau pan aethant yn ôl i Efrog Newydd.

Fe deithiodd syrcas *Private Lives* ymlaen o ddinas i ddinas: Philadelphia; Washington; Chicago; Los Angeles. Yno y gorffennodd y daith ym mis Hydref, ac fe aeth Elizabeth yn syth i'r ysbyty i dderbyn triniaeth am ei dibyniaeth ar gyffuriau. Teimlai Richard ryddhad ei fod allan o *Private Lives*, ac fe gyhoeddodd ei hanner-ymddeoliad. Mae'n anodd ystyried y fenter yn unrhyw beth ond camgymeriad mawr, er gwaetha'r gyflog o $900,000. Roedd y cynhyrchiad yn amlwg wedi gwneud niwed i'w enw da fel actor llwyfan o bwys, ond, yn ogystal, fe gollodd Richard y cyfle i wneud gwaith a fyddai'n fwy at ei ddant. Ym mis Awst, roedd John Huston am ei gael ar gyfer rhan swmpus yn ei ffilm *Under the Volcano*, ond ni allai oedi nes bod Richard yn rhydd. Roedd Richard hefyd wedi bod mewn trafodaethau manwl ag Anthony Quayle ynglŷn â chynhyrchiad o *The Tempest*, gyda Richard yn cymryd rhan Prospero. Y bwriad oedd teithio â'r ddrama o gwmpas Prydain, ac wedyn efallai Ewrop ac America. Ond ni fyddai'r tâl yn cymharu â'r hyn a enillodd am ddioddef *Private Lives*, ac wedi i'r sioe deithiol honno brofi'n gymaint o straen, fe wrthododd Richard y cyfle i ddangos ei ddawn â geiriau Shakespeare unwaith eto. Yn anffodus, felly, adolygiadau gwael *Private Lives* fyddai y dystiolaeth olaf i'w ddawn ar y llwyfan.

Cafodd David ei frawd wahoddiad i dreulio ychydig o amser gydag ef a Sally yn Los Angeles: yr oedd yntau wedi ymddeol ac newydd golli ei wraig, ac fe dderbyniodd yn syth. Mae ei atgofion o'r cyfnod yn dangos fod Richard yn gwmni da, yn adrodd straeon a oedd yn byrlymu â hiraeth am Gymru a'i blentyndod i'r gynulleidfa fechan freintiedig. Nododd David eu bod hyd yn oed wedi ymweld â chapel Cymraeg Los Angeles. Ond roedd cymylau duon bob amser ar y gorwel, ac ofnau parhaol ynglŷn â phryd y byddai'n dychwelyd at y botel. Mae'n amlwg fod Sally yn enwedig ar bigau drain, yn ofni bob dydd y byddai penderfyniad Richard yn methu. Awgryma David fod

Richard yn mynd yn fwyfwy aflonydd yn y cyfnod hwn o segurdod tra oedd yn ceisio ailadeiladu'i nerth. O'r diwedd fe ildiodd i demtasiwn a gwacáu dwy botel o win: ac er ei fod yn dioddef o'r herwydd (heb sôn am y boen a achosodd i'w wraig a'i frawd) fe barodd ei gyfnod gwlyb am ychydig ddyddiau. Ac wedyn fe ddeffrodd yn gynnar un bore fel petai dim byd wedi digwydd a dweud wrth David na fyddai'n yfed am ryw fis arall.

Fe deithiodd y criw i Efrog Newydd am ymweliad byr, gyda'r prif nod o weld Kate yn perfformio mewn comedi ar *Broadway*, cyn hedfan ymlaen i ynys Haiti, lle'r oedd Richard a Sally wedi prynu tŷ. Fe noda David Jenkins yr eironi – y rhagrith, hyd yn oed – fod Richard wedi penderfynu prynu cartref mewn gwlad â llywodraeth mor ddieflig, ond ni chododd y pwnc gyda Richard, a fynnai ei fod wedi dewis yr ynys am ei hinsawdd.

Dywed David hefyd nad oedd modd gwrthsefyll Richard pan benderfynodd yfed eto ddydd Nadolig. Dechreuodd y llithro i gyfeiriad unigedd anghymdeithasol, a oedd yn waeth na'r hyn a welwyd yn Los Angeles. Mae David yn adrodd am rai sgyrsiau sbeitlyd, lle'r oedd ei frawd yn peri anesmwythder yn ei wraig neu ei gyfeillion. Ac mae'n nodi un achlysur pan oedd y ddiod yn drech na Richard, ac yntau'n malu gwydryn ar ôl gwydryn mewn ymgais aflwyddiannus i'w llenwi.

Cystal nodi hefyd agwedd Richard at alcohol ychydig fisoedd yn gynt. Er ei fod yn cydnabod y niwed a wnaeth y ddiod iddo dros y blynyddoedd, dywedodd na fyddai wedi dymuno byw hebddi am y byd. 'Mae'n rhaid imi feddwl yn galed i enwi dyn dioddorol nad yfodd,' meddai, ac aeth aeth ymlaen i sarhau pobl nad ydynt yn yfed ond gwydryn bach o win gwyn. 'Pryd ddechreuodd peth felly? Roeddwn i'n eistedd mewn bwyty y diwrnod o'r blaen a chlywed dyn yn gofyn am vodka-Martini syth, ac fe droes ato gan ddweud, "Da iawn – ti'n cael diod go iawn".'

Erbyn y Gwanwyn, roedd Richard a Sally nôl yn Céligny, yntau yn dal i wrthsefyll y demtasiwn i ddychwelyd i weithio, a'r rhan fwyaf o'r amser yn gwrthod atyniad y botel. Pan deimlodd yr hiraeth yn ormod, rhoddodd wahoddiad i Verdun a'i wraig, a Hilda a'i gŵr i ymuno â nhw. Fe ddisgrifia Verdun hwn yn gyfnod pleserus heblaw am un achlysur meddwol.

Ym mis Mai 1984 daeth cynnig i Richard chwarae O'Brien mewn addasiad o lyfr clasurol George Orwell, *1984*. Y dewis cyntaf ar gyfer

213

y rhan oedd Paul Scofield, ond wedi iddo dorri'i goes daeth yr alwad i Richard, a derbyniodd gyda phleser. Roedd yn gyfle i weithio gyda chenhedlaeth ifanc o actorion a gwneuthurwyr ffilm o Brydain. Yn arbennig, roedd Richard yn edmygu'r actor John Hurt, a gymerai brif rôl y ffilm. Nododd y cyfarwyddwr agwedd newydd yn Richard, oedd yn ymddwyn fel rhyw fath o hynafgwr caredig ymysg y criw ifanc. Soniodd John Hurt gymaint y mwynhaodd Richard ei dair wythnos ar y ffilm. Yr unig ddiffyg oedd ei drafferth yn cofio'i linellau, ac yn aml byddai'n rhaid mynd dros bob darn sawl gwaith cyn cael y perfformiad cywir. Fe chwaraeodd Richard ei ran yn dawel – y poenydiwr nad oedd ond yn gwneud ei waith – heb y grym arferol yn ei lais. Hyn oedd dymuniad y cyfarwyddwr, ac mae'n ychwanegu elfen ysgeler at ei bortread. Pan ddaeth y ffilm allan, derbyniodd ei berfformiad yr adolygiadau canmoliaethus yr oedd yn ei haeddu.

Ym mis Gorffennaf, bythefnos ar ôl gorffen ei waith ar *1984*, cymerodd rôl fechan mewn cyfres fer ar gyfer y teledu, *Ellis Island*. Er mai ffilm am fewnfudwyr i America ar droad y ganrif ydoedd, fe saethwyd y rhan fwyaf ohoni yn Llundain. Prif atyniad rhan y seneddwr, Phipps Ogden, i Richard oedd y cyfle i weithio gyda'i ferch, Kate, a chwaraeai ran merch y seneddwr. Roedd yn gyfle i'r tad ddod yn agos at ei ferch ac agor ei galon iddi, wrth sôn am ei blentyndod, ei siom am rai o'r rhannau yr oedd wedi'u cymryd, a'i siom am ei yfed. Dywed hi ei bod wedi dysgu llawer am ei ansicrwydd, a'i bod wedi gwerthfawrogi'r cyfle i ddod yn agos at ei thad.

Dychwelodd Richard a Sally i Céligny, ac er ei fod yn dweud ei fod wedi 'hanner-ymddeol', fe baratodd Richard ar gyfer dwy rôl. Yn gyntaf, roedd i ail-greu y milwr cyflog Colonel Faulkener ar gyfer *Wild Geese II*, i'w ffilmio yn Berlin a Llundain; ac yn ail, roedd am deithio i India i ffilmio stori Graham Greene, *The Quiet American*. Ar ôl hynny, ddechrau 1985, ei gynllun oedd teithio i Key West a chyflwyno Sally i Philip Burton.

Ar 3 Awst, wedi iddo orffen ei waith ar *1984*, roedd John Hurt yn gweithio mewn ffilm arall yn y Swistir. Derbyniodd wahoddiad i ginio yn y *Café de la Gare* ac fe dreuliodd y noson yn y bwthyn gwestai yn *Le Pays de Galles*. Yn ystod y nos fe drôd y sgwrs tuag at faterion ariannol, a Richard yn nodi ei fod wedi ennill rhyw $36 miliwn yn ystod ei yrfa fel cyflog am ei ffilmiau yn unig. Fore trannoeth, roedd Richard yn dyfalu faint o arian y dylai dyn fod wedi ei gasglu o ddechrau gyda'r maint sylweddol hwnnw...hanner biliwn efallai? Ond wedi hoe i ystyried y cwestiwn, fe ddaeth Richard yn ôl â'r ateb: 'Pan ych chi'n gwneud cymaint â hynny o arian, mae'n well bod yn ffŵl a rhoi'r cyfan i ffwrdd nag ymuno â dosbarth arall'. Hynny yw, fe allai fod wedi sicrhau ei fod yn cadw'i arian yn well nag y gwnaeth, ond byddai hyn wedi golygu gormod o aberth a chyfaddawd.

Fe dreuliodd y ddau dair awr yn sgwrsio y bore hwnnw, ac fe wrandawodd Hurt ar athronydd yn edrych yn ôl ar ei fywyd. Pan oedd yn gadael sibrydodd Richard yn ei glust, *'She still fascinates, you know.'* *She*, wrth gwrs, oedd Elizabeth.

DIWEDD Y DAITH

FORE Sul, 5 Awst 1984, bu farw Richard o waedlif enfawr ar ei ymennydd. Roedd Sally wedi dihuno'n gynnar y bore hwnnw i gael ei gŵr yn anadlu'n drwm, ac ni allai ei ddeffro o'i gwsg. Fe ddaeth y meddyg o fewn 20 munud, a galw'r ambiwlans i'w gludo i'r ysbyty lleol. Yno sylweddolwyd dwyster ei gyflwr ac fe'i rhuthrwyd i'r ysbyty yn Geneva, lle bu farw.

Valerie Douglas, yr ysgrifenyddes deyrngar, gafodd y gwaith anodd o hysbysu'r cyfeillion a'r teulu. Verdun oedd y brawd cyntaf i dderbyn yr alwad, a chafodd yntau'r ddasg drist o alw Hilda allan o gwrdd bore capel Bethel. Hilda oedd yr un i ddweud wrth Ciss, wedi gwneud yn siŵr bod ei dwy ferch gartref i roi cymorth a chefnogaeth iddi. Wedi i'r teulu gael gwybod, fe gyhoeddwyd y newyddion mewn bwletinau teledu a radio a fore drannoeth roedd ar dudalennau blaen pob papur newydd. Yn y papurau Saesneg, cafwyd dau safbwynt gwahanol. Ar yr un llaw roedd y papurau *tabloid* yn barod i glodfori Richard am ei gampau (*Daily Mirror: 'Burton the Great'*; *Daily Express: 'Fast-living, hard-drinking hell-raiser'*); ar y llaw arall, pigog a llym oedd coffadwriaethau'r papurau uchel-ael (*The Times: 'Career Madly Thrown Away'*; *Daily Telegraph: '. . . he threw away greatness as though it were a soiled sock . . .'*; *Guardian: 'Prince who abdicated'*). Hyd yn oed mewn angau, ni faddeuodd rhai rhannau o'r sefydliad i Richard am ddewis Hollywood yn hytrach na'r *Old Vic*.

Gellid disgwyl y byddai llawer mwy o alaru ar dudalennau'r *Western Mail*, ond er i'r stori yn naturiol gael blaenoriaeth yn rhifyn 6 Awst, mae'r ysgrifennu yn bwyllog iawn. Mae crynodeb digon teg ohono fel *'the acting genius whose turbulent love-life and hell-raising got as many headlines as his great roles on stage and screen'*; mae dyfyniadau gan Hilda, Verdun, Graham a Cassie; talwyd teyrnged iddo gan Wynford Vaughan-Thomas, John Gielgud, Donald Houston a Dorothy Squires ac mae sôn am ei falchder yn ei Gymreictod. Ond rywsut gellid disgwyl *mwy*. Oni sylweddolai'r papur fod Cymru wedi colli trysor?

216

Llwyddodd *Y Cymro* i gael lle i'r stori ar y dudalen flaen yng nghanol straeon Eisteddfod Llanbedr Pont Steffan. Mewn dau baragraff diaddurn, rhoddwyd y crynodeb moel hwn o'i yrfa: 'Fe'i cofir gan ei gydnabod yng Nghymru fel actor dawnus, gyda llais arbennig o gyfoethog, a fynnai gadw cysylltiad â Chymru er gwaethaf y ffaith i fyd y ffilmiau ei hawlio.'

Ar y llaw arall, byddai cylchgronau Cymraeg eraill yn rhoi sylw mwy teilwng i fywyd a marwolaeth Richard. Rhoddodd rhifyn mis Medi o'r cylchgrawn *Barn* (a olygwyd gan Rhydwen Williams, cyfaill i Richard) 14 tudalen i farwnad a gwerthfawrogiad o fywyd Richard (gan gynnwys y clawr). Cyhoeddodd *Curiad* erthygl hir am berthynas Richard â'i gynefin, ac yn *Y Faner* ysgrifennodd Emrys Jones am ei gyfweliad radio 'yn Gwmrâg' â Richard, a dirmygodd y sawl a bortreadodd yrfa Richard fel methiant.

Wedi'r sioc am ei farwolaeth, roedd man claddu Richard yn destun mwy o ofid i'r teulu. Er ei fod wedi sôn llawer am gael ei gladdu ym Mont-rhyd-y-fen, am resymau treth yr oedd hefyd wedi clustnodi bedd i'w hunan yn Céligny. (Onibai ei fod wedi ymgartrefu'n derfynol yn y Swistir, fe allai'r Trysorlys Prydeinig hawlio toll farwolaeth ar ei eiddo). Os oes angen chwilio am reswm arall pam y claddwyd Richard yn y Swistir, dichon y dylid nodi mai ar gyfer Richard *ac Elizabeth* yr oedd y bedd ym Mhont-rhyd-y-fen.

Felly fe hedfanodd y teulu draw i Genefa i gladdu'u brawd, yn dal yn anfodlon na fyddai'n gorwedd am dragwyddoldeb yn naear Pont-rhyd-y-fen. Cofia Graham:

> Allan â ni i Céligny ac yn syth ar ôl cyrraedd, mae Ciss yn gofyn i Valerie Douglas paham y cleddid ei brawd yno, yn hytrach na Phont-rhyd-y-fen lle roedd e wedi dweud ei fod am orwedd. Atebodd Valerie Douglas, '*Well, it's because of tax problems*', ac meddai Ciss yn syth wrthi, '*I don't think our Rich has got any tax problems now.*'

Cynhaliwyd y gwasanaeth yn eglwys fach dlos y Protestaniaid, Céligny – gyda'r un gweinidog yn arwain yr oedfa ag a fedyddiodd Kate a Jessica. Yn canu'r organ, roedd hen gyfaill Richard, David Rowe-Beddoe. Un manylyn am yr arch sy'n bwysig i Verdun yw'r enw a oedd yn glir arno: Richard Walter Jenkins. Cafodd ei frawd ei gladdu o dan ei enw Cymraeg, wedi'i wisgo mewn coch o'i ben i'w sanau, ac â draig o flodau coch uwchben yr arch.

Darllennodd Graham yn y Gymraeg a'r Saesneg allan o un o hoff ddarnau ysgrythur y teulu – I Corinthiaid, pennod 13: 'Pe llefarwn â thafodau dynion ac angylion, ac heb fod gennyf gariad, yr wyf fel efydd yn seinio, neu symbal yn tincian . . .' Ond i gyd-fynd â'r tristwch, roedd ambell sbarc o hiwmor du i godi'r achlysur . . .

> Roedd y *papparazzi* i gyd yno, ar ben ysgolion ac yn sefyll ar yr hen wal gerrig. Cofiaf un dyn camera yn cydio ar gangen mewn coeden uwchben y bedd, a meddyliais, 'Rich – gobeithio bydd y gangen honna'n torri, ac mae'n siŵr y byddi di'n chwerthin yn uchel yn y nefoedd.' Yn yr eglwys yr oeddem wedi canu emynau Cymraeg, ond roedd Rich wedi dymuno bod 'Sosban Fach' yn cael ei chanu yn ei angladd. Roedd Ciss yn gwrthwynebu – dywedai fod hynny'n amharchus, ond meddwn i, 'Ond dyna beth roedd ef ei eisiau . .' Ac felly, ar lan y bedd, fe ganon ni, ar dempo araf, 'Mae bys Meri Ann wedi brifo, a Dafydd y gwas ddim yn iach . . .'

Nid oedd Elizabeth Taylor yn yr angladd. Cafodd hi neges y byddai ei phresenoldeb yn tynnu gormod o sylw gan y wasg, ac yn wir roedd pwysau'r wasg yn ddigon gormesol heb y cymhlethdod o gael mwy nag un 'wraig' yn bresennol. Wrth gwrs, nid oedd Sybil yno, er iddi ysgrifennu at y teulu i gynnig ei chydymdeimliad; na Suzy, a aeth i'w wasanaeth coffa yn Los Angeles.

Sally, hefyd, oedd yr unig wraig oedd yn bresennol yn y gwasanaeth coffa yng nghapel Bethel, Pont-rhyd-y-fen, pan dalwyd teyrnged i fab enwoca'r pentre gan ryw 400 y tu fewn i'r capel a 800 y tu allan. Fe ddaeth Elizabeth i Bont-rhyd-y-fen rai dyddiau'n ddiweddarach, wedi iddi hi dalu'i theyrnged yn y fynwent yn Céligny. Ddiwedd y mis cafwyd gwasanaeth coffa mawreddog yn eglwys *St Martin-in-the-Fields* yng nghanol Llundain, a 1,400 o bobl yn bresennol (gan gynnwys y tair gwraig olaf). Yno anerchodd Emlyn Williams y gynulleidfa – a'r byd a oedd yn gwrando ar y darllediad – â theyrnged llawn ffraethineb a chariad. Yr oedd yn arbennig o bwyllog wrth sôn am y wasg a oedd wedi bod yn hallt eu beirniadaeth gan ddefnyddio'r gair *'flaw'* wrth sôn am yrfa Richard – *'a flawed career'*, ac yn y blaen. Meddai Emlyn, 'Ond fe ddigwydd fod y gair hwn hefyd yn awgrymu canmoliaeth. Oherwydd os ystyrir fod nam ar garreg mae'n rhaid eich bod yn sôn am em werthfawr. Ac mae gennym yma em werthfawr iawn.'

Yn y blynyddoedd ers marwolaeth Richard, mae'r ailasesiad o'i fywyd wedi tueddu i fod yn ffafriol. Y ffilmiau sy'n cael eu hailddangos ar y teledu yw'r rhai gorau, ac felly tra bod ei berfformiadau da yn aros yn y cof, i ebargofiant yr aeth rwtsh fel *Ranchipur, Bluebeard, Exorcist II* (ac yn y blaen, ac yn y blaen . . .) Ond tra bod treigl amser yn golygu fod enw da Richard fel actor ar y sgrîn fawr yn cael ei adfer, ar yr un pryd mae'r effaith a gafodd ar lwyfan wedi cilio o'r cof byw, ac nid yw'n cael ei adlewyrchu ond yn yr adolygiadau rhyfedd o ganmoladwy a ysgrifennwyd amdano.

Yng Nghymru, mae'r ailasesiad o'i fywyd wedi codi Richard i fod yn un o eiconau'r genedl. Cyhoedda'r *Western Mail* yn rheolaidd erthyglau am gysylltiadau Richard â Chymru, neu am oes aur Richard ac Elizabeth, ac mewn sawl erthygl sy'n edrych ar ryw dalent actio Cymreig newydd ceir cymariaethau â chawr y gorffennol. Wrth gwrs, mae'r cyfnodau pan oedd Richard yn *persona non grata* yn cael eu hanwybyddu. Y darlun, felly, yw o Gymro a oedd yn falch o'i famwlad, sy'n haeddu bod y wlad yn falch ohono yntau. Yr unig ddiffyg yw bod y cyfnod gydag Elizabeth yn cael ei orbwysleisio, tra bod degawd cyffrous y 1950au yn cael ei anwybyddu.

Ffafriol, hefyd, yw'r erthyglau sy'n cyfeirio at Richard yn y ffynonellau Prydeinig uchel-ael. Mae'r papurau a oedd yn bigog am fod Richard wedi cefnu ar lwyfan y *West End* bellach yn tueddu i bwysleisio'i ddawn. Efallai mai'r trobwynt oedd cyhoeddi bywgraffiad campus Melvyn Bragg yn 1988, a danlinellodd rinweddau canmoladwy Richard Burton. Ers hynny, clywyd llai o gecru am 'werthu allan' gan y *chattering classes* Llundeinig.

O safbwynt diwylliant poblogaidd Prydeinig, mae Richard yn cael ei gofio am ei fywyd personol yn fwy nag am ei ddawn. Mae'r straeon am ei *hell-raising* yn cael eu hailadrodd, ac, wrth gwrs, gydag Elizabeth Taylor yn parhau i fod o ddiddordeb i'r cyhoedd, erys atgofion o'u rhamant yw hefyd yn y cof. I roi un enghraifft o sut mae Richard wedi troi'n eilun enwogion yr oes o'r blaen: ef oedd testun yr ysgrif gyntaf yng nghyfres y cylchgrawn direidus, anaeddfed *Loaded* ar enwogion meirw.

Wrth edrych ar sut y cofir ei enw ar draws yr Iwerydd, mae'n rhaid cofio eto mai ei gyfnod gydag Elizabeth fu'r maen prawf yn America erioed. Er iddi hi symud ymlaen at ŵr rhif saith a gŵr rhif wyth, mae'r diddordeb wedi parhau yn ei pherthynas â gŵr rhif pump-a-chwech, oherwydd mae'n amlwg mai dyma garwriaeth fawr ei bywyd, a hwn oedd y cyfnod pan swynwyd y cyhoedd fwyaf gan ei stori. Ond gyda'r duedd i bardduo'r sêr mae sawl ergyd yn erbyn Elizabeth wedi niweidio enw da Richard. Awgryma rhai iddi ei drin ef â gwawd, gan ei gadw'n feddw tra'n gwario ei arian. Honna eraill (gan ddyfynnu'n helaeth o atgofion Eddie Fisher) fod Richard yn ei thrin hithau'n wael, gan ddefnyddio'i ddyrnau i'w thawelu. Y ddamcaniaeth fwyaf rhyfedd yw fod priodas y ddau yn gelwydd, i guddio'r ffaith fod Richard yn hoyw. Dengys y diffyg ymchwil sydd y tu ôl i'r honiad hwn fod yr awdur yn credu y byddai gan Richard amser a chyfle i gael perthynas rhywiol â Laurence Olivier tra oedd yn ymddangos ar *Broadway* yn 1958 . . . gan gyfathrachu â Susan Strasberg bob dydd o'r wythnos hefyd.

Mae'r holl ddyfalu hyn am ei fywyd personol yn cuddio gwir arbenigrwydd Richard – ei ddawn fel actor. Beth bynnag arall yr oedd yn enwog amdano yn ei oes, y rheswm sylfaenol y daeth pobl i glywed am Richard Burton oedd ei allu i ddenu pobl i dalu arian da i'w weld ar lwyfan neu ar y sgrîn. Fe welir mewn sawl ffilm atyniad ei bresenoldeb a'i olwg hardd, a'i lais godidog a fedrai gyfleu naws y geiriau mor gampus.

Yn ogystal, mae'r holl sylw ar ochr gythryblus ei fywyd yn cuddio'r hyn sydd wedi dod yn amlwg wrth glywed cymaint o ddisgrifiadau amdano gan Gymry: yr oedd yn ddyn dysgedig, meddylgar, hael a charedig; teyrngar i'w ffrindiau a'i deulu a'i wlad. Ond wrth gwrs, nid yw adrodd y stori hon yn gwerthu papurau a chylchgronau.

Ar adegau teimlwn wrth ysgrifennu'r llyfr hwn mai'r cyfan a wnawn oedd taflu golau ar yr anghysonderau a oedd yn cylchynu Richard Burton, heb imi allu agosáu at y Richard Jenkins oedd yn bodoli o dan y croen. Amlygwyd cymaint o fersiynau gwahanol o 'Richard Burton' yn ystod ei yrfa, nes bod dim modd bod yn sicr pa un oedd yn ddilys a pha rai oedd yn llen fwg.

Ac wrth ystyried y rwtsh y byddai Richard yn ei ledu i'r wasg, rhaid credu ei fod ef ei hun yn methu â bod yn gwbwl onest. Gannoedd o weithiau bu Richard yn adrodd y geiriau a roddwyd ar wefusau Hamlet gan William Shakespeare:

> *This above all: to thine own self be true,*
> *And it must follow, as the night the day,*
> *Thou canst not then be false to any man.*

Wrth restru ei anghysonderau, rhaid cydnabod i Richard Burton fethu'r prawf hwn o fod yn driw iddo'i hunan.

Wrth glywed cymaint o ddisgrifiadau o Richard gan Gymry, yr un sy'n aros yn fy meddwl yw geiriau Kenneth Griffith. Nid yw ef yn un i guddio ei feddyliau, a thrwy ei yrfa cafodd yr enw o fod yn rhy onest i'w les ei hunan. Meddai: 'Wynebodd Richard demtasiynau na wêl ond ychydig iawn o bobl, ac fe wnaethant niwed iddo, ond fe ddaeth drwyddynt dan wenu – ac rwy'n gwybod fod hynny'n wir oherwydd fe welais i ei wên.'

Ei grynodeb o Richard yw: 'Dyn deheuig a gafodd ei roi mewn sefyllfa greulon – hynny yw, yng ngafael cyfoeth ac enwogrwydd.' Gellid dadlau fod rhywfaint o groesddweud yn y fan hon: mae cyfoeth ac enwogrwydd yn seiliau i'r yrfa yr oedd Richard – a Kenneth Griffith hefyd – wedi'i dewis. Roedd bod y cyfoethocaf a'r enwocaf yn ddwy ran o dair uchelgais Richard yn ei faes – y llall, wrth gwrs, oedd bod y gorau. Ond ym marn y sylwebydd gonest, Kenneth Griffith, arweiniodd ei lwyddiant yn y ddwy ran gyntaf at ei gwymp.

Fel y gŵyr dramodwyr gorau'r byd, yr hyn sy'n gwneud trasiedi rymus yw pan mae hadau mawredd a hadau dinistr yn cael eu hau gyda'i gilydd. Wrth ymestyn mor llwyddiannus at gyfoeth ac enwogrwydd, fe sicrhaodd Richard na fyddai ei yrfa byth yn cyrraedd ei llwyr botensial, ac na fyddai cenedlaethau i ddod yn ei ystyried ymhlith y gwir fawrion, fel Olivier a Gielgud.

Ond fel y tystiodd Emlyn Williams yn y gwasanaeth coffa, nid methiant fu bywyd Richard Walter Jenkins. Llwyddodd i godi o amgylchiadau anaddawol, o gornel ddifreintiedig o wlad ymylol, a brwydro yn nannedd anfanteision i ddod yn enwog am ei ddawn ryfedd.

Mae'r rhai sydd wedi adrodd hanes bywyd Richard wedi rhoi eu dehongliadau gwahanol ar y stori, gan ganolbwyntio ar ba agwedd bynnag o'i fywyd sy'n gweddu i'w sgript hwy. A gan fod ei fywyd mor amlochrog ac mor gyfoethog, mae'n hawdd dod o hyd i dystiolaeth i gefnogi amryw o safbwyntiau am y dyn a'i ddoniau. Ond ymhlith yr anghysonderau, yr hyn sy'n ddiamau yw ei gariad at ei famwlad a'i phobl.

Mentraf awgrymu fod Richard wedi cyflawni mwy dros ddelwedd Cymru ar draws y byd na'r un dyn arall erioed. A defnyddir ei enw hyd heddiw yng Nghymru fel eicon o'n cenedligrwydd. Ac mae hyn yn addas: yr oedd yn falch o Gymru, ac mae'n briodol fod y Cymry yn falch ohono ef.

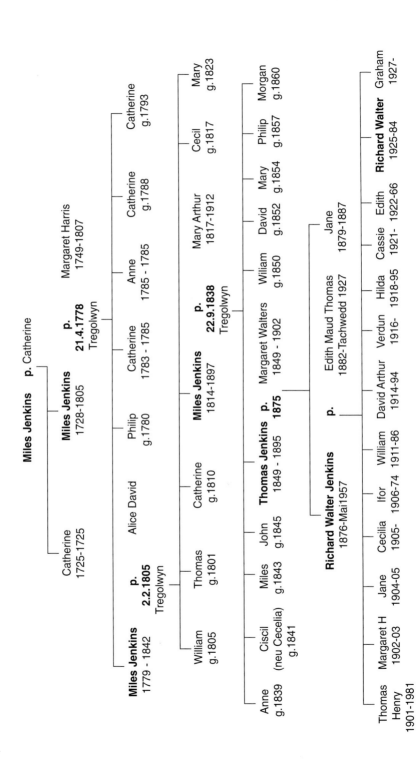

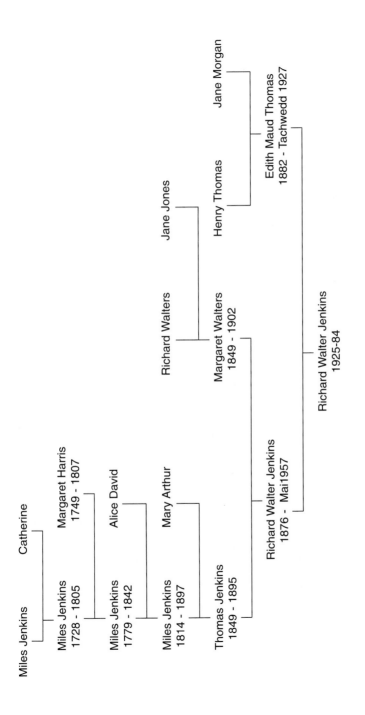

Miles Jenkins

Catherine

Miles Jenkins
1728 - 1805

Margaret Harris
1749 - 1807

Miles Jenkins
1779 - 1842

Alice David

Miles Jenkins
1814 - 1897

Mary Arthur

Thomas Jenkins
1849 - 1895

Richard Walters

Jane Jones

Richard Walter Jenkins
1876 - Mai1957

Margaret Walters
1849 - 1902

Henry Thomas

Jane Morgan

Richard Walter Jenkins
1925-84

Edith Maud Thomas
1882 - Tachwedd 1927

GOMER

Bachan Noble

Roy Noble

gyda LYN EBENEZER

Bachan Noble!

gan Roy Noble *gyda* Lyn Ebenezer

Dyma gyfrol fendigedig o hanesion a lluniau ar gyfer pawb sy'n hoffi hwyl, sy'n joio darllen am fywydau pobl eraill ac sy'n meddwl y byd o Roy Noble, y bachan ei hunan. Yn ogystal â gweld gwledd o luniau o gasgliad personol Roy, cewch gyfle i ddarllen am y digwyddiadau a'r lleoedd yng Ngyhmru sy agosa at ei galon, lleoedd a fu'n bwysig iddo fe'n fachgen ysgol, wrth ddechrau caru, wrth dyfu'n fwy adnabyddus ac wrth fynd o le i le yn cwrdd â chymeriadau difyr ar gyfer ei raglenni radio a theledu.

Cyfle gwych i ni gael cipolwg ar y dyn y tu ôl i'r barf!

£5.95

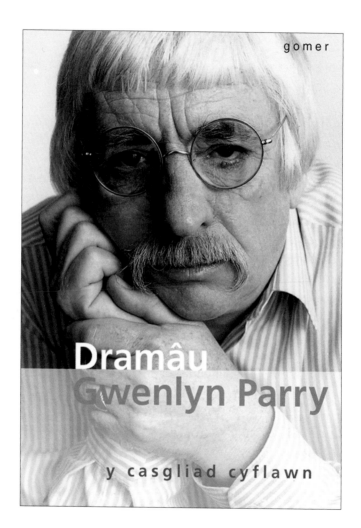

gomer

Dramâu
Gwenlyn Parry

y casgliad cyflawn

Dramau Gwenlyn Parry: Y Casgliad Cyflawn.

'…yr unig dddramodydd Cymraeg a fentroddd i fyd newydd yn hanes y ddrama Ewropeaidd a llwyddo…'

'…llais newydd cyffrous yn ysgwyd y ddrama a'r gynulleidfa Gymraeg…'

Dramodydd pwysicaf Cymru tua diwedd yr ugeinfed ganrif oedd Gwenlyn Parry, un y disgrifiodd Saunders Lewis ef fel 'bardd o ddramäydd' ac a ddisgrifiwyd fel 'meistr y ddelwedd estynedig a bardd lluniau' gan Elan Closs Stephens. Am ei waith, dywedodd Annes Gruffydd yn y cyflwyniad i'r gyfrol hon mai 'Dramau ydyn nhw nid i'r pen ond i'r galon a'r llygaid a'r clustiau'.

Bu Gwenlyn Parry farw ar Dachwedd 5 1991 a'i gladdu ym mynwent Macpela, Pen-y-groes, Sir Gaernarfon.

I nodi dengmlwyddiant ei farw, dyma gyfle i gael ei chwe drama hir a thair o'i ddramau byrion rhwng yr un cloriau, a'r cyfan wedi eu golygu'n drylwyr ar gyfer y cyhoeddiad hwn gan J. Elwyn Hughes, gyda rhagymadrodd gan Annes Gruffydd.

Y dramau hirion yn y gyfrol yw *Saer Doliau (1966), Tŷ ar y Tywod (1968), Y Ffin (1973), Y Tŵr (1978), Sal (1980)* a *Panto (1989)*.

£19.95

Llwyfannau Lleol

GOLYGYDD · HAZEL WALFORD DAVIES

Llwyfannau Lleol

Mae doniau amlwg dramodwyr, actorion a chynhyrchwyr y ddrama amatur yng Nghymru cyn dyddiau'r teledu yn rhan bwysig o'n hanes. Gwaneth adloniant byw y llwyfannau lleol lawer mwy na byrhau nosweithiau hirion y gaeaf – roedd y cynyrchiadau hyn, wedi'r cyfan, yr un mor llwyddiannus ym misoedd prysurach y gwanwyn, yr haf a'r hydref. Mewn neuaddau, festrïoedd a theatrau bychain ledled Cymru, blodeuodd talentau'r artistiaid naturiol hynny a oedd yn deall eu crefft am eu bod yn adnabod eu bro. O ganlyniad i lwyddiant poblogaidd y rhain, daeth Cymru'r ugeinfed ganrif, y tu hwnt i froydd y cwmnïau unigol, i werthfawrogi drama fel un o ddoniau cynhenid y Cymry.

Yn y gyfrol arloesol hon, trafodir nodweddion y ddrama amatur yng Nghymru, ac olrheinir hanes a chynnyrch pump o theatrau a chwmnïau nodedig, sef Cwmni Drama Abertawe; Theatr y Gegin, Cricieth; Theatr Fach Llangefni; Theatr Aberdâr a Chwmni Theatr Felinfach.

Ceir cyfraniadau gan Hazel Walford Davies, Dafydd Glyn Jones, Hywel Teifi Edwards, Dafydd Llywelyn Jones, Roger Owen a Dafydd Arthur Jones.

£9.95